HIPPOCRENE HANDY *E.*

SLOVAK

HIPPOCRENE HANDY DICTIONARIES

For the traveler of independent spirit and curious mind, this practical series will help you to communicate, not just to get by. Common phrases are conveniently listed through key words. Pronunciation follows each entry and a reference section reviews all major grammar points. *Handy Extras* are extra helpful—offering even more words and phrases for students and travelers.

ARABIC
$8.95 • 0-87052-960-9

CHINESE
$8.95 • 0-87052-050-4

CZECH EXTRA
$8.95 • 0-7818-0138-9

DUTCH
$8.95 • 0-87052-049-0

FRENCH
$8.95 • 0-7818-0010-2

GERMAN
$8.95 • 0-7818-0014-5

GREEK
$8.95 • 0-87052-961-7

HUNGARIAN EXTRA
$8.95 • 0-7818-0164-8

ITALIAN
$8.95 • 0-7818-0011-0

JAPANESE
$8.95 • 0-87052-962-5

KOREAN
$8.95 • 0-7818-0082-X

PORTUGUESE
$8.95 • 0-87052-053-9

RUSSIAN
$8.95 • 0-7818-0013-7

SERBO-CROATIAN
$8.95 • 0-87052-051-2

SPANISH
$8.95 • 0-7818-0012-9

SWEDISH
$8.95 • 0-87052-054-7

THAI
$8.95 • 0-87052-963-3

TURKISH
$8.95 • 0-87052-982-X

(All prices subject to change.)
TO PURCHASE HIPPOCRENE BOOKS contact your local bookstore, or write to: HIPPOCRENE BOOKS, 171 Madison Avenue, New York, NY 10016. Please enclose check or money order, adding $5.00 shipping (UPS) for the first book and $.50 for each additional book.

HIPPOCRENE HANDY *EXTRA* DICTIONARIES

SLOVAK

Jamila Baculíkova

HIPPOCRENE BOOKS
New York

For information, address:
HIPPOCRENE BOOKS, INC.
171 Madison Avenue
New York, NY 10016

Library of Congress Cataloging-in-Publication Data
Baculíkova, Jamila.
Slovak / Jamila Baculíkova.
      p.   cm. — (Hippocrene handy extra dictionaries)
ISBN 0-7818-0101-X
    1. English language—Dictionaries—Slovak.   2. Slovak
languages—Dictionaries—English.   I. Title.   II. Series.
PG5379.B33   1996
491.8'7321—dc20
                                  95-50677
                                      CIP

CONTENTS

PRONUNCIATION GUIDE

Because you will want to speak most of the Slovak presented in this book, rather than just to understand its meaning, an indication of the pronunciation has been given in square brackets. If you pronounce this as though it were English, the result will be clearly comprehensive to a Slovak, Moravian or Czech. Carefully follow the pronunciation where all distinct characteristics of spoken Slovak are emphasized: stress (bold print), soft consonants with softening mark (**č, ň, š, ž, dž, ď, ľ, ť**) and long vowels and consonants marked with the prolongation mark (**á, é, í, ý, ó, ú, ŕ, ĺ**). Mute (h) in brackets facilitates the correct pronunciation (compare Sara(h)). Pronunciation examples listed below will help you to learn the correct sound of a particular vowel, diphthong or consonant.

ALPHABETICAL COMMENTS

The Slovak language uses a widened variety of common Latin letters or characters described below. Compared with English, there are several additional diacritical marks in Slovak alphabet:

mäkčeň	— softening mark over consonants: č, ň, š, ž, dž, ď, ľ, ť
dlˇžeň	— prolongation mark over vowels and consonants, e.g.: á , é , í , ú , ĺ , ŕ
dve bodky ¨	— two dots, only over the letter ä
vokáň ˆ	— the mark used only over the letter ô

Note that digraphs `dz', `dž' and `ch' are single characters. Letters `q', `w' and `x' are used in foreign words.

VOWELS

Slovak uses six short vowels (a , e , i , y , o , u) and six long vowels (á , é , í , ý , ó , ú). To confuse short and long vowels may be the cause of misunderstanding :

zastávka - a stop   zástavka - a small flag
sud - a cask   súd - a court (of law)

Pronunciation examples :

> a as in but
> á as in father
> ä as in am
> e as in set
> é as in Las Vegas, Esthéc (Lauder)
> i as in body
> í as in meet
> o as in odd
> ó as in saw
> u as in put
> ú as in choose
> y as in body
> ý as in meet

Slovak uses the following diphthongs:

> ô pronounced as `wo' in won't
> ia   as `eeyah'
> ie   as `eeyeh'
> iu   as `eeyou'

CONSONANTS

Consonants b , d , f , g , l , m , n , s , v , z,... show no significant difference as compared to the pronunciation in English.

Below are listed pronunciation examples that should enable you to correctly pronounce all the other consonants:

> h   as   in hand
> k   as   in nickel
> p   as   in open
> t   as   in not
> j   as   in yes
> c   as   in its
> č   as   in child
> ch as   in the Scottish word `loch'
> š   as   in she
> ž   as   in television or pleasure
> r   trilled (vibrating) as in Scottish
> ŕ   as   continued `r'
> d' as   in during

l' as in lurid
í as long, continued `l'
ň as in new
t' as in tutor
dz as in odds
dž as in jam
q as in quality
w as in very
x as in context

TRANSCRIPTION

To help you with pronunciation we've worked out the following scheme. Following it carefully, you will make no mistakes in pronunciation. Words in brackets indicate the correct pronunciation.

vowels

1. (a) - m**o**ther
   (á) - d**a**rk
3. (ee) - h**i**t
   (éé) - h**ea**t
5. (oo) - l**oo**r
   (óó) - m**oo**d

2. (e) - **E**mily
   (é) - Esth**é**c
4. (o) - n**o**t
   (ó) - s**o**le
5. (h) - **h**ome
4. (g) - **g**ame

1. (b) - **B**etty
2. (d) - **d**ear
3. (f) - **f**ine)
9. (m) - m**e**
10. (n) - **n**o
15. (v) - **v**ery

6. (y) - **y**es
7. (k) - **k**ey
8. (l) - **l**ove
11. (p) - **P**eter
12. (r) - **r**ock
13. (s) - **s**orry
14. (t) - **t**oy

17. (ks) - e**x**press
18. (z) - **z**ebra
16. (w) - **w**et

special sounds
1. (ch) - **ch**eck
2. (sh) - **sh**ock
3. (zh) - trea**s**ure

4. (ts) - **cz**ar (Russian king)
6. (kh) - **kh**án (Chinese kin
7. (dˇ) - **d**uring
8. (tˇ) - **t**utor
9. (ň) - **n**ews
10. (lˇ) - **l**urid

ATTENTION!

horko(<u>h</u>)
h - pronounced (h)
<u>h</u> - at the end of the word (when in brackets) only reminds you that **the last vowel** is pronounced aloud. (<u>h</u>) is not said aloud.
Every letter in brackets besides (<u>h</u>) at the end of the word is pronounced aloud!!!
e.g. fotoaparát (**fotoaparát**) but kniha (kňee**h**a(<u>h</u>)) = **h** and (<u>h</u>) !!

STRESS

Stress in Slovak is weaker than that in English. As a rule, louder pronunciation of accented syllables in a Slovak word differs from that in English. Stress is fixed on the first syllable and is independent from the length of vowels. Compare: **A**merika (Slovak) Am**e**rica (English)

Remember that stress in Slovak only means a louder sound, whereas the prolongation mark means a longer lasting sound. However, if stress and the prolongation mark fall upon the same vowel or syllable, the sound is both accented and longer.

THE REPUBLIC OF SLOVAKIA

Czechoslovakia was a country with two literary languages, Czech and Slovak. In 1992, Slovakia declared Sovereignty, which created two independent republics: the Czech Republic and the Republic of Slovakia. The capital of Slovakia is now Bratislava, its largest city. There are 5 million people in Slovakia speaking their national language. Czech is the literary language of Czechs and Moravians. These two Slavic languages are quite similar: Slovaks, Czechs and Moravians are capable of understanding each other's language.

ENGLISH-SLOVAK DICTIONARY

A

a: 10 crowns a kilo desať
korún kilo (dˇesatˇ koróón
kilo(h))

a.m.: at 10 a.m. o desiatej
ráno (o(h) desyatey ráno(h))

about: about 20 asi 20 (a-
see(h) dvatsatˇ); **about 6
o'clock** asi 6 hodín (asee(h) 6
hodˇéén); **Is the manager
about?** Je tu vedúci? (ye(h)-
too(h) vedóótsee(h)?); **I was
just about to leave.** Práve
som sa chystal odístˇ. (Práve(h)
somsa(h) kheestal odéést ˇ);
How about a drink? Nemáte
chutˇ vypitˇ si? (ňemátˇe(h)
khootˇ veepeetˇ see(h)?);
**What are you talking
about?** O čom hovoríte? (o(h)
chom hovoréétˇe(h)?)

above: nad (nad); **above the
village** nad dedinou (nad dˇe-
dˇeenow)

abroad: v zahraničí (vzahraňe-
echéé)

abscess: vred (vred)

**absolutely: It's absolutely
perfect.** Je to úplne dokonalé.
(ye(h)to(h) óóplňe(h) dokona-
lé(h)); **You are absolutely
right.** Máte úplnú pravdu.
(mátˇe(h) óóplnóó praoodoo-
(h)) **absolutely** absolútne (ap-
solóótňe(h))

absorbent cotton: vata (va-
ta(h))

accelerator: plynový pedál (ple-
enovéé pedál)

accept: prijatˇ (preeyatˇ)

accident: nehoda (ňehoda(h));
There's been an accident.
Stala sa nehoda. (stala(h) sa(h)
ňehoda(h)); **Sorry, it was by
accident.** Prepáčte, stalo sa to
náhodou. (prepáchte(h), stalo-
(h) sa(h)to(h) náhodow)

accommodation(s): ubytov-
anie (oobeetovaňye(h)); **We
need accommodation(s) for
four.** Potrebujeme ubytovanie
pre štyroch. (potrebooyeme(h)
oobeetovaňye(h) pre(h)shtee-
rokh)

accurate: presný (presňéé(h))

ache: I have an ache here. Tu
ma bolí. (tooma(h) boléé(h)); **It
aches** to bolí (to(h) boléé(h))

**across: Let's go across the
street.** Podˇme krížom cez
ulicu. (podˇme(h) kréézhom
tsezooleetsoo(h)); **He's waiting
across the street.** On čaká na
druhej strane ulice. (on chaká-
(h) nadroohey straňe(h) ooleet-
se(h))

actor: herec (herets); **actress**
rečka (herechka(h))

adapter   **allowed**

adapter: adaptér (adaptér)
address: adresa (adresa(h));
   What's your address? Akú
   máte adresu? (akóó(h) mátˇe(h)
   adresoo(h)?)
age: vek (vek); **under age**
   maloletý (maloletéé(h)); **You
   don't look your age.** Nevyze-
   ráte na svoj vek. (ňeveezerá-
   tˇe(h) nasvoy vek)
agency: agentúra (agentóóra(h))
   zastupitelˇstvo (zastoopeetˇelˇ-
   stvo(h))
agent: agent (agent); zástupca
   (zástooptsa(h))
ago: pred (pred); **one hour ago**
   pred hodinou (pred hodˇee-
   now); **That happened long
   ago.** Stalo sa to velˇmi dávno.
   (stalo(h) sa(h) to(h) velˇmee(h)
   dávno(h)).
agree: Do you agree? Súhlas-
   íte? (sóóhlaséétˇe(h)?); **I agree.**
   Súhlasím. (sóóhlaséém); **I don't
   agree.** Nesúhlasím. (ňesóóhla-
   séém)
AIDS: (a ee de es)
air: vzduch (vzdookh); **by air**
   lietadlom (lyetadlom)
air-conditioning: klimatizácia
   (kleemateezátsya(h))
airmail by airmail: leteckou
   poštou (letˇetskow poshtow)
airplane: lietadlo (lyetadlo(h))
airport: letisko (letˇeesko(h))
airport bus: letiskový autobus

(letˇeeskovéé(h) aootoboos)
airport tax: letiskový poplatok
   (letˇeeskovéé(h) poplatok)
à la carte: podlˇa jedálneho
   lístka (podlˇa(h) yedálneho(h)
   lééstka(h)) **I'd like to order à la
   carte.** Rád by som si objednal
   podlˇa jedálneho lístka. (rád
   bee(h) som see(h) obyednal pod-
   lˇa(h) yedálneho(h) lééstka(h))
alarm: poplach (poplakh)
alarm clock: budík (boodˇéék)
alcohol: alkohol (alkohol) **Does
   it contain alcohol?** Obsahuje
   to alkohol? (opsahooye(h) to(h)
   alkohol)?
alive: živý (zhivéé(h))
all: all right v poriadku (fpo-
   ryatkoo(h)); **above all** predovšet-
   kým (predofshetkéém); **all the
   time** celý cˇas (tseléé(h) chas);
   That's all. To je všetko. (to(h)
   ye(h) fshetko(h)); **all of them**
   všetci (fshetsee(h)); **We've spent
   all our money.** Minuli sme všet-
   ky peniaze. (meenoolee(h) sme(h)
   fshetkee(h) peňyaze(h)); **How
   much is it all together?** Kolˇ-
   ko je to spolu? (kolˇko(h) ye(h)
   to(h) spoloo(h)?)
allergic: I am allergic to...
   som alergický na... (som aler-
   geetskéé(h); na(h)...)
allergy: alergia (alergeeya(h))
allowed: dovolený (dovole-

néé(h)); **Is it allowed?** Je to dovolené? (ye(h) to(h) dovolené(h)?); **Smoking is not allowed here.** Nesmic sa tu fajčiť. (nˇesmye(h) sa(h) too(h) faycheetˇ)

all risks: vsetky riziká (fshetkee(h) reezeeká(h))

almost: takmer (takmer)

alone: sám (sám); **I am alone.** Som sám. (som sám); **I am not alone.** Nie som sám. (ňye(h) som sám)

already: už (oozh); **I have already been there.** Už som tam bol. (oozh som tam bol); **It has already been paid for.** Už je to zaplatené. (oozh yeh(h) to(h) zaplatˇené(h))

also: aj / i / tiež (ay / ee(h) t'yezh)

altar: oltár (oltár)

alter: zmeniť (zmeňeetˇ)

alternative: možnosť (mozhnostˇ); **Are there any alternatives?** Sú nejaké možnosti? (sóó(h) ňeyaké(h) mozhonostˇee(h))?

altogether: spolu (spoloo(h))

although: hoci (hotsee(h))

always: vždy (vzhdee(h))

amazing: úžasný (óózhasnéé(h))

ambassador: velˇyslanec (velˇveeslaňets)

ambulance: sanitka (saneetka(-h)); **Call an ambulance!** Za

volajte sanitku! (zavolaytˇe(h) saneetkoo(h))!

America: Amerika (amereeka(h))

American: (adjective) americký (amereetskéé(h)); (male) American Američan (Amereechan); (female) Američanka (Amereechanka(h))

American Embassy: americké velˇyslanectvo (amereetské(h) velˇveeslaňetstvo(h))

among: medzi (medzee(h)); **among friends** mezdi priatelˇmi (medzee(h) pryatˇelˇmee(h))

amp: a 15 amp fuse 15-ampérová poistka (15 - ampérová(h) poeestka(h)); 15-pätnásť (petnástˇ)

ancestor: predok (predok)

anchovies: sardely (sardelee(h))

ancient: starodávny (starodávnee(h))

and: a / i (a(h) / ee(h))

anesthetic: anestetikum (anestetikoom)

angry: nahnevaný (nahňevanéé(h)); **I'm very angry about it.** Velˇmi ma to hnevá. (velˇmee(h) ma(h) to(h) hňevá(h)); **Don't be angry!** Nehnevajte sa! (ňehňevaytˇe(h)sa(h))

animal: zviera (zvyera(h))

ankle: členok (chlenok) **broken ~** zlomený (členok) (zlomenéé(h)); **sprained ~** vyvrtnutý (členok) (veevrtnootéé(h))

anniversary: výročie (vééro-
chye(h)); **wedding ˜** výrocie
svadby (véérochye(h) svad-
bee(h))
annoy: He's annoying me.
Obťažuje ma. (opťažhooye(h)
ma(h)) **It's so annoying.** Je to
tak otravné. (ye(h) to(h) tak ot-
ravné(h))
another: (extra) dˇalší (dˇal-
shéé(h)); (different) druhý
(droo-héé(h)); **Another beer,
please.** Ešte jedno pivo, pros-
ím. (eshtě(h) yedno(h) peevo(h)
proséém); **Would you like
another?** Prosíte si iný. (proo-
séétě(h) see(h) eenéé(h))?; **I'd
like to stay another week.**
Rád by som zostal ešte týždeň.
(rád bee(h) som zostal eshtě(h)
téézhdˇeň); **another time** ino-
kedy (eenokedee(h))
answer: odpovedˇ (otpovetˇ)
answering machine: odkazník
(otkazňéék); **The answering
machine is on.** Odkazník je
zapnutý. (otkazňéék ye(h) za-
pnutéé(h))
ant: ants mravce (mrawtse(h))
antibiotics: antibiotiká (anteebe-
eyoteeká(h)); **I am on antibi-
otics.** Beriem antibiotiká. (be-
ryem anteebeeyoteeká(h))
antifreeze: protimrznúca zmes
(protˇeemrznóótsa(h) zmes)
antihistamine: antihistamini

kum(anteeheestameeneekoom)
antique: antique shop obchod
so starožitnosťami (opkhot
so(h) starozheetnostˇamee(h))
antiseptic: antiseptický **antisep-
tic powder** antiseptický prášok
(anteesepteetskéé(h) práshok)
any: in any case v každom prí-
pade (fkazhdom préépadˇe(h));
I don't have any change.
Nemám žiadne drobné. (nˇe-
mám zhyadne(h) drobné(h));
**Are there any letters for
me?** Máte pre mňa poštu?
(mátˇe(h) pre(h) mňa(h) posh-
too(h))?; **Is there any news?**
Sú nejaké nové zprávy? (sóó(h)
ňeyaké(h) nové(h) správee(h))?);
**It doesn't make any diffe-
rence.** To nerozhoduje. (to(h)
ňerozhodooye(h))
anybody: niekto (ňyekto(h)) (in
negatives) nikto (ňeekto(h));
Can anybody help? Môže
niekto pomôctˇ? (mwozhe(h)
ňyekto(h) pomwotstˇ?); **Does
anybody here speak Eng-
lish?** Hovorí tu niekto po Ang-
licky? (hovoréé(h) too(h) ňek-
to(h) po(h) angleetskee(h))?
anything: niečo (ňyecho(h) / (in
negatives) nič (ňeech)); **Any-
thing else?** Ešte niečo? (esh-
tˇe(h) ňyeeho(h))?; **Do you
need anything?** Potrebujete
niečo? (potrebooyetˇe(h) ňye-
cho(h))?; **I don't need**

anything. Nepotrebujem nič. (ňepotrebooyem ňeech)

apartment: byt (beet)

aperitif: aperitív (apereetéév)

apology: ospravedlnenie (ospravedlňeňye(h)); **Please accept my apologies.** Prosím vás, prijmite moje ospravedlnenie. (proséém vás, preeymeet˘e(h) moye(h) ospravedlňeňye(h))

apparently: zjavne (zyawňe(h))

appendicitis: zápal slepého čreva (zápal slepého(h) chreva(h))

appetite: apetít (apetéét); **I lost my appetite.** Stratil som chut˘ do jedla. (strat˘eel som khoot˘ do(h) yedla(h)); **I have a huge appetite.** Mám vel˘ký hlad. (mám vel˘kéé(h) hlad)

apple: jablko (yablko(h))

apple pie: jablčník (yablchňéék)

application form: prihláška (preehláshka(h))

apply: I apply for (a scholarship). Uchádzam sa o (štipendium). (ukhádzam sa(h) o(h) (shteependeeooom)); **You must apply in writing.** Musíte požiadat˘ písomne. (mooséét˘e(h) pozhyadat˘ péésomňe(h))

appointment: schôdzka; **Please, cancel my appointment.** Zrušte moju schôdzku, prosím. (zroosht˘e(h) moyoo(h) skhwotskoo(h), proséém); **I'd like to make an appointment.** Rád by som si dohodol schôdzku. (rád bee(h) som see(h) dohodol skhwotskoo(h))

appreciate: Thank you, I appreciate your help. D˘akujem, cením si vašu pomoc. (d˘akooyem, tsenéém see(h) vashoo(h) pomots)

approve: I don't approve. Nesúhlasím. (ňesóóhlaséém)

apricot: marhul˘a (marhoolǎ(h))

April: apríl (apréél)

archaeology: archeológia (arkheológheeya(h))

are: Are you sure? Ste si istý? (st˘e(h) see(h) eestéé(h))?; **Are you O.K.?** Ste v poriadku? (st˘e(h) fporyatkoo(h)?); **How are you?** Ako sa máte? (ako(h) sa(h) mát˘e(h)?); **Here you are.** Nech sa páči. (n˘ekh sa(h) páchee(h); **Where are you from?** Odkial˘ ste? (otkyal˘ s˘te(h)?)

area: I don't know the area. Nepoznám ten kraj. (nepoznám ten kray)

area code: oblastné telefónne číslo (oblastné(h) telefónne(h) chééslo(h))

arm: ruka (rooka(h))

around: see about

arrangement: Please, make the arrangements. Zariaďte to, prosím. (zaryaďťe(h) to(h), proséém)
arrest: uväznit˘ (oovezňeet˘); **He was arrested.** Zatvorili ho. (zatvoreelee(h) ho(h))
arrival: príchod (préékhod)
arrive: When does the flight arrive? Kedy prilieta lietadlo? (kedee(h) preelyeta(h) lyetadlo(h)?); **I've just arrived.** Práve som prišiel. (práve(h) som preeshyel); **Let me know when they arrive.** Oznámte mi, keď prídu. (oznámt˘e(h) mee(h) keť préédoo(h))
art: umenie (oomeňye(h)); **modern art** moderné umenie (moderné(h) oomeňye(h))
art gallery: umelecká galéria (oomeletská(h) galéreeya(h))
arthritis: artritída (artreetééda(h))
artificial: umelý (oomeléé(h))
artist: umelec (oomelets)
as: as much as possible tak veľa ako sa dá (tak veľá(h) ako(h) sa(h) dá(h)); **as soon as possible** tak skoro ako to pôjde (tak skoro(h) ako(h) to(h) pwoyd˘e(h)); **As far as I'm concerned.** Pokiaľ sa mňa týka. (pokyaľ sa(h) mňa(h) tééka(h); **as usual** ako zvyčajne (ako(h) zveechayňe(h)); **I'm here as a tourist.** Som tu ako

turista. (som too(h) ako(h) tooreesta(h))
ashtray: popolník (popolňéék)
ask: (to ask about) pýtat˘ sa (péétat˘ sa(h)); **(to ask for)** žiadat˘ / prosit˘ (zhyadat˘ / proseet˘); **Excuse me, may I ask you a question?** Prepáčte, môžem sa Vás niečo spýtat˘? (prepácht˘e(h), mwozhem sa(h) Vás ňyecho(h) spéétat˘)?
aspirin: aspirín (aspeeréén)
assault: (violation) **She's been assaulted.** Napadli ju. (napadlee(h) yoo(h))
assistant: (helper) pomocník (pomotsňéék); (while shopping) predavač (predavach)
assume: I assume that... predpokladám, že... (predpokladám zhe(h))
assure: I'd like to assure you of... Rád by som Vás ubezpečil, že. (rád bee(h) som Vás oobespecheel, zhe(h))...
asthma: astma (astma(h))
at: at 9 a.m. o deviatej ráno (od˘evyatey ráno(h)); **at the beginning** na začiatku (nazachyatkoo(h)); **at the end of the street** na konci ulice (nakontsee(h) ooleetse(h)); **at home** doma (doma(h)); **at my hotel** v mojom hoteli (v moyom hotelee(h)); **at last** konečne (koňechňe(h)); **at least** aspoň, (aspoň); **at night**

v noci (vnotsee(h)); **at once**
okamžite (okamzheet˘e(h)); **at
present** teraz (teras); **at
school** v škole (fshkole(h)); **at
work** v práci (fprátsee(h))
Atlantic Ocean: Atlantický
oceán (atlanteetskee(h) otseán)
atmosphere: atmosféra (atmo-
sféra(h))
attractive: atraktívny (atraktéév-
nee(h))
auction: dražba (drazhba(h))
audience: publikum (pooblee-
koom)
August: august (aoogoost)
aunt: my aunt moja teta (mo-
ya(h) t˘eta(h))
Australia: Austrália (aoostrále-
eya(h))
Australian: (adjective) austrálsky
(aoostrálskee(h)); (man) Austrál-
čan (aoostrálchan); (woman)
Austrálčanka (aoostrálchan-
ka(h)) **the Australians** Austrál-
čania (aoostrálchaňya(h))
Austria: Rakúsko (rakóósko(h));
(man) Rakúšan (rakóóshan);
(woman) Rakúšanka (rakóósha-
nka(h)); **the Austrians** Rak-
úšania (rakóóshaňya(h))
author: author of this book
autor tejto knihy (aootor tey-
to(h) kňeehee(h))
automatic: automatický (aooto-
mateetskéé(h)); **automatic
transmission** automatický
prevod / prenos (aootomateets-
kéé(h) prevod / prenos)

auto mechanic: automechanik
(aootomekhaneek)
automobile: automobil (aooto-
mobeel)
autumn: jeseň (yeseň); **in the
autumn** na jeseň (na(h)yeseň)
available: dostupný (dostoop-
néé(h)); **Are these products
available here?** Je tu možné
tie výrobky kúpit˘? (ye(h) too-
(h) mozhné(h) tye(h) véérop-
kee(h) kóópeet˘)?
average: (ordinary) priemerný
(pryemernéé(h); **below aver-
age** podpriemerný (adj.) (pot-
pryemernéé(h)); **The food
was only average.** Strava bola
iba priemerná. (strava(h) bo-
la(h) eeba(h) pryemerná(h)); **on
average** priemerne (pryemer-
ňe(h))
awake: Are you awake? Si
hore? (see(h) hore(h))? Ste
hore? (st˘e(h) hore(h))?
away: Is it far away? Je to d˘-
aleko? (ye(h) to(h) d˘aleko(h)?);
Go away! Choď˘te preč! (kho-
d˘t˘e(h) prech!)
awful: strašný (strashnéé(h));
awful weather škaredé poča-
sie (shkaredé(h) pochasye(h))
axle: os (os)

B

baby: dieťa (d˘yet˘a(h))

baby-sitter   **bakery**

baby-sitter: pestúnka (pestóónk-a(h)); **Can you get us a baby-sitter?** Môžete nám nájsť pestúnku? (mwozhetˇe(h) nám náystˇ pestóónkoo(h))?

bachelor: starý mládenec (staréé(h) mládˇeňets)

back: (body) chrbát (khrbát); (adjective) zadný (zadnéé(h)); **in the back** vzadu (vzadoo(h)); **(adverb, direction)** naspäťˇ (naspetˇ); **at the back** vzadu (vzadoo(h)); **I'll be right back.** Hnedˇ sa vrátim. (hňedˇ sa(h) vrátˇeem); **When do you want it back?** Kedy vám to mám vrátiťˇ? (kedee(h) vámto(h) mám vráteetˇ?); **Can I have my money back?** Môžete mi vrátiťˇ peniaze? (mwozhetˇe(h) mee(h) vrátˇeetˇ peňyaze(h)?); **Come back!** Vrátˇte sa! (vrátˇtˇe(h) sa(h)!); **Can you drive me back?** Môžete ma odviezťˇ späťˇ? (mwozhete(h) ma(h) odvyestˇ spetˇ)? **backache: I have a backache.** Bolia ma kríže. (bolya(h) ma(h) kréézhe(h))

backbone: chrbtica (khrptˇeetsa(h))

back door: zadné dvere (zadné(h) dvere(h))

background: pozadie (pozadˇye(h))

backpack: plecniak (pletsňyak)

back seat: zadné sedadlo (zadné(h) sedadlo(h))

backward: dozadu (dozadoo(h))

bacon: slanina (slaňeena(h)); **bacon and eggs** vajcia so slaninou (vaytsya(h)) so(h) slaňeenow)

bad: zlý (zléé(h)); **This meat's bad.** Toto mäso je zlé. (toto(h) meso(h) ye(h) zlé(h)); **a bad stomachache** silné bolesti žalúdka (seelné(h) bolestˇee(h) zhalóótka(h)); **not bad** nie je to zlé (ňye(h) ye(h) to(h) zlé(h)); **That's too bad.** To je veľmi zlé. (to(h) ye(h) velˇmee(h) zlé(h))

badly: (seriously) veľmi / vážne (velˇmee(h) / vázhňe(h))

bag: taška (tashka(h)); **plastic bag** igelitové vrecko (eegeleetové(h) vretsko(h)); **sleeping bag** spací vak (spatséé(h) vak)

baggage: batožina (batozheena(h)); **excess** ~ nadváˇha (nadváˇha(h)); **hand** ~ príručná batožina (prééruchná(h) batozheena(h))

baggage allowance: povolená váha batožiny (povolená(h) váha(h) batozheenee(h))

baggage checkroom: úschovňa batožín (óóskhovňa(h) bathozhéén)

bakery: pekáreň (pekáreň)

balcony: balkón (balkón); **a room with a balcony** izba s balkónom (eezba(h) zbalkónom)
bald: plešivý (plesheevéé(h))
ball: (sports) lopta (lopta(h))
ballet: balet (balet)
ball-point pen: gulicˇkové pero (gooleechkové(h) pero(h))
banana: banán (banán)
band: kapela / orchester (kapela(h) / orkhester)
bandage: obväz (obvez)
bandaid: leukoplast (lewkoplast)
bank: banka (banka(h)); **When do the banks open?** Kedy sa otvárajú banky? (kedee(h) sa-(h)otvárayóó(h) bankee(h)); **Excuse me, where is the nearest bank?** Prepácˇte, kde je tu najbližšia banka? (prepáchtˇe(h) gdˇe(h) ye(h) too(h) naybleeshya(h) banka(h))?
bank account: bankové konto (bankové(h) konto(h)); **I'd like to open a bank account.** Rád by som si otvoril úcˇet. (rád bee(h) som see(h) otvoreel óóchet)
banker: bankár (bankár)
bar: bar / výcˇap (bar / vééchap); **Meet me in the bar.** Pocˇkaj ma v bare. (pochkay ma(h) vbare(h)) stretneme sa v bare. (stretˇnemesa(h) vbare(h)); **a bar of chocolate** tabulˇka cˇokolády (taboolˇka(h) chokoládee(h))

barbecue: živánska/pecˇienka (zheevánska(h)/pechyenka(h))
barber: holicˇ (holeech)
bargain: What a bargain! Aké to je lacné! (aké(h) to(h) ye(h) latsné(h))!
bartender: barman (barman)
basic: Please, teach me some basic phrases. Naucˇíte ma niektoré základné výrazy, prosím? (naoochéétˇe(h) ma(h) ňyektoré(h) základné(h) véérazee(h) proséém); **We need only basic information.** Potrebujeme len základné informácie. (potrebooyeme(h) len základné eenformátseeye(h))
basket: kôš / košík (kwosh / koshéék)
bath: kúpelˇ (kóópelˇ); **I am going to take a bath.** Idem sa okúpatˇ. (eeděm sa(h) okóópatˇ); **I'd like a room with a bath.** Chcel by som izbu s kúpelˇňou. (khtsel bee(h) som eezboo(h) skóópelˇňow)
bathing suit: plavky (plawkee(h))
bathrobe: župan (zhoopan)
bathroom: kúpelˇňa (kóópelˇňa(h)); **Can I use your bathroom?** Môžem použitˇ vašu kúpelˇňu? (mwozhem po(h)oozheetˇ vashoo(h) kóópelˇňoo(h)); **Where is the bathroom?** Kde je kúpelˇňa? (gdˇe(h) ye(h) kóópelˇňa(h))?
bath towel: uterák (ootˇerák)

battery

beef

battery: batéria (batéreeya(h)); **The battery is dead.** Batéria je vybitá. (batéreeya(h) ye(h) veebeetá(h)); **I need new batteries.** Potrebujem nové baterky. (potrebooyem nové(h) baterkee(h))

bay: záliv / zátoka (záleev / zátoka(h))

be: to be=byt˘; **be reasonable** bud˘te rozumný (bood˘t˘e(h) rozoomnéé(h)); **Don't be lazy.** Nebud˘te lenivý. (ňebud˘t˘e(h) leňeevéé(h)); **Where have you been?** Kde ste boli? (gd˘e(h) st˘e(h) bolee(h)?); **I've never been to the High Tatras.** Nikdy som nebol vo Vysokých Tatrách. (ňeekdee(h) som ňebol vo(h) veesokéékh tatrákh); **Be careful!** Bud˘te opatrný! (bood˘t˘e(h) opatrnéé(h)); **Be patient!** Bud˘te trpezlivý! (bood˘te(h) trpezleevéé(h))! **Be quiet!** Bud˘te ticho! (bood˘te(h) t˘eekho(h))!

beach pláž (plázh); **on the beach** na pláži (na(h) plázhee(h))

beans: fazul˘a (fazool˘a(h))

bear: medved˘ (medved˘)

beat: Don't beat at the door! Nebúchajte na dvere! (ňebóókhayt˘é nadvere(h))! **I was beaten.** Zbili ma. (zbeelee(h) ma(h))

beautiful: krásny (krásnee(h)); **What a beautiful day!** Aký nádherný deň! (akéé(h) nádhernéé(h) d˘eň!); **It's beautiful!** Je to nádherné! (ye(h) to(h) nádherné(h)!)

beauty salon kozmetický salón (kozmeteetskéé(h) salón)

because: pretože / lebo (pretozhe(h) / lebo(h)); **because of the weather** vzhl˘adom na počasie (vzhl˘adom na(h) pochasye(h)); **because it's late** pretože je neskoro (pretozhe(h) ye(h) ňeskoro(h))

become: I'd like to become a member. Rád by som sa stal členom. (rád bee(h) som sa(h) stal chlenom)

bed: single bed postel˘ pre jedného (post˘el˘ pre(h) yedného(h)); **double bed** dvojitá postel˘ (dvoyeetá(h) post˘el˘); **I'm going to bed.** Idem si l˘ahnút˘. (eed˘em see(h) l˘ahnóót˘); **She's still in bed.** Ešte je v posteli. (esht˘e(h) ye(h) fpost˘elee(h))

bed and breakfast: ubytovanie s raňajkami (oobeetovaňye(h) sraňaykamee(h))

bedding: postel˘né prádlo (post˘elné(h) prádlo(h))

bedroom: spálňa (spálňa(h))

bee: včela (fchela(h))

beef: hovädzina (hovedzeena(h)); **roast beef** rostbíf (rostbééf)

beefsteak: biftek (beeftek)

beer: pivo (peevo(h)); **Two beers please.** Prosím si dve pivá. (proséém see(h) dve(h) peevá(h))

before: pred (pret); **before dinner** pred večerou (pred vecherow); **the day before yesterday** predvčerom (pretfcherom)

begin: začat' (zachat'); **What time does the movie begin?** O kol'kej sa začína film? (okol'kej sa(h) zachééna(h) feelm?)

beginner: začiatočník (zachyatochňéék); **I am still a beginner.** Ešte stále som začiatočník. (esht'e(h) stále(h) som zachyatochňéék?)

beginning: at the beginning na začiatku (na(h) zachyatkoo(h))

behavior: indecent behavior neslušné správanie sa (ňesloosh-né(h) správaňyesa(h))

behind: za (za(h)) **the girl behind me** to dievča za mnou (to(h) dyewcha(h) za(h) mnow)

beige: béžový (bézhovéé(h))

Belgium: Belgicko (Belgeetsko(h))

believe: verit' (vereet'); **Please, believe me!** Prosím, verte mi! (proséém, verte(h) mee(h))! **Do you believe in miracles?** Veríte v zázraky? (verééť'e(h) vzázrakee(h)?)

bell: zvon (zvon); (small) zvonček (zvonchek)

belong: That belongs to me. To je moje. (to(h) ye(h) moye(h))

belonging: all my belongings všetky moje veci (fshetkee(h) moye(h) vetsee(h))

below: pod (pot); **below average** (adj.) podpriemerný (podpryemernéé(h))

belt: (clothing) pás (pás) / opasok (opasok); **safety belt** bezpečnoostný pás (bespechnostnéé(h) pás)

bold: smelý (smeléé(h))

bend: (curve) zákruta (zákroota(h)) (verb) **to bend** ohnút' (ohnóót')

beside: vedl'a (vedl'a(h); **Sit beside me!** sadnite si vedl'a mňa! (sadňeet'e(h) see(h) vedl'a(h) mňa(h))

besides: besides that okrem toho (okrem toho(h))

best: najlepší (naylepshéé(h)); **my best friend** môj najlepší priatel' (mwoy naylepshéé(h) pryat'el'); **the best restaurant in the city** najlepšia reštaurácia v meste (naylepshya(h) reshtawrátseeya(h) vmest'e(h))

bet: I bet you 100 crowns. Stavím sa o sto korún. (stavééem sa(h) o(h) sto(h) koróón); 100 sto (sto(h))

better: (adjective) lepší (lepshéé(h)); (adverb) lepšie (lep shye(h)); **That's better.** To je lepšie. (to(h) ye(h) lepshye(h)); **Are you feeling better?** Cítite sa lepšie? (tséét˘eet˘e(h) sa(h) lepshye(h)?); **I'm a little better.** Je mi trochu lepšie. (ye(h) mee(h) trokhoo(h) lep-shye(h)); **Much better.** Ovel˘a lepšie. (ovel˘a(h) lepshye(h))

between: medzi (medzee(h)); **between us** mezdi nami (med-zee(h) namee(h))

beverage: nápoj (nápoy)

beware: Beware of pickpockets! Dajte si pozor na vrecká-rov! (day˘te(h) see(h) pozor navretskárow)

beyond: za / mimo (za(h) / mee-mo(h)); **beyond control** (adj.) nekontrolovatel˘ný (ňekontro-lovat˘el˘néé(h))

bicycle: bicykel (beetseekel)

big: vel˘ký (vel˘kéé(h)); **It's too big.** To je vel˘mi vel˘ké. (to-(h)ye(h) vel˘mee(h) vel˘ké(h)); **It's not big enough.** To nie je dosť vel˘ké. (to(h) ňye(h)ye(h) dosť vel˘ké(h)); **It's much too big.** To je príliš vel˘ké. (to(h) je(h) prééleesh vel˘ké(h))

bigger: väčší (vechshéé(h))

bike: bicykel (beetseekel); **mounntain bike** horský bicy-kel (horskéé(h) beetseekel).

bikini: bikiny (beekeenee(h))

bill: účet (óóchet); **Could I have the bill, please?** Pán vrchný, platím! (pán vrkh néé(h), plat˘éém)

bird: vták (fták)

birth certificate: rodný list (rodnéé(h) leest)

birthday: narodeniny (narod˘e-eňeenee(h)); **Today is my birthday.** Dnes mám narodeniny. (dňes mám narod˘eňee-nee(h)); **When is your birthday?** Kedy máte narodeniny? (kedee(h) mát˘e(h) narod˘eňee-nee(h)?); **Happy birthday!** Gratulujem k narodeninám! (gratoolooyem knarod˘eňee-nám!) **biscuit:** keks (kex)

bit: Just a little bit for me. Iba trošku pre mňa. (eeba(h) trosh-koo(h) pre(h) mňa(h)); **a bit of that pie** kúsok z toho koláča (kóósok z toho(h) kolácha(h)); **It's a bit cold today.** Dnes je trochu zima. (d˘nes ye(h) trok-hoo(h) zeema(h))

bite: hrýzt˘ / poštípat˘ (hréézt˘ / posht˘éépat˘); **I've been bitten.** Niečo ma poštípalo. (ňye-cho(h) ma(h) posht˘éépalo(h); **Do you have something for insect bites?** Máte niečo proti poštípaniu? (mát˘e(h) ňyecho(h) prot˘ee(h) posht˘é-épaňyoo(h)?)

bitter: horký (horkéé(h))

black: čierny (chyernee(h))

blackout: (electrical power cut) výpad elektrického prúdu (véépad elektreetského(h) próódoo(h))

blade: razor blades - žiletky (zheeletkee(h))

bladder: mechúr (mekhóór)

blanket: deka (deka(h)); **Please, give me another blanket.** Prosím si ešte jednu deku. (proséém see(h) eshtˇe(h) yednoo(h) dekoo(h))

blazer: blazer, sako (sako(h))

bleed: krvácatˇ (krvátsatˇ); **My nose is bleeding.** Krvácam z nosa. (krvátsam znosa(h))

bless you!: (after sneeze) na zdravie! (na(h) zdravye(h)!)

blind: slepý (slepéé(h))

blinds: venetian blinds rolety (roletee(h))

blister: plˇuzgier (plˇoozgyer)

block: blok (blok); **sun block cream** krém s ochranným filtrom (krém z okhrannéém feeltrom)

blocked: zablokovaný (zablokovanéé(h))

blond: (adjective) blond (blond)

blonde: (woman) blondína (blondééna(h))

blood: krv; **I have high blood pressure.** Mám vysoký krvný tlak. (mám veesokéé(h) krvnéé(h) tlak); **his blood type is....** jeho krvná skupinaje...(yeho(h) krvná(h) skoopeena(h) ye(h)...)

bloody mary: koktail z vodky a paradajkovej štˇavy (koktayl zvodkee(h) a(h) paradaykovey shtˇavee(h))

blouse: blúza (blóóza(h))

blue: modrý (modréé(h))

board: full board plná penzia (plná(h) penzeeya(h)); **room and board** ubytovanie so stravou (oobeetovaňye(h) zostravow)

boarding house: penzión (penzeeyón)

boarding pass: palubný lístok (paloobnéé(h) lééstok)

boat: čln (chln)

body: telo (tˇelo(h))

body lotion: telové mlieko (tˇelové(h) mlyeko(h))

boil: (verb) varitˇ (vareetˇ); **boil the water** varitˇ vodu (vareetˇ vodoo(h))

boiled: varený (varenéé(h)); **boiled egg** varené vajce (varené(h) vaytse(h))

bomb: (noun) bomba (bomba(h))

bone: kostˇ (kostˇ); **The bone is broken.** Tá kostˇ je zlomená. (tá(h) kostˇ ye(h) zlomená(h))

book: kniha (kňeeha(h)); **address book** adresár (adresár); **a book on Slovak history** kniha o slovenských dejinách (kňeeha(h) o(h) slovenskéékh děyeenákh)

bookstore: kníhkupectvo (kňééhkoopetstvo(h))

boot: (on foot) čižma (cheezhma(h))

border: (of country) hranica (hraňeetsa(h))

born: (bear) **I was born in May.** Narodil som sa v máji. (narod˘eel som sa(h) vmáyee(h); **I was born in...** Narodil som sa v.. (narod˘eel som sa(h) v....); **When / Where were you born?** Kedy/Kde ste sa narodili? (kedee(h)/ Gd˘e(h) st˘ee(h) sa(h) narod˘eelee(h))?

borrow: požičat˘ si (pozheechat˘ see(h)); **Could I please borrow a pen?** Môžem si požičat˘ pero? (mwozhem see(h) pozheechat˘ pero(h))?

boss: šéf (shéf)

both: oba, obaja, obidvaja (oba(h), obaya(h), obeedvaya(h)); **I'll take both of them.** Vezmem oboch / obe. (vezmem obokh / obe(h)); **We'll both go with you.** Obaja pôjdeme s tebou. (obaya(h) pwoyd˘eme(h) st˘ebow)

bother: obtážovat˘ (optázhovat˘); **Sorry to bother you.** Prepáčte, že Vás obt˘ažujem. (prepácht˘e(h) zhe(h) Vás opt˘azhooyem); **Don't bother!** Neobt˘ažujte! (ňeopt˘azhooyt˘e(h))

bottle: fl˘aša (fl˘asha(h)); **baby bottle** detská fl˘aška (d˘ets-

ká(h) fl˘ashka(h)); **thermos bottle** termoska (termoska(h)); **a bottle of wine** fl˘aša vína (fl˘asha(h) vééna(h)); **Another bottle, please!** Ešte jednu fl˘ašu, prosím! (esht˘e(h) yednoo(h) fl˘ashoo(h), proséém)

bottle opener: otvárač na fl˘aše (otvárach na(h) fl˘ashe(h))

bottom: dno (dno(h))

bowels: črevá (chrevá(h))

bowl: miska (meeska(h))

bowling: kolky (kolkee(h))

box: krabica (krabeetsa(h)); **letter box** poštová schránka (poshtová(h) skhránka(h))

box office: pokladňa (pokladňa(h))

boy: chlapec (khlapets)

boyfriend: my boyfriend môj priatel˘ (mwoy pryatel˘)

bra: podprsenka (potprsenka(h))

bracelet: náramok (náramok)

brake fluid: brzdová kvapalina (brzdová(h) kvapaleena(h))

brakes: brzdy (brzdee(h)); **There's something wrong with the brakes.** Niečo je s brzdami. (ňyecho(h) ye(h) zbrzdamee(h))

brandy: brandy / koňak (brandee(h) / kogňak); **(plum brandy)** slivovica (sleevoveetsa(h)); **(juniper brandy)** borovička (boroveechka(h))

Bratislava: (brat˘eeslava(h)) **(capital of Slovakia)**

brave: smelý (smeléé(h))
bread: chlieb (khlyeb); **Could
we have some bread?** Pros-
íme si kúsok chleba. (proséé-
éme(h) see kóósok khleba(h));
white bread biely chlieb (bye-
lee(h) khlyeb); **brown bread**
čierny chlieb (chyernee(h)
khlyeb); **rye bread** ražný ch-
lieb (razhnéé(h) khlyeb); **whole
wheat bread** celozrnný chlieb
(tselozrnnéé(h) khlyeb); **bread
and butter** chlieb s maslom
(khlyeb zmaslom)
break: zlomiťˇ, lámaťˇ (zlome-
eťˇ, lámaťˇ); **It keeps break-
ing.** Stále sa to láme. (stále(h)
sa(h) to(h) láme(h)); **I've bro-
ken my arm.** Zlomil som si
ruku. (zlomeel som see(h) roo-
koo(h)); **Someone broke into
my apartment.** Niekto sa mi
vlámal do bytu. (ňyekto(h) sa(h)
mee(h) vlámal dobeetoo(h))
**breakdown: I've had a break-
down.** Mal som poruchu. (ma-
lsom porookhoo(h)); **nervous
breakdown** nervové zrútenie
(nervové(h) zróóťˇeňye(h))
breakfast: raňajky (raňaykee(h));
continental breakfast konti-
nentálne raňajky (konteenentá-
lne(h) raňaykee(h)); **What time
is breakfast served?** O kol-
ˇkej sa podávajú raňajky? (o(h)

kolˇkey sa(h) podávayóó(h) ra-
ňayykee(h))?
breast: breasts prsia (prsya(h))
breast-feed: dojčiťˇ (doycheeťˇ)
breath: dych (deekh); **out of
breath** zadychčaný (zadeekh-
chanéé(h)); **Take a deep
breath!** Zhlboka sa nadýchnite!
(zhlboka(h) sa(h) nadéékhňee-
te(h))!
breathe: dýchaťˇ (déékhaťˇ); **I
can't breathe!** Nemôžem dý-
chaťˇ! (nemwozhem déékhaťˇ)
breeze: vetrík / vánok (vetréék /
vánok)
brewery: pivovar (peevovar)
bride: nevesta (ňevesta(h))
bridegroom: mladoženích (mla-
dozheňéékh)
bridge: (over river) most (most)
brief: (stay, visit) krátky (krát-
kee(h))
briefcase: aktovka (aktovka(h))
bright: (color) jasný, (yasnéé(h))
brilliant: (idea) skvelý (skve-
léé(h));
**bring: Could you bring it to
my hotel?** Môžete to priniesťˇ
do môjho hotela? (mwozhe-
ťˇe(h) to(h) preeňyesťˇ do(h)
mwoyho(h) hotela(h)?) **I'll
bring it back.** Vrátim to. (vrá-
ťˇeem to(h)); **Can I bring my
boyfriend, too?** Môžem pri-
viesťˇ aj môjho priateľˇa? (mw-
ozhem preevyesťˇ ay mwo-
yho(h) pryateľˇa(h)?)

Britain: Británia (breetáneeya-(h))

British: britský (breetskéé(h)); **the British** Briti (breet˘ee(h))

Brno: Brno (brno(h) (capital of Moravia)

brochure: brožúra (brozhóó-ra(h)); **Do you have any brochures on...?** Máte brožúry o...? (mát˘e(h) brozhóó-re-e(h) o(h)...?)

broke: I'm broke. Som bez haliera. (som bez halyera(h))

broken: zlomený / pokazený (zlomenéé(h) / pokazenéé(h)); **It's broken.** Je to rozbité. (ye(h) to(h) rozbeeté(h)); **broken leg** zlomená noha (zlomená(h) noha(h))

brother: brat (brat)

brother-in-law: my brother-in-law môj švagor (mwoy shva-gor)

brown: hnedý (hňedéé(h)); **I have brown eyes.** Mám hnedé oči. (mám hňedé(h) ochee(h))

bruise: (noun) modrina (modre-ena(h))

brunette: bruneta (brooneta(h))

brush: (noun) kefa (kefa(h)); (artist˘s) štetec (sht˘et˘ets)

brutal: hrubý (hroobéé(h))

bucket: vedro (vedro(h))

buffet: bufet pre hostí (boofet pre(h) host˘éé(h))

bug (insect) ploštica (plosht˘ee-tsa(h)); **I've caught a bug.** Mám virózu. (mám veeró-zoo(h))

building: budova (boodova(h))

bulb: (elec) žiarovka (zhyarov-ka(h)); **a new bulb** nová žia-rovka (nová(h) zhyarovka(h))

bull: býk (béék)

bump: I bumped my head. Udrel som si hlavu. (oodrel somsee(h) hlavoo(h))

bumper: nárazník (nárazňéék)

bungalow: bungalov / zrub (bo-ongalow / zroob)

bureau: úrad (óórad)

burglar: zlodej (zlod˘ey)

bureaucracy: byrokracia (beero-kratseeya(h); **bureaucratic** byrokratický (beerokrateets-kéé(h))

burn: spálit˘ (spáleet˘); **Do you have anything for burns?** Máte niečo na popáleniny? (Mát˘e(h) ňyecho(h) na(h) po-páleňeenee(h))?

bus: autobus (aootoboos); **airport bus** autobus na letisko (aootoboos na(h) let˘eesko(h)); **Is this the bus for...?** Je toto autobus do...? (ye(h) toto(h) aootoboos do(h)...)?; **The bus is delayed.** Autobus mešká. (aootoboos meshká(h)); **What time does the bus leave?** O kol˘kej odchádza autobus?

(o(h) kol˘key otkhádza(h) aoo-
toboos)?; **What time is the
next bus?** Kedy ide d˘alší
autobus? (kedee(h) eed˘e(h)
d˘alshéé(h) aootoboos)?
bus station: autobusová stanica
(aootoboosová(h) staňeetsa(h))
bus stop: autobusová zastávka
(aootoboosová(h) zastáwka(h))
business: podnikanie / obchod
(podňeekaňye(h)/obkhod); **I'm
here on business.** Som tu
služobne. (somtoo(h) sloozho-
bňe(h)); **It's a pleasure to do
business with you.** Je radost˘
s vami spolupracovat˘. (ye(h)
radost˘ svamee(h) spoloopratso-
vat˘)
business card: navštívenka
(navsht˘éévenka(h))
business trip: služobná cesta
(sloozhobná(h) tsesta(h)); **This
is my business trip.** Toto je
služobná cesta. (toto(h) ye(h)
sloozhobná(h) tsesta(h)
business man / woman: pod-
nikatel˘ / podnikatel˘ka (pod-
ňeekat˘el˘ / podňeekat˘el˘-
ka(h)); **a succesful business-
woman** úspešná podnikatel˘ka
(óóspeshná(h) podňeekat˘el˘-
ka(h))
busy: (street) rušný (roosh-
néé(h)); **I'm busy this aftern-
oon.** Dnes popoludní som za-
neprázdnený. (dňes popolood

ňéé(h)som zaňeprázdňenéé(h));
The line was busy. (tel.)
Linka bola obsadená. (leenka(h)
bola(h) opsadená(h))
but: ale (ale(h)); **not ... but ...**
nie ... ale ... (nye(h)... ale(h)...)
butcher: mäsiar (mesyar)
butter: maslo (maslo(h)); **bread
and butter** chlieb s maslom
(khlyeb zmaslom)
butterfly: motýl˘ (motéél˘)
button: gombík (gombéék)
buy: kúpit˘ (kóópeet˘); **Where
can I buy...?** Kde môžem
kúpit˘...? (gde(h) mwozhem
kóópeet˘...?); **I'd like to buy...**
Rád by som kúpil. (rád bee(h)
som kóópeel...)
by: by car / boat autom /
člnom (aootom / chlnom); **by
airmail** letecky (let˘etskee(h));
by chance náhodou (náho-
dow); **Who's it written by?**
Kto to napísal? (kto(h) to(h)
napéésal?); **It's by Havel.**
Napísal to Havel (napéésal
to(h) Havel); **I came by my-
self.** Došiel som sám. (doshyel
som sám); **a seat by the win-
dow** sedadlo pri okne (sedad-
lo(h) pree(h) okňe(h)); **Can
you do it by Friday?** Môžete
to urobit˘ do piatku? (mwozhe-
t˘e(h) to(h) oorobeet˘ dopyat-
koo(h)?)
bye: dovidenia! / zbohom! (do-
veed˘eňya(h) / zbohom)

C

cab: taxík (takséék); **Could you call me a cab?** Mohli by ste mi zavolat̆ taxík? (mohlee(h) bee(h) st̆e(h) mee(h) zavolat̆ takséék?)

cabbage: kapusta (kapoosta(h)); **sour cabbage** kyslá kapusta (keeslá(h) kapoosta(h))

cable: (elec) kábel (kábel); **cable TV** kábelová televízia (kábelová(h) televéézeeya(h))

cablecar: lanovka (lanovka(h))

café: kaviareň (kavyareň)

caffeine: kofeín (kofeéén); **decaffeinated** bez kofeínu (beskofeéénoo(h))

cake: koláč (kolách)

calculator: kalkulačka (kalkoolachka(h))

calendar: kalendár (kalendár)

call: volat̆ (volat̆); **Call a doctor!** Zavolajte lekára! (zavolayt̆e(h) lekára(h))!; **Call the police!** Zavolajte na políciu! (zavolayt̆e(h) na(h) poléétseeyoo(h))! **I'd like to call to the U.S.** Rád by som zavolal do Spojených Štátov. (rád bee(h) som zavolal do(h) spoyenéékh shtátow); **I'll call back later.** Zavolám neskôr. (zavolám ňeskwor); **Please, give me a call!** Zavolajte mi, prosím! (zavolayt̆e(h) mee(h) pros

éém)!; **international telephone call** medzinárodný telefonický hovor (medzeenárodnéé-(h) telefoneetskéé(h) hovor); **I'd like to make a collect call.** Chcel by som volat̆ na účet volaného. (khtsel bee(h) som volat̆ na(h) óóchet volaného(h)); **call** zobudit̆ (zobood̆eet̆) **Call me at 6 o'clock.** Zobud̆te ma o 6 (hodine). (zobood̆t̆e(h) ma(h) o(h) shyestey (hod̆eeňe(h))); **call off It's been called off.** Bolo to odvolané. (bolo(h) to(h) odvolané(h))

calm: (person, sea) pokojný (pokoynéé(h)); **Calm down!** Upokojte sa! (oopokoyt̆e(h) sa(h)!)

calories: kalórie (kalóreeye(h)); **How many calories does this have?** Kol̆ko to má kalórií (kol̆ko(h) to(h) má(h) kalóreeyéé(h)?)

camera: fotoaparát (fotoaparát); **movie camera** filmová kamera (feelmová(h) kamera(h))

camp: (verb) kempovat̆ (kempovat̆); **Can we camp here?** Môžeme tu stanovat̆? (mwozheme(h) too(h) stanovat?)

camping, campsite kemping (kempeeng); **We are looking for a campsite near here.** Hl̆adáme nejaký kemp tu naokolí. (hl̆adáme(h) ňeyakéé(h) kemp too(h) naokoléé(h))

can: (tin) konzerva (konzerva(h)); **a can of beer** plechovka piva (plekhowka(h) peeva(h))

can: Can I have it? Môžem si to vziatˇ? (mwozhem see(h) to(h) vzyatˇ?); **I cannot see it well.** Nevidím to dobre (ňeveedˇéém to(h) dobre(h)); **Can you help me?** Môžete mi pomôctˇ (mwozhetˇe(h) mee(h) pomwotstˇe)?; **That cannot be all right.** To nemôže bytˇ v poriadku. (to(h) ňemwozhe(h) beetˇ fporyatkoo(h)); **If I can-... Ak môžem...** (ak mwozhem); **Can I look around?** Môžem sa pozrietˇ naokolo? (mwozhem sa(h) pozryetˇ naokolo(h))?

can opener: otvárak na konzervy (otvárak na(h) konzervee(h))

Canada: Kanada (kanada(h))

Canadian: kanadský (kanatskéé(h)); (man) Kanadˇan (kanadˇan); (woman) Kanadˇanka (kanadˇanka(h))

cancel: odvolatˇ (odvolatˇ); **I'd like to cancel my reservation.** Rád by som zrušil rezerváciu. (rád bee(h) som zroosheel rezervátseeyoo(h)); **I've cancelled my trip.** Zrušil som ten výlet. (zroosheel som ten véélet)

candle: svieca (svyetsa(h)), sviečka (svyechka(h))

candy: (pl.) cukríky / bonbóny (tsookréékee(h) / bonbónee(h)); **a piece of candy** bonbón (bonbón)

canoe: kanoe (kanoe(h))

cap: (headwear) čiapka (chyapka(h))

capital: hlavné mesto (hlavné(h) mesto(h)); **Bratislava is the capital of Slovakia.** Bratislava je hlavné mesto Slovenska. (Bratˇeeslava(h) ye(h) hlavné(h) mesto(h) Slovenska(h))

capsize: our boat capsized náš čln sa prevrátil (násh chln sa(h) prevrátˇeel)

captain: kapitán (kapeetán)

car: auto / voz (auto(h) / voz); **by car** autom (aootom); **Can I rent a car?** Môžem si prenajatˇ auto? (mwozhem see(h) prenayatˇ aooto(h))?; **My car's broken down.** Pokazilo sa mi auto. (pokazeelo(h) sa(h) mee(h) aooto(h)); **Your car's been towed away.** Vaše auto odtiahli. (vashe(h) aooto(h) ottˇyahlee(h))

car rental agency: autopožičovňa (aootopozheechovňa(h)); **car service** autoservis (aootoservees)

carafe: karafa (karafa(h))

carat: Is it 14 carat gold? Je to štrnástˇ-karátové zlato? (ye(h) to(h) shtrnástˇ-karátové(h) zla- to(h))?; 14 -štrnástˇ (shtrnástˇ)

carburetor: karburátor (karboorátor)

card: Do you have a business card? Máte vizitku? (mát˘e(h) veezeetkoo(h)); ID; **Do you have an identification card?** Máte identifikačnú kartu? / older občiansky preukaz? (mát˘e(h) eedenteefeekachnóó(h) kartoo(h) / obchyanskee(h) preookaz)? **What credit cards do you take?** Aké kreditné karty beriete? (Aké(h) kredeetné(h) kartee(h) beryet˘e(h)?) **cards** karty (kartee(h)); **Do you play cards?** Hráte karty? (hrát˘e(h) kartee(h))

cardboard box: kartónová krabica / kartón (kartónová(h) krabeetsa(h) / kartón)

care: Goodbye, take care. Zbohom, držte sa. (zbohom, drzht˘e(h) sa(h)); **Would you care for it?** Dali by ste by na to pozor? (dalee(h) bee(h) st˘e(h) na(h) to(h) pozor?)

careful: Be careful. Buď˘te opatrný. (bood˘t˘e(h) opatrnéé(h))

careless: That was careless of you! Bolo to od vás neopatrné! (bolo(h) to(h) odvás ňeopatrné(h)) **Sorry, that was careless of me.** Prepáčte, bolo to odo mňa neopatrné. (prepácht˘e(h) bolo(h) to(h) odomňa(h) ňeopatrné(h))

carnation: karafiát (karafeeyát)

carnival: karneval (karneval)

carpet: koberec (koberets)

carrot: mrkva (mrkva(h))

carry: niesť (ňyesť); **Could you carry this for me?** Môžete mi to odniesť? (mwozhet˘e(h) mee to(h) odňyesť?)

carsick: I get carsick. V aute mi býva zle. (vaut˘e(h) mee(h) beeva(h) zle(h))

carton: kartón (kartón); **a carton of milk** kartón mlieka (kartón mlyeka(h))

cartoon: cartoon film kreslený film (kreslenéé(h) feelm)

cartridge: náboj (náboy)

case: (suitcase) kufor (koofor); prípad (préépad); **in that case** v tom prípade (ftom préépad˘e(h)); **in case he returns** v prípade, že sa vráti (fpréépad˘e(h) zhe(h) sa(h) vrát˘ee(h)); **I'll take an extra one just in case.** Vezmem jeden navyše, pre každý prípad. (vezmem yeden naveeshe(h) pre(h) kazhdéé(h) préépad); **That's not the case.** Tak to nie je. (tak to(h) ňye(h) ye(h)

cash: peňažná hotovosť (peňazhná(h) hotovosť); **I'll pay cash.** Zaplatím v hotovosti. (zaplat˘éém vhotovosť˘ee(h)); **Can you cash a check for me?** Preplatíte mi šek? (preplat˘éét˘e(h) mee(h) shek?); **I am out of cash.** Nemám hotovosť. (ňemám hotovosť)

cash register: kontrolná pokladňa (kontrolná(h) pokladňa(h))

cassette: kazeta (kazeta(h))

cassette player: kazetový magnetofón (kazetovéé(h) magnetofón)

castle: zámok / hrad (zámok / hrad)

casual: casual clothes športové oblečenie (shportové(h) oblecheňye(h)), ležérne (lezhérne(h))

cat: mačka (machka(h))

catamaran: plť (plť)

catastrophe: katastrofa (katastrofa(h))

catch: catch the bus. chytiť autobus (kheet͐eet͐ aootoboos); **He's caught a cold.** Dostal nádchu. (dostal nádchoo(h))

cathedral: katedrála (katedrála(h))

Catholic: katolícky (katoléétskee(h)); **He's a Catholic priest.** On je katolícky kňaz. (on ye(h) katoléétskee(h) kňaz)

cauliflower: karfiol (karfeeyol)

cause: príčina (préécheena(h))

cave: jaskyňa (yaskeeňa(h))

CD: (disk) CD platňa (cédé(h) platňa(h)); **CD player** CD prehrávač (cédé(h) prehrávach)

ceiling: strop (strop)

celebrations: oslavy (oslavee(h))

celery: zeler (zeler)

cemetery: cintorín (tseentoréén)

center: centrum / stredisko

(tsentroom / stred͐eesko(h)); **How do we get to the center?** Ako sa dostaneme do centra? (ako(h) sa(h) dostaňeme(h) dotsentra(h))

centigrade: (Celsius) +20°C (dvadtsat͐ stoopňow tselzeeya(h) nadnoolow); -10°C (méénoos děsat͐ stoopňow celzeeya(h) podnoolow)

centimeter: (cm) 5 cm (pet͐ tsenteemetrow)

central: centrálny (tsentrálnee(h))

central heating: ústredné kúrenie (óóstredné(h) kóóreňye(h))

central station: hlavná stanica (hlavná(h) staňeetsa(h))

century: storočie (storochye(h)); **in the 16th century** v šestnástom storočí (fshesnástom storochéé(h))

ceramics: keramika (kerameeka(h))

cereals: vločky (vlochkee(h)); **a box of cereals** krabica vločiek (krabeetsa(h) vlochyek); **I'd like a bowl of cereal.** Prosím si misku vločiek. (Proséém see(h) meeskoo(h) vlochyek)

certain: určitý / istý (oorcheetéé(h) / eestéé(h)); **I am not certain.** Nie som si istý (ňye(h) som see(h) eestéé(h))

certainly: iste (eest͐e(h));

certainly not určitý nie (oorcheet͐e(h) nye(h))

certificate: vysvedčenie (veesve-
dcheňye(h)); **birth certificate**
rodný list (rodnéé(h) leest)
chain: reťaz (reťaz)
chair: stolička (stoleechka(h));
We need an extra chair.
Potrebujeme ešte jednu stolič-
ku. (potrebooyeme(h) eshtˇe(h)
yednoo(h) stoleechkoo(h))
chairman: predseda (predse-
da(h))
chalet: (in mountains) chata
(khata(h))
champagne: šampanské / šum-
ivé víno (shampanské(h) / shoo-
meevé(h) vééno(h))
chance: no chance žiadna mo-
žnosťˇ (zhyadna(h) mozhnosťˇ)
**change: Could you change
this into crowns?** Môžete to
zmeniťˇ na koruny? (Mwozhe-
ťe(h) to(h) zmeňeetˇ na(h)
koroonee(h)); **I don't have
any change.** Nemám žiadne
drobné (ňemám zhyadne(h)
drobné(h)); **Can you give me
change for a 500-crown
note?** Môžete mi rozmeniťˇ
500-korunovú bankovku? (mw-
ozhetˇe(h) mee(h) rozmeňeetˇ
500-koroonovóó(h) bankov-
koo(h)); **Do we have to
change?** Musíme prestupo-
vaťˇ? (moosééme(h) prestoopo-
vaťˇ); **for a change** pre zmenu
(pre(h) zmenoo(h)); **I changed
my mind.** Zmenil som názor

(zmeňeel som názor); **We've
changed our plans.** Zmenili
sme plány (zmeňeelee(h) sme(h)
plánee(h)); **Mind if I change
the channel?** Môžem zmeniťˇ
kanál? (mwozhem zmeňeetˇ ka-
nāl)?
changeable: premenlivý (pre-
menleevéé(h))
channel: kanál (kanál); **TV
channel** televízny kanál (tele-
vééznee(h) kanál)
chaos: chaos (khaos)
chapel: kaplnka (kaplnka(h))
**charge: How much do you
charge?** Koľko sa platí? (koľ-
ko(h) sa(h) platˇéé(h)?) **Who's
in charge here?** Kto je tu
zodpovedný? (kto(h) ye(h)
too(h) zotpovednéé(h)?)
charming: (place, thing)
kúzelný (kóózelnéé(h)); (per-
son) šarmantný (sharmant-
néé(h))
cheap: lacný (latsnéé(h)); **Do
you have anything cheaper?**
Máte niečo lacnejšie? (mátˇe(h)
ňyecho(h) latsňeyshye(h))
cheat: I've been cheated. Po-
dviedli ma (podvyedlee(h) ma-
(h))
check: Will you check it?
Prekontrolovali by ste to? (pre-
kontrolovalee(h) beestˇe(h)
to(h)?); **I've checked it.** Skont-
roloval som to. (skontroloval
som to(h))

check: (financial) šek (shek);
traveller's check cestovný šek
(tsestovnéé(h) shek)
check: (bill) účet (óóchet); **May
I have the check, please?**
(restaurant) Platím (plat˘éém) /
(hotel) môžem dostať vyúčto-
vanie? (mwozhem dostať vee-
óóchtovaňye(h)?)
checkbook: šeková knižka (she-
ková(h) kňeezhka(h))
checkers: (game) dáma (dá-
ma(h))
check-in: prihlasovanie sa cestu-
júcich (preehlasovaňye(h) sa(h)
tsestooyóótseekh); **When is
check-in time?** Kedy sa treba
prihlásiť (kedee(h) sa(h) tre-
ba(h) preehláseeť)
checkroom: (for coats) šatňa
(shatňa(h))
cheek: líce (léétse(h))
cheer up!: **Cheer up, don't
worry!** Nič si z toho nerobte!
(ňeech seestoho(h) neropťe(h))
cheese: syr (seer)
cheesecake: tvarožník (tvarozh-
ňéék)
chef: kuchár (kookhár)
chemist: (shop) lekárnik (lekár-
ňeek)
cherry: čerešňa (chereshňa(h))
chess: šach (shakh)
chest: (of body) hruď (hrooď)
chewing gum: žuvačka (zhoova-
chka(h))
chicken: kurča (kurča(h));

chicken sandwich kurací
sendvič (kooratséé(h) send-
veech); **chicken salad** kurací
šalát (kooratséé(h) shalát);
chicken breasts kuracie prsia
(kooratsye(h) prsya(h))
child: dieťa (ďyeťa(h));
children deti (ďeťee(h));
How old are your children?
Koľko rokov majú vaše deti?
(koľko(h) rokow mayóó(h)
vashe(h) ďeťee(h)); **Are these
your children?** Toto sú vaše
deti? (toto(h) sóó(h) vashe(h)
ďetee(h)?)
chilled: (wine) chladený; **It's
not properly chilled.** Nie je
to dobre vychladené. (ňye(h)
ye(h) to(h) dobre(h) veekhla-
ďené(h))
chilly: chladno (khladno(h))
chimney: komín (koméén)
chin: brada (brada(h))
china: porcelán (portselán)
chips: **potato chips** zemiakové
lupienky(zemyakové(h)loopye-
nkee(h); **what's missing noth-
ing** čipsy (cheepsee(h))
chocolate: čokoláda (chokolá-
da(h)); **a chocolate bar** tabu-
ľka čokolády (tabooľka(h)
chokoládee(h)); **a box of
chocolates** bonboniéra (bo-
nboňyéra(h)); **chocolate ice
cream** čokoládová zmrzlina
(chokoládová(h) zmrzleena(h))

choose: You choose for us.
Vy nám vyberte (veenám vee-bert˘e(h))

chop: a pork chop bravčová kotleta (bravchová(h) kotleta(h))

Christian name: krstné meno (krstné(h) meno(h))

Christmas: Vianoce (vyanot-se(h)); **Merry Christmas!** Veselé Vianoce! (veselé(h) vya-notse(h))

Church: kostol (kostol); **Where is the nearest church?** Kde je najbližší kostol (Gd˘e(h) ye(h) naybleeshshéé(h) kostol?) **Where is there a Catholic church?** Kde je katolícky ko-stol? (gde(h) ye(h) katoléétske-e(h) kostol?); **church service** cirkevné obrady (tseerkevné(h) obradee(h))

cider: jablčný mušt (yablch-néé(h) moosht)

cigar: cigara (tseegara(h))

cigarette: cigareta (tseegare-ta(h)); **Please, put out your cigarette.** Vyhod˘te tú ciga-retu, prosím. (veehot˘t˘e(h) tóó(h)tseegaretoo(h), proséém); **Would you like a cigarette?** Nech sa páči cigaretu? (ňekh sa(h) páchee(h) tseegaretoo(h)); dáte si cigaretu? (dát˘e(h) se-

e(h) tseegaretoo(h))

cigarette lighter: zapal˘ovač (zapal˘ovach)

cinema: kino (keeno(h))

circle: kruh (krooh)

citizen: I'm an American citizen. Som americký štátny príslušník (som amereet-skéé shtátnee(h) préésloosh-ňéék); **citizenship** štátne ob-čianstvo (shtátne(h) opchyan-stvo(h))

city: mesto (mesto(h))

classical: klasický (klaseets-kéé(h)); **I enjoy classical music.** Mám rád klasickú hudbu (mám rád klaseetskóó(h) hud-boo(h))

clean: (adjective) čistý (chees-téé(h)); **It's not clean.** Nie je to čisté (ňye(h) ye(h) to(h) chee-sté(h)); **May I have some clean sheets?** Môžem dostat˘ čisté prádlo? (mwozhem dostat˘ cheesté(h) prádlo(h)?); **Can you clean this for me?** Mô-žete mi to vyčistit˘? (mwoz-het˘e(h) mee(h) to(h) veechees-t˘eet˘?)

cleaning solution: (for contact lenses) roztok pre kontaktné šošovky (rostok pre(h) kontak-tné(h) shoshovkee(h))

cleansing lotion: čistiace mlieko (cheest˘yatse(h) mlyeko(h))
clear: OK, that's clear. V poriadku, je to jasné. (fporyatkoo(h), ye(h) to(h) yasné(h))
clever: bystrý (beestréé(h))
cliff: útes (óót˘es)
climate: klíma (klééma(h))
climb: We'd like to climb Rysy. Radi by sme vystúpili na Rysy. (rad˘ee(h) bee(h) sme(h) veestóópeelee(h) na(h) Reesee(h)
clinic: poliklinika (poleekleeneeka(h))
clip: (ski) viazanie (vyazaňye(h)); **I've got a problem with my clips.** Mám problémy s viazaním. (mám problémee(h) svyazaňéém)
close: Is it close? je to blízko? (ye(h) to(h) bléésko(h)?); **close to our hotel** blízko nášho hotela (bléésko(h) náshho(h) hotela(h)); **close by** blízko (bléésko(h))
close: (verb) **When do you close?** Kedy zatvárate? (kedee(h) zatvárat˘e(h)?)
closed: zatvorené (zatvorené(h)); **The store is closed.** obchod je zatvorený (opkhot ye(h) zatvorenéé(h))
closet: (cupboard) príborník (prééborňéék)
cloth: (material) látka (látka(h)
clothes: šaty (shatee(h)); **casual clothes** ležérne oblečenie (lezhérne(h) oblecheňye(h)); **Could you wash these clothes?** Mohli by ste tie šaty vyprat˘? (mohlee(h) bee(h) st˘e(h) tye(h) shatee(h) veeprat˘?)
clothes line: šnúra na prádlo (shnóóra(h) na(h) prádlo(h))
clothespin: štipec (na prádlo) (sht˘eepets (na(h) prádlo(h)))
cloud: oblak (oblak)
cloudy: oblačno (oblachno(h)); **It's cloudy.** Je zamračené (ye(h) zamrachené(h)); **It's getting cloudy.** Mračí sa. (mrachéé(h) sa(h))
club: palica (paleetsa(h)); **music club** hudobný klub (hoodobnee(h) kloob)
clumsy: nemotorný (ňemotornéé(h))
clutch: (car) spojka (spoyka(h))
coat: (overcoat etc) kabát (kabát); (jacket) sako (sako(h))
coat hanger: vešiak (veshyak)
cockroach: šváb (shváb)
cocktail: fruit koktejl (ovotsnéé(h) kokteyl)

cocktail bar: bar (bar)

cocoa: kakao (kakao(h))

coconut: kokosový orech (koko-sovéé(h) orekh)

code: What's the (dialing) code for...? Aké je smerové číslo do...? (aké(h) ye(h) smerové(h) chééslo(h) do(h)...)

coffee: káva (káva(h)); **coffee with milk** biela káva (byela(h) káva(h)); **black coffee** čierna káva (chyerna(h) káva(h)); **Turkish coffee** turecká káva (tooretská káva(h)); **I'd like a cup of coffee.** Prosím si šálku kávy (proséém see(h) shálkoo(h) kávee(h); **espresso (coffee)** espresso (espreso(h)); **iced coffee** studená káva (stoodená(h) káva(h)); **instant coffee** nescafe / instantná káva (neskafé(h) / instantná(h) káva(h))

coin: minca (meentsa(h))

cold: (adj.) studený (stoodenéé(h)); **I am cold.** Je mi zima. (ye(h) mee(h) zeema(h)); **I have a cold.** Som prechladnutý. (som prekhladnootee(h))

cold cream: (make-up) studený krém (stoodenéé(h) krém)

collar: golier (golyer)

colleague: my colleague môj kolega (mwoy kolega(h)); **I am looking for your colleague.** Hľadám vášho kolegu. (hľadám váshho kolegoo(h))

collect: I collect (stamps)... ja zbieram... (ya(h) zbyeram)..); **I want to call San Francisco collect.** Chcem zavolať San Francisco na účet volaného. (khtsem zavolať San Francisco nā óóchet volaného(h))

collect call: telefonický hovor na účet volaného (telefoneetskéé(h) hovor na(h) óóchet volaného(h))

college: vysoká škola (veesoká(h) shkola(h))

collision: nehoda (ňehoda(h)); kolízia (koléézeeya(h))

cologne: kolínska voda (kóleenska(h) voda(h))

color: farba (farba(h)); **eye color** farba na oči (farba(h) na(h) ochee(h)); **hair color** farba na vlasy (farba(h) na(h) vlasee(h)); **Does this come in any other colors?** Dostávate aj iné farby? (dostávate(h) ay eené(h) farbee(h)?)

color film: farebný film (farebnéé(h) feelm)

comb: (noun) hrebeň (hrebeň); (verb) česať / učesať sa (chesať / oochesať sa(h))

come: príst˘ (préést˘); **I come from New York.** Som z New Yorku. (som zŇyooyorkoo(h))); **Where do you come from?** Odkial˘ ste? (odkyal˘ st˘e(h)?); **Come with me.** Pod˘te so mnou. (pod˘t˘e(h) so(h) mnow); **Come here.** Pod˘te sem. (pod˘t˘e(h) sem); **Come back!** Vrát˘te sa! (vrát˘t˘e(h) sa(h)!); **Can I come with you tonight?** Môžem íst˘ dnes večer s Vami? (mwozhem éést˘ dňes vecher svamee(h)?); **Come in.** Vstúpte. (vstóópte(h)); **Come again.** Príd˘te opäd˘ (preed˘t˘e(h) opet˘); **These two pictures didn't come out.** Tieto dve fotografie nevyšli. (tyeto(h) dve(h) fotografeeye(h) ňeveeshlee(h))

comfortable: (hotel etc) pohodlný / príjemný (pohodlnéé(h) / prééyemnéé(h)); **It's not very comfortable.** Nie je to vel˘mi pohodlné. (ňye(h) ye(h) to(h) vel˘mee(h) pohodlné(h))

Common Market: Spoločný Trh (spolochnee(h) trch)

compact disk: kompaktný disk (kompaktnéé(h) deesk); CD; CD platňa (cédé(h) platňa(h))

compact disk player: CD prehrávač (cédé prehrávach)

company: (firm) podnik (podňeek) / spoločnost˘ (spolochnost˘); **This is a private company.** Toto je súkromná spoločnost˘ (toto(h) ye(h) sóókromná(h) spolochnost˘)

compartment: (train) kupé(n) (koopé(h))

compass: kompas (kompas)

complain: st˘ažovat˘ sa (st˘azhovat˘ sa(h)); **I want to complain.** Chcem sa st˘ažovat˘. (khtsem sa(h) st˘azhovat˘)

complaint: st˘ažnost˘ (st˘azhnost˘); **I have a complaint.** Mám st˘ažnost˘. (mám st˘ažhnost˘)

complete: the complete set kompletná súprava (kompletná(h) sóóprava(h)); **I've made a complete fool of myself.** Urobil som zo seba úplného blázna. (oorobeel som zoseba(h) óóplného blázna(h))

completely: celkom / úplne (tselkom / óóplňe(h))

complicated: It's very complicated. Je to vel˘mi komplikované. (ye(h)to(h) vel˘mee(h) kompleekované(h))

compliment: My compliments to the chef. Moja poklona kuchárovi (moya(h) poklona(h) kookhárovee(h)); **Thanks for the compliment.** Vd˘aka za kompliment. (vd˘aka(h) za(h) kompleement)

computer: počítač (pochéét-ach); **computer diskette** počítačová disketa (pochéétachová(h) deesketa(h))

concern: I am very concerned. Som vel̆mi ustarostený. (som(h) vel̆mee(h) oostarosteneé(h))

concert: koncert (kontsert)

concussion: otras mozgu (otras mozgoo(h))

condition: It's not in good condition. Nie je to v dobrom stave. (ňye(h) ye(h)to(h) vdobrom stave(h)); **on condition that** za predpokladu, že (zapretpokladoo(h) zhe(h))

conditioner: (for hair) kondicionér (kondeetseeonér)

condom: prezervatív (prezervatéév)

conductor: (on train) sprievodca (spryevotsa(h))

conference: konferencia (konferentseeya(h))

confirm: Can you confirm the reservation? Môžete potvrdiť tú rezerváciu? (mwozheťe(h) potvrďeeť tóó(h) rezervátseeyoo(h)?)

confuse: It's very confusing. Je to vel̆mi pomotané (ye(h)to(h) vel̆mee(h) pomotané(h)); **I'm confused.** Som zmätený (som zmeťenéé(h))

congratulations!: gratulujem! (gratoolooyem!)

connection: (in travelling) spoj / prípoj (spoy / préépoy)

connoisseur: znalec (znalets)

conscious: pri vedomí (pree(h) vedoméé(h)); **I am not conscious of that.** Nie som si toho vedomý. (ňye(h) som see(h) toho(h) vedoméé(h))

consciousness: She's lost consciousness. stratila vedomie (strat̆eela(h) vedomye(h))

constipation: zápcha (zápkha(h)); **Do you have any medicine for constipation?** Máte nejaký liek proti zápche? (mát̆e(h) ňeyakéé(h) lyek prot̆ee(h) zápkhe(h))?

consul: konzul (konzool)

consulate: konzulát (konzoolát)

contact: How can I contact? Ako sa môžem spojiť s...? (ako(h) sa(h) mwozhem spoyeeť s..?)

contact lenses: kontaktné šošovky (kontaktné(h) shoshowkee(h))

continent: on the continent na pevnine (na(h) pevňeeňe(h))

contraceptive: antikoncepčný prostriedok (anteekontsephnéé(h) prostryedok)

convenient: výhodný (vééhodnéé(h)); **That's not convenient.** To nie je výhodné (to(h) ňye(h)ye(h) vééhodné(h)); **Is that convenient for you?** Je to pre Vás výhodné? (ye(h) to(h)

to pre Vás výhodné? (ye(h) to(h) pre vás vééhodné(h))?

cook: to cook (v) **It's cooked to perfection.** je to výborne uvarené (ye(h) to(h) vééborňe(h) oovarené(h); **I don't know how to cook.** Neviem variť. (ňeviem vareeť)(n) a **cook She's a good cook.** Je dobrá kuchárka. (ye(h) dobráá(h) kookhárka(h))

cooker: varič (vareech)

cookie: keks/koláčik (keks/kolácheek)

cool: (day, weather) studený (stoodʾenéé(h))

cork: (in bottle) korok (korok)-zátka (zátka(h)

corkscrew: vývrtka (véévrtka(h))

corner: in the corner v rohu (vrohoo(h)); **Turn left at the corner.** na rohu odbočte do ľava (na(h) rohoo(h) odbocht-ʾe(h) doľava(h))

cornflakes: kukuričné vločky (kookooreechné(h)vlochkee(h))

correct: (adj.) správny (správnee(h)); **Please correct me if I make a mistake.** Opravte ma, prosím, ak urobím chybu (opravtʾe(h)ma(h), proséém, ak oorobéém kheeboo(h))

corridor: chodba (khodba(h))

cosmetics: kozmetika (kozmeteeka(h))

cost: How much does it cost? Koľko to stojí? (koľko(h) to(h) stoyéé(h)?); **living costs** životné náklady (zheevotné(h) nákladee(h)); **(not) at any costs** (nie) za každú cenu (ňye(h) za(h) kazhdóó(h) tsenoo(h))

cottage: chalupa/chata (khaloopa(h)/khata(h))

cotton: bavlna (bavlna(h))

couch: pohovka (pohowka(h))

cough: (noun) kašel (kashel); **I am coughing.** Kašlem. (kashlem); **cough drops** tabletky proti kašľu (tabletkee(h) protʾee(h) kashľoo(h))

cough medicine: lieky proti kašľu (lyekee(h) protʾee(h) kashľoo(h))

could: could you...? mohli by ste...? (mohlee(h) beestʾe(h)); **Could I have...?** mohol by som dostať...? (mohol bee(h)-som dostať...?); **We couldn't...** nemohli by sme... (ňemohlee(h) bee(h) sme(h)...) (conditional); nemohli sme (ňemohlee(h) sme(h)) (past tense)

country: (nation) štát/krajina (shtát/krayeena(h)); **in the country (countryside)** na

vidieku (na(h) veed˘yekoo(h))
countryside: vidiek/príroda
(veed˘yek/prééroda(h))
couple: (man and woman) pár
(pár); **a couple of books**
zopár kníh (zopáar kňééh)
course: (of meal) jedlo (yed-
lo(h)); **of course** samozrejme
(samozreyme(h)); **of course
not** samozrejme, že nie (samo-
zreyme(h) zhe(h) ňye(h))
court: (law) súd (sóód); (tennis)
tenisový kurt (teneessovéé(h)
koort)
cousin: my cousin môj bra-
tanec (mwoy bratanets)
cover: (verb) obalit˘ (obaleet˘);
(noun) prikryt˘ (preekreet˘);
cover a distance prejst˘
vzdialenost˘ (preyst˘ vzd˘yale-
nost˘)
cow: krava (krava(h))
crab: rak (rak)
cracked: It's cracked. Je to
prasknuté. (ye(h) to(h) prask-
nooté(h))
cracker: (biscuit) slaný keks
(slanéé(h) keks)
cramp: (in leg etc) kŕč (kŕch)
crash: (n) **There's been a
crash.** Stala sa nehoda. (stala(h)
sa(h) ňehoda(h)) (v) **to crash**
narazid˘ (narazeet˘)
crash course: intenzívny kurz
(eentenzéévnee(h) koorz)
crazy: bláznivý (blázňeevéé(h))

cream: (food) smotana (smota-
na(h))
credit card: kreditná karta
(kredeetná(h) karta(h))
crib: detská postieľka (det-
ská(h) posť˘yelka(h))
crisis: kríza (krééza(h)); **eco-
nomic crisis** ekonomická
kríza (ekonomeetská(h) krééé-
za(h)); **political crisis** politická
kríza (poleeteetská(h) krééza(h))
crossroads: križovatka (kree-
zhovatka(h))
crosswalk: prechod pre chod-
cov (prekhod pre(h) khottsow)
crowd: dav (daw); **crowds of
people** zástupy ľudí (zástoo-
pee(h) ľood˘éé(h))
crowded: preplnený (preplne-
néé(h)); **This bar is crowded.**
Tento bar je preplnený (ten-
to(h) bar ye(h) preplňenéé(h))
crown: (slovak coin) koruna
(koroona(h)); **2 crowns** 2
koruny (dve(h) koroonee(h)); **5
crowns** 5 korún (pet˘ koróón)
crucial: rozhodujúci (rozhodoo-
yóótsee(h))
cruise: výletná plavba loďou
(vééletná(h) plawba(h) loď˘ow)
crutches: barle (barle(h))
cry: plakat˘ (plakat˘); **Don't
cry.** neplačte (ňeplacht˘e(h))
cucumber: uhorka (oohorka(h));
cucumber salad uhorkový
šalát (oohorkovéé(h) shalát)

cuisine   **dancer**

cuisine: kuchyňa (kook-heeňa(h))

cultural: kultúrny (kooltóórnee(h)); **cultural event** kultúrna udalosť (kooltóórna(h) oodalosť)

cup: šálka/pohár; **a cup of coffee** šálka kávy (shálka(h) kávee(h))

cupboard: príborník (prééborňéék)

cure: Have you got something to cure it? Máte na to nejaký liek? (mátˇe(h) na(h)-to(h) ňeyakéé(h) lyek?)

curlers: kaderníctvo (kaderňéétstvo(h))

curry: karí (n) (karéé(h))

curtains: záclony (zátslonee(h))

curve: (noun: in road) zákruta (zákroota(h))

cushion: vankúš/poduška (vankóósh/podooshka(h))

custom: obyčaj (obeechay); **It's a national custom.** Je to národný zvyk (ye(h) to(h) národnéé(h) zveek)

customs: colnica (tsolňeetsa(h)); **customs declaration** colné prehlásenie (tsolné(h) prehláseňye(h)); **customs examination** colná prehliadka (tsolná(h) prehlyatka(h))

cut: I've cut myself. Porezal som sa. (porezal somsa(h)); **Don't cut it too short.** Neostrihajte to veľmi nakrátko.

(ňeostreehaytˇe(h) to(h) velˇmee(h) nakrátko(h)); **Please, don't cut in line.** Neprerušujte linku, prosím. (ňeprerooshooytˇe(h) leenkoo(h), proséém)

cutlery: príbor (préébor)

cutlets: kotlety/rezne (kotletee(h)/rezňe(h))

cyclist: bicyklista (beetseekleesta(h))

cylinder: (of car) valec (valets)

D

damage: It's damaged. Je to poškodené. (ye(h) to(h) poshkodˇené(h)); **There's no damage here.** Nič nie je poškodené. (ňeech ňye(h)ye(h) poshkodˇené(h))

damn!: do čerta! (do(h) cherta(h)!); **I don't give a damn!** Je mi to fuk. (ye(h) mee(h) to(h) fook)

damp: (adj.) vlhký (vlhkéé(h))

dance: a folk dance ľudový tanec (lˇoodovéé(h) tanets); **Do you want to dance?** Chcete tancovať? (khtsetˇe(h) tantsovatˇ?); **Would you like to dance?** Zatancovali by ste si? (zatantsovalee(h) bee(h) stˇe(h) see(h)?)

dancer: He's a good dancer. On je dobrý tanečník. (onye(h) dobréé(h) taňechňéék)

dancing: traditional Slovak folk dancing festival tradičný festival slovenských ľudových tancov (tradeechnéé(h) festeeval slovenskéékh ľoodovéékh tantsow)

dandruff: lupiny (loopeenee(h))

dangerous: nebezpečný (ňebespechnéé(h)); **That's too dangerous.** Je to príliš nebezpečné. (ye(h) to(h) prééleesh ňebespechné(h))

Danube: (river) Dunaj (doonay)

dark: (adj) tmavý (tmavéé(h)); **dark green** tmavozelený (tmavozelenéé(h)); **after dark** po zotmení (po(h) zotmeňéé(h))

darling: miláčik (meelácheek)

dashboard: prístrojová doska (prééstroyová(h) doska(h))

date: What's today's date? Ktorého je dnes? (ktorého(h) ye(h) dňes?); **Can we make a date?** Môžeme si dať schôdzku? (mwozheme(h) see(h) dať skhwotskoo(h)?); **Are you dating anyone?** Stretávaš sa sniekým? (stretávash sa(h) zňyekeem)? / chodíš s niekým? (khodéésh zňyekeem?)

dates: (to eat) dˇatle (dˇatle(h))

daugther: my daugther moja dcéra (moya(h) tséra(h))

daughter-in-law: nevesta (ňevesta(h))

dawn: (noun) úsvit (oosvit); **at dawn** na úsvite (na(h) óósveeťe(h))

day: deň (dˇeň); **every day** každý deň (kazhdéé(h) dˇeň); **one day** jeden deň (yeden dˇeň); **Have a good day!** Majte sa dobre! (mayťe(h) sa(h) dobre(h)!); **the day before yesterday** predvčerom (predfcherom); **What day is today?** Aký je dnes deň? (akéé(h) ye(h) dňes deň?)

day trip: celodenný výlet (tselodennéé(h) véélet)

dead: mŕtvy (mŕtvee(h)); **The battery is dead.** Batéria je vybitá. (batéreeya(h) ye(h) veebeetá(h))

deaf: hluchý (hlookhéé(h))

deal: (business) dohoda (dohoda(h)); **It's a deal.** Dohodnuté. (dohodnooté(h)); **I can't deal with you.** Nemôžem s vami jednať. (ňemwozhem svame(h) yednať)

dealer: (agent) sprostredkovateľ/obchodník (sprostredkovaťeľ/obkhodňéék)

dear: Dear Peter Milý Peter (meeléé Peter); **Dear Sir** Vážený pán (vázhenéé(h) pán); **Dear Madam** Vážená pani/

death   **de luxe**

Madam (vázhená(h) paňee(h)/
madam)

death: smrt˘ (smrt˘)

December: december (detsem-
ber)

decent: decent salary solídny
plat (soléédnee(h) plat)

decide: You decide for me.
Vy rozhodnite namiesto mňa.
(vee(h) rozhodňeet˘e(h) na-
myesto(h) mňa(h))

decision: rozhodnutie (rozho-
dnoot˘ye(h)); **It's a big deci-
sion.** Je to vel˘ké rozhodnutie.
(ye(h) to(h) vel˘ké(h) rozhod-
noot˘ye(h))

**declare: I have nothing to
declare.** Nemám nič na pre-
clenie. (nemám ňeech na(h)
pretsleňye(h)) **I need to de-
clare...** potrebujem prihlásit...
(potrebooyem preehláseet˘)

decoration: (in room) výzdoba
(véézdoba(h))

deep: hlboký (hlbokéé); **Is it
deep?** Je to hlboké? (ye(h)
to(h) hlboké(h)); **The water
isn't deep enough.** Voda nie
je dostatočne hlboká. (voda(h)
ňye(h) ye(h) dostatochňe(h)
hlboká(h))

definitely: určite (oorcheet-
˘e(h)); **definitely not** určite
nie (oorcheet˘e ňye(h))

degree: (university) akademická
hodnost˘ (akademeetská(h)
hodnost˘); **doctor's degree**
hodnost˘ doktora (hodnost˘

doktora(h)); (temperature) stupeň
(stoopeň); **It's 10°C.** Je 10°C.
(ye(h) desat' stoopňow tselzee-
ya(h)); **How many degrees
Fahrenheit is it?** Kol˘ko je to
stupňov Fahrenheita? (kol˘ko(h)
ye(h) to(h) stoopňow farenhay-
ta(h))?

dehydrated: (medically) dehyd-
rovaný (deheedrovanéé(h));
(very thirsty) vel˘mi smädný
(vel˘mee(h) smednéé(h))

**delay: The flight was delay-
ed.** Lietadlo meška. (lyetadlo(h)
meshká(h))

deliberately: zámerne (zámer-
ňe(h)); **I didn't do it deliber-
ately.** Neurobil som to zámer-
ne. (ňeoorobeel som to(h) zá-
merňe(h))

delicacy: a local delicacy
miestna špecialita (myestna(h)
shpetseealeeta(h))

delicious: lahodný (lahod-
néé(h)); **Everything is deli-
cious.** Všetko je vynikajúce.
(fshetko(h) ye(h) veeňekayóót-
se(h))

deliver: Will you deliver it?
Doručíte to? (doroochéét˘e(h)
to(h)?)

**delivery: Is there another
mail delivery?** Príde ešte d˘a-
lšia pošta? (prééd˘e(h) esht˘-
e(h) d˘alshya(h) poshta(h)?)

de luxe: luxusný (looksoos-
néé(h))

Denmark: Dánsko (n) (dánsko(h))

dent: zárez (zárez)

dental floss: zubná nit; (zoobná(h) ňeetˇ)

dentist: zubár (zoobár)

dentures: umelý chrup (oomeléé(h) khroop)

deny: poprietˇ (popryetˇ)

deodorant: dezodorant (dezodorant)

department store: obchodný dom (obkhodnéé(h) dom); **Where is the nearest department store?** Kde je najbližší obchodný dom? (gdˇe(h) ye(h) naybleeshshéé(h)opkhodnéé(h) dom)?

departure: odchod (otkhot)

depend: **it depends** podľa toho (podľa(h) toho(h)); **it depends on** to závisí od... (to(h) záveeséé(h) od...); **You can depend on my help.** Môžeš sa na moju pomoc spoľahnúťˇ. (mwozhesh sa(h) na(h) moyoo(h) pomots spoľahnóótˇ)

deposit: (downpayment) záloha (záloha(h))

depressed: deprimovaný (depreemoovanéé(h)); **I feel depressed.** Som deprimovaný. (som depreemovanéé(h))

depth: hĺbka (hĺpka(h))

description: opis (opees)

dessert: dezert (dezert); **What's for dessert?** Čo máme ako de-

zert? (cho(h) máme(h) ako(h) dezert?)

destination: miesto určenia (myesto(h) oorcheňya(h))

detergent: (laundry detergent) prášok na pranie (práshok na(h) praňye(h))

detour: obchádzka (opkhádzka(h))

develop: **Could you develop this film?** Môžete vyvolaťˇ tento film? (mwozhete(h) veevolatˇ tento(h) feelm)?

diabetic: diabetik (deeyabeteek); **I am a diabetic.** Som diabetik. (som deeyabeteek)

diagram: graf (graf)

dialect: nárečie (nárechye(h))

dialing code: smerové číslo (smerové(h) chééslo(h))

diamond: diamant (deeyamant)

diaper: plienka (plyenka(h))

diarrhea: hnačka (hnachka(h))

diary: denník (dˇeňňéék)

dictionary: slovník (slovňéék); **a Slovak-English dictionary** slovensko-anglický slovník (slovensko(h)-angleetskéé(h) slovňéék)

die: umrietˇ(oomryetˇ); **I'm dying for a drink.** Umieram od smädu. (oomyeram od smedoo(h)); **I am dying of hunger.** Zomieram od hladu. (zomyeram odhladoo(h)); **What year did he die?** V ktorom roku zomrel? (v ktorom rokoo(h) zomrel)?

diesel: (fuel) nafta/diesel (nafta (h)/déézel)

diet: diéta (deeyéta(h)); **I'm on a diet.** Som na diéte. (som na(h) deeyétˇe(h))

difference: rozdiel (rozdˇyel); **What's the difference between...?** Aký je rozdiel medzi...? (akéé(h) ye(h) rozdˇyel medzee(h)...?); **I can't tell the difference.** Nevidím rozdiel. (nevééдˇéém rozdˇyel)

different: They are different. Sú rozdielni. (sóó(h) rozdˇyelˇnee(h)); **We have different tastes.** Máme rozdielne chute. (máme(h) rozdˇyelne(h) khootˇe(h)); **That's a different story.** To je niečo iné. (to(h) ye(h) ňyecho(h) eené(h))

difficult: ťažký (tˇazhkéé(h)); **Slovak is a difficult language.** Slovenčina je ťažký jazyk (slovencheena(h) ye(h) tˇazhkéé(h) yazeek)

difficulty: problém / ťažkosť (problém / tˇazhkostˇ); **without any difficulty** bez akýchkoľvek ťažkostí (bez akéékhkolˇvek tˇazhkostˇéé(h))

digestion: trávenie (trávenˇye(h))

dining car: jedálenský vozeň (yedálenskéé(h) vozeň)

dining room: jedáleň (yedáleň)

dinner: večera/hostina (vechera(h)/hostˇeena(h)); **I'd like to take you out to dinner.** Rád by som Vás zobral von na večeru. (rád bee(h) som Vás zobral von na(h) vecheroo(h)); **I'd like to make a dinner reservation for tonight.** Na dnes večer by som rád zajednal večeru. (nadňes vecher bee(h) som rát zayednal veecheroo(h))

dinner party: večierok (vechyerok)

direct: (adj) priamy (pryamee(h)); **Does it go direct?** Ide to priamo? (eedˇe(h) to(h) pryamo(h)?)

direction: smer (smer); **Is it in this direction?** Je to týmto smerom? (ye(h) to(h) téémto(h) smerom?)

directions: inštrukcie (eenshtrooktseeye(h)) **Could you please give me directions?** Mohli by ste mi dať inštruk--cie, prosím? (mohlee(h) bee(h) stˇe(h) mee(h) datˇ eenshtrooktseeye(h) proséém?)

directory: telephone directory telefónny zoznam (telefónnee(h) zoznam)

dirt: špina (shpeena(h))

dirty: špinavý (shpeenavéé(h))

disabled: invalid (eenvaleed)

disagree: I disagree with you. Nesúhlasím s vami. (ňesóóhlaséém svamee(h)); **This food disagrees with me.** Toto jedlo mi škodí. (toto(h) yedlo(h) mee(h) shkodˇéé(h))

disappear: zmiznúť/stratiť sa (zmeeznóótˇ / stratˇeetˇ sa(h));

It's just disappeared. (I've lost it.) Stratil som to. (strat˘eel som to(h))

disappointed: I am disappointed. Som sklamaný. (som sklamanéé(h))

disaster: katastrofa (katastrofa(h))

disc jockey: diskjockey (deesdzhokey)

disco: disco / diskotéka (deesko(h) / deeskotéka(h))

discount: (noun) zl˘ava (zl˘ava(h)); **Can you offer me a discount?** Môžete mi poskytnút˘ zl˘avu? (mwozhet˘e(h) mee(h) poskeetnóót˘ zl˘avoo(h))?

disease: choroba (khoroba(h))

disgusting: (taste, food etc.) odporný (otpornéé(h))

dish: (meal) jedlo (yedlo(h))

dishcloth: utierka (oot˘yerka(h))

dishwashing liquid: roztok na umývanie riadu (roztok na(h) ooméévaňye(h) ryadoo(h))

disinfectant: dezinfekčný prostriedok (dezeenfekchnéé(h) prostryedok)

distance: vzdialenost˘ (vzd˘yalenost˘); **What's the distance from Budapest to Bratislava?** Aká je vzdialenost˘ z Budapešti do Bratislavy? (aká(h) ye(h) vzd˘yalenost˘ z Boodapesht˘ee(h) do(h) Brateeslavee(h))?

distilled water: destilovaná voda (desteelovaná(h) voda(h))

distributor: (in car) rozdel˘ovač (rozdel˘ovach)

disturb: Please, do not disturb. Prosím nevyrušujte. (proséém, ňeveerooshooyt˘e(h))

divorced: rozvedený (rozved˘enéé(h)); **Are you divorced?** Ste rozvedený? (st˘e(h) rozved˘enéé(h))?

dizzy: I feel dizzy. Mám závrat. (mám závrat)

do: robit˘ (robeet˘); **What should I do?** Čo by som mal urobit˘? (cho(h) bee(h) som mal oorobeet˘?); **What are you doing this afternoon?** Čo robíte dnes popoludní? (cho(h) robéét˘e(h) dňes popoloodňéé(h)?); **How do you do it?** Ako to robíte? (ako(h) to(h) robéét˘e(h)?); **The meat is not done.** Mäso nie je upečené. (meso(h) ňye(h) ye(h) oopechené(h)); **What do you do?** (job) Aké máte zamestnanie? (aké(h) mát˘e(h) zamestnaňye(h))

doctor: lekár (lekár); **I need to see a doctor.** Musím ist˘ k lekárovi? (mooséém éést˘ klekárovee(h)); **Can you call a doctor?** Mohli by ste zavolat˘ lekára? (mohlee(h) beest˘e(h) zavolat˘ lekára(h)?)

document: doklad (doklad)

dog: pes (pes)

doll: bábika (bábeeka(h))

dollar: dolár (dolár); **What's the exchange rate for the dollar?** Aký je kurz dolára? (akéé(h) te(h) koorz dolára(h))?

don't! nerobte to! (nerobtˇe(h) to(h)!)

door: dvere (dvere(h)); **Shut the door, please!** Zatvorte, prosím, dvere! (zatvortˇe(h) proséém dvere(h))

doorman: vrátnik (vrátňeek)

dosage: dávka (dáwka(h))

double: **We'd like a double room.** Chceli by sme dvojpostelˇovú izbu. (khtselee(h) bee(h) sme(h) dvoypostˇelˇovóó(h) eezboo(h)); **double bed:** francúzska postelˇ (frantsóóska(h) postelˇ)

doubt: **I doubt it.** Pochybujem o tom. (pokheebooyem o(h) tom)

doughnut: šiška (sheeshka(h))

down: **Get down!** Podˇte dolu! (podˇtˇe(h) doloo(h)!); **Calm down!** Uklˇudnite sa! (ooklˇoodňeetˇe(h) sa(h)); **Could you sit down?** sadnite si, prosím? (sadňeetˇe(h) see(h) proséém); **Could you write it down?** Mohli by ste to napísatˇ? (mohlee(h) bee(h) stˇe(h) to(h) napéésatˇ?); **Further down the street.** Dˇalej touto ulicou. (dˇaley towto(h) ooleetsow)

downstairs: (location) dolu (doloo(h)); (direction) do-

loo(h) schodmi (doloo(h) skhodmee(h))

dozen: tucet (tootset)

drain: odtok (ottok)

drafty: **It's drafty in here.** Je tu prievan. (ye(h) too(h) pryevan)

dream: sen (sen); **sweet dreams** sladké sny (sladké(h) snee(h)); **I had a bad dream.** Mal som zlý sen. (mal som zléé(h) sen); **May all your dreams come true!** Nech sa ti splnia všetky sny! (ňekh sa(h) tˇee(h) splňya(h) fshetkee(h) snee(h))

dress: šaty (shatee(h)); **I'll just get dressed.** Len sa oblečiem. (len sa(h) oblechyem); **evening dress** večerné šaty (vecherné(h) shatee(h)); **Where can I buy a nice dress?** Kde môžem kúpitˇ pekné šaty? (gdˇe(h) mwozhem kóópeetˇ pekné(h) shatee(h))?

dressing: (food) omáčka (omáchka(h)); **salad dressing** dressing na šalát (dreseeng nashalát)

drink: nápoj (nápoy); **Would you like a drink?** Želáte si niečo na pitie? (zhelátˇe(h) see ňyecho(h) na(h) peetˇye(h)); **I don't drink.** Nepijem. (ňepeeyem); **I must have something to drink.** Musím si niečo vypitˇ. (mooséém see(h) ňyecho(h) veepeetˇ); **May I have a drink of water?**

Môžem si vypiť pohár vody?
(mwozhem see(h) veepeet
pohár vodee(h)?); **Drink up!**
Vypime si! (veepeeme(h) see-
(h)!); **I've had too much to
drink.** Privelʼa som pil. (pree-
velʼa(h) som peel)
**drinkable: Is the water drin-
kable?** Je to pitná voda? (ye(h)
to(h) peetná(h) voda(h)?)
drive: We drove here. Prišli
sme autom. (preeshlee(h) sme-
(h) aootom); **Do you want to
go for a drive?** Chcete sa
previezť? (khtsetʼe(h) sa(h)
prevyezťʼ?); **Is it a very long
drive?** Je to dlhá cesta? (ye(h)
to(h) dlhá(h) tsesta(h)?); **Can
you drive me home?** Môžete
ma odviezť domov? (mwozhe-
tʼe(h) ma(h) odvyestʼ domow)?
driver: vodič/šofér (vodeech/-
shofér)
driver's license: vodičský preu-
kaz (vodʼeechskéé(h) preookaz)
drizzle: It's drizzling. popŕcha
(popŕkha(h))
drop: Just a drop for me.
Mne len kvapku. (mňe(h) len
kvapkoo(h)); **I dropped it.**
Stratil som to. (stratʼeel som
to(h)); **Drop by once in a
while.** Zastavte sa nickedy na
chvílʼu. (zastavtʼe(h) sa(h)
ňyekedee(h) na(h)
khvéélʼoo(h))
drown: He's drowning. Topí
sa. (topéé(h) sa(h))
drug: (medical) liek (lyek); (nar-
cotic) droga (droga(h))

drugstore: (general) drogéria
(drogéreeya(h)); (pharmacy)
lekáreň (lekáreň)
drunk: He's drunk (of joy).
Je opitý (radostʼou). (ye(h)
opeetéé(h) radostʼow)
dry: suchý (sookhéé(h)); **dry
wine** suché víno (sookhé(h)
vééno(h))
**dry-clean: Can I get these
dry-cleaned?** Môžete mi to
chemicky vyčistiť? (mwozhe-
tʼe(h) mee(h) to(h) khemeets-
kee(h) veecheestʼeetʼ?)
dry-cleaner: chemická čistiareň
(khemeetská(h) cheestʼyareň)
duck: kačica (kacheetsa(h))
dumb: (canʼt speak) nemý
(ňeméé(h)); (stupid) hlúpy
(hlóópee(h))
dumplings: knedle (knedle(h));
(cakes) buchty (bookhtee(h))
during: počas (pochas)
dust: prach (prakh)
duty: clo (tslo(h)); **Do we have
to pay duty?** Musíme platiť
clo? (moosééme(h) platʼeetʼ
tslo(h))?
duty-free: (goods) nepodlieha
clu (ňepodlyeha(h) tsloo(h))

E

each: každý (kazhdéé(h)); **How
much are they each?** Kolʼko
stojí kus? (kolʼko(h) stoyéé(h)
koos?); **each time** zakaždým
(zakazhdéém); **We know each
other.** My sa poznáme. (mee(h)
sa(h) poznáme(h))

ear: ucho (ookho(h))
earache I have an earache.
Bolí ma ucho. (boléé(h) ma(h)
ookho(h))
early: zavčasu/skoro (zafchasoo-
(h)/skoro(h)); **It's too early.** Je
príliš zavčasu. (ye(h) prééleesh
zafchasoo(h); **a day earlier** o
deň skôr (o(h) dˇeň skwor);
half an hour earlier o pol
hodinu skôr (o(h) polhodˇee-
noo(h) skwor); **I am going to
bed early.** Idem skoro spatˇ.
(eedˇem skoro(h) spatˇ); **Don't
call me too early.** Nevolaj mi
velˇmi zavčasu. (ňevolay me-
e(h) velˇmee(h) zafchasoo(h)); **I
always get up early.** Vždy
ustávam skoro. (vzhdee(h) vstá-
vam skoro(h)))
earring: náušnica (náooshňeet-
sa(h))
earth: (soil)   zem (zem)/hlina
(hleena(h))
east: východ (véékhod); **to the
east of...** východne od (véék-
hodňe(h) od...); **in the east** na
východe (na(h) véékhodˇe(h))
Easter: Velˇká noc (velˇká(h)
nots)
Eastern Europe: Východná
Európa (Véékhodná(h) Eoo-
rópa)
easy: lˇahký (lˇakhkéé(h));

This test is very easy. Tento
test je velˇmi lˇahký. (tento(h)

test ye(h) velˇméé(h) lˇakhkéé-
(h))
eat: jestˇ (yestˇ); **something to
eat** niečo na jedenie (ňyecho(h)
na(h)   yedˇeňye(h)); **We've
already eaten.** Už sme jedli
(oozh   sme(h)   yedlee(h)); **I
don't eat meat.** Nejedávam
mäso. (ňeyedávam meso(h));
What would you like to eat?
Na čo máte chutˇ? (Na(h) cho-
(h) mátˇe(h) khootˇ?)
eau-de-cologne: kolínska voda
(koléénska(h) voda(h))
**economic: economic situa-
tion** ekonomická situácia (eko-
nomeetská(h) seetooátseeya(h))
edible: jedlý (yedléé(h))
education: vzdelanie (vzdˇela-
ňye(h))
efficient: účinný/efektívny
(óócheennéé(h)/efektéévnee(h))
egg: vajce (vaytse(h)); **poached
eggs** stratené vajcia (stratˇe-
né(h) vaytsya(h)); **fried eggs**
volské oká (volské(h) oká(h));
scrambled eggs: praženica
(prazheňeetsa(h)); **How would
you like your eggs?** Ako si
tie vajíčka(h) prajete? (ako(h)
see(h) tye(h) vayééchka(h) pra-
yetˇe(h))
eggplant: baklažán (baklazhán)
either: either...or... budˇ...ale-
bo...(boodˇ...alebo(h)); **I don't
like either of them.** Nepáči
sa mi ani jeden. (ňepáchee(h)
sa(h) mee(h) aňee(h) yeden)

elastic   **English**

elastic: elastický/pružný (elas-
teetskéé(h)/proozhnéé(h))
elbow: laket˘ (laket˘)
electric: elektrický (elektree-
tskéé(h))
electric heater: elektrický
ohrieevač (elektreetskéé(h) oh-
ryevach)
electric outlet: elektrická zásuv-
ka (elektreetská(h) zásoowka(h))
electric razor: holiaci strojček
(holyatsee(h) stroychek)
electric appliances: elektrické
prístroje (elektreetské(h) préést-
roye(h))
electrician: elektrikár (elekt-
reekár)
electricity: elektrina (elektree-
na(h))
elegant: elegantný (elegantnée-
(h))
elevator: výt˘ah (véét˘ah)
else: somewhere else niekde
inde (ňyegd˘e(h) eend˘e(h));
**Would you like anything
else?** Prosíte si niečo iné? (pro-
séét˘e(h) see(h) ňyecho(h)
eené(h)?); **Let's go somewhe-
re else.** Pod˘me niekde inde.
(pod˘me(h) ňyekd˘e(h) een-
d˘e(h)); **Nothing else,
thanks.** Nič viac, d˘akujem.
(ňeech vyats, d˘akooyem)
**embarrass: I am embarrass-
ed.** Som v rozpakoch. (som vro-
spakokh); **Don't embarrass
me.** Neprivádzaj ma do rozpa-

kov. (ňepreevádzay ma(h) do(h)
rospakow)
embarrassing: trápny (tráp-
nee(h))
embassy: vel˘vyslanectvo (ve-
l˘veslaňetstvo(h)); **American
embassy:** americké vel˘vysla-
nectvo (amereetské(h) vel˘vee-
slaňetstvo(h))
emergency: urgentná situácia
(oorgentná(h)seetooátseeya(h));
It's an emergency! Je to
súrny prípad! (ye(h) to(h) sóór-
nee(h) préépad)
emotional: citový (tseetovéé(h))
empty: prázdny (prázdnee(h))
end: koniec (koňyets); **At the
end of the street.** Na konci
ulice. (nakontsee(h) oolee-
tse(h)); **All's well that ends
well.** Koniec dobrý - všetko
dobré. (koňyets dobréé(h) fshe-
tko(h) dobré(h))
energetic: energický (energee-
tskéé(h))
energy: energia (energeeya(h))
engaged: (to be married) zasnú-
bený (zasnóóbenéé(h))
engagement ring: zásnubný
prsteň (zásnoobnéé(h) prst˘eň)
engine: motor (motor); **engine
trouble** porucha motora (po-
rookha(h) motora(h))
England: Anglicko (angleets-
ko(h))
English: (adjective, language)
anglický (angleetskéé(h)); **I'm
English.** (man) Ja som Anglič-

an. (ya(h) som angleechan);
(woman) Ja som Angličanka.
(ya(h) som angleechanka(h)); **in
English** po anglicky (po(h)
angleetskee(h)); **You speak
English very well.** Hovoríte
veľmi dobre po Anglicky.
(hovorééte(h) veľmee(h) dob-
re(h) po(h) angleetskee(h));
Can you speak English?
Hovoríte po anglicky? (hovo-
rééte(h) po(h) angleetskee(h)?);
**Would you translate this
into English?** Preložili by ste
to do anglictiny? (prelozheele-
e(h) bee(h) sťe(h) to(h) do(h)
angleechťeenee(h)?)
**enjoy: I enjoyed it very
much.** Veľmi sa mi to páčilo.
(veľmee(h) sa(h) mee(h) to(h)
pácheelo(h)); **I enjoyed my-
self.** Zabával som sa. (zabával
som sa(h))
enjoyable: príjemný/zábavný
(prééyemnéé(h) / zábavnéé(h))
enlargement: (of photo) zväčše-
nie (zvechsheňye(h))
enormous: ohromný (ohrom-
néé(h))
enough: dosť (dosť); **There's
not enough.** Nie je dosť.
(ňye(h) ye(h) dosť); **That's
enough, thank you.** Ďaku-
jem, to stačí. (ďakooyem, to(h)
stachéé(h)); **I've had enough
to eat.** Mal som dosť jedla.
(mal som dosť yedla(h))

entertainment: zábava (zába-
va(h))
enthusiastic: nadšený (nadshe-
néé(h))
entrance: (noun) vchod (fkhot)
envelope: obálka (obálka(h))
epileptic: (adj) epileptický;
(epeelepteetskéé(h))
epileptic: (noun) epileptik
(epeelepteek)
equipment: (facilities) prístro-
jové vybavenie (prééstroyové(h)
veebaveňye(h))
eraser: guma (gooma(h))
erotic: erotický (eroteetskéé(h))
error: omyl (omeel)
escalator: pohyblivé schody
(poheebleevé(h) skhodee(h))
especially: zvlášť (zvlásht)
espresso: espreso (espreso(h))
essential: podstatný (potstat-
néé(h))
ethnic: (ethnic tensions)
národný (národnéé(h))
Europe: Európa (Eoorópa(h))
European: európsky (eooróp-
skee(h))
even: even if dokonca aj keď
(dokontsa(h) ay keť); **Even I
can play better than that.**
Dokonca aj ja hrám lepšie.
(dokontsa(h) ay ya(h) hrám
lepshye(h))
evening: večer (vecher); **good
evening** dobrý večer (dobrée-
(h) vecher); **this evening** dnes
večer (dňes vecher); **in the
evening** večer (vecher)

evening dress: (for man) večerný oblek (vechernéé(h) oblek); (for woman) večerné šaty (vecherné(h) shatee(h))

eventually: nakoniec/konečne (nakoňyets/koňechňe(h))

ever: If you ever come to New York. Ak prídete niekedy do New Yorku. (ak prééd‿eť‿e(h) ňyekedee(h) do(h) Nyooyorkoo(h)); **Have you ever been to America?** Už ste niekedy boli v Amerike? (oozh sť‿e(h) ňyekedee(h) bolee(h) v Amereeke(h)?); **I hardly ever drink beer.** Pivo takmer nepijem. (peevo(h) takmer ňepeeyem)

every: každy (kazhdéé(h)); **every day** každý deň (kazhdéé(h) d‿eň); **every month** každý mesiac (kazhdéé(h) mesyats)

everyone: každý (kazhdéé(h))

everything: všetko (fshetko(h)); **Thanks for everything.** D‿akujem za všetko. (d‿akooyem zafshetko(h))

everywhere: všade (fshad‿e(h)); **Crime is a problem everywhere.** Zločin je problém všade. (zlocheen ye(h) problém vshad‿e(h))

exactly!: presne tak! (presňe(h) tak!)

exam: skúška (skóóshka(h))

example: príklad (prééklad); **for example** napríklad (napréé-klad); **Could you give me an**

example? Mohli by ste uviesť príklad? (mohlee(h) bee(h) sť‿e(h) oovyesť prééklat?)

excellent: (adj.) výborný; (adverb) výborne (vééborňe(h))

except: okrem (okrem)

exception: výnimka (vééňeemka(h))

excess baggage: nadmerná váha batožiny (nadmerná(h) váha(h) batozheenee(h))

excessive: nadmerný (nadmernéé(h)); **That's a little excessive.** To je trošku prehnané. (to(h) ye(h) troshkoo(h) prehnané(h))

exchange: (verb) zmeniť (zmeňeeť); **I'd like to exchange this.** Chcel by som to vymeniť. (khtsel bee(h) som to(h) veemeňeeť)

exchange rate: What's the exchange rate? Aký je výmenný kurz? (akéé(h) ye(h) véémennéé(h) koorz?)

exciting: vzrušujúci (vzrooshoo-yóótsee(h))

excursion: výlet (véélet); **Is there an excursion to Malá Farta?** Robí sa výlet do Malej Farty? (robéé(h) sa(h) véélet do(h) Maley Fartee(h)?)

excuse me: prepáčte/s dovolením (prepácht‿e(h)/zdovole-ňéém); **(pardon?)** prosím? (proséém?)

exhaust: (on car) výfuk (vééfo-ok)

exhausted: (tired) vyčerpaný (veecherpanéé(h))

exhibition: výstava (vééstava(h))

exist: Does it still exist? Ešte to existuje? (esht⌣e(h) to(h) exeestooye(h)?)

exit: východ (véékhod)

expect: She's expecting. Ona čaká maličké. (ona(h) chaká(h) maleechké(h)); **This is not what I expected.** Nie je to to, čo som predpokladal. (ňye(h) ye(h) to(h) to(h) cho(h) som pretpokladal)

expensive: drahý (drahéé(h))

experience: an unforgettable experience nezabudnutel⌣ný zážitok (nezaboodnoot⌣elnéé(h) zázheetok)

experienced: skúsený (skóósenéé(h))

expert: odborník (odborňéék)

expire: (medicine) exspirovaný (expeerovanéé(h)); **My visa is expired.** Mám neplatné víza. (mám neplatné(h) vééza(h)); **The milk has expired.** Mlieko je po záruke. (mlyeko(h) ye(h) po(h) zárooke(h))

explain: Would you explain that to me? Vysvetlili by ste mi to? (veesvetleelee(h) bees⌣e(h) mee(h) to(h)?)

explore: (verb) zistit⌣/preverit⌣ (zeest⌣eet⌣/prevereet⌣)

export: (verb) exportovat⌣ (exportovat⌣)

express: expres (expres); **Let's take an express train.** Pod⌣-me expresným vlakom. (pod⌣-me(h) ekspresnéém vlakom)

extra: Can we have an extra seat? Môžeme dostat⌣ jedno miesto navyše? (mwozheme(h) dostat⌣ yedno(h) myesto(h) naveeshe(h)?); **Does that cost extra?** Dopláca sa za to? (doplátsa(h) sa(h) za(h) to(h)?)

extremely: mimoriadne (meemoryadňe(h))

eye: oko (oko(h)); **I have brown eyes.** Mám hnedé oči. (mám hňedé(h) ochee(h))

eyebrow: obočie (obochye(h))

eyebrow pencil: obočenka (obochenka(h))

eye drops: očné kvapky (ochné(h) kvapkee(h))

eyeliner: očná linka (ochná(h) leenka(h))

eyeshadow: očný tieň (ochné-é(h) t⌣yeň)

eyewitness: očitý svedok (ochéétéé(h) svedok)

F

face: tvár (tvár); **I'd like to wash my face.** Rád by som si umyl tvár. (rád bee(h) som see(h) oomeel tvár)

face mask: (for diving) potápačská maska (potápachská(h) maska(h))

fact: skutočnost⌣ (skootochnost⌣)

factory: továreň (továreň)

**Fahrenheit: 30 degrees Fahr-
enheit** 30° Fahrenheita (treett-
sat˘ stoopňov Farenhayta(h))
faint: I'm going to faint. Je
mi na omdletie. (ye(h) mee(h)
na(h) omdle(h)t˘ye(h))
fair: It's not fair. To nie je fair.
(to(h) ňye(h) ye(h) fér); **OK,
fair enough.** V poriadku, to je
slušné. (fporyatkoo(h), to(h)
ye(h) slooshné(h)); **I have a
fair complexion.** Mám svetlú
plet˘. (mám svetloo(h) plet˘)
fake: falzifikát (falzeefeekát)
fall: in the fall (autumn) na
jeseň (na(h) yeseň); **Don't fall!**
Nespadni! (ňespadňee(h))
false: falošný/nepravý (falosh-
néé(h)/ňepravéé(h))
false teeth: umelé zuby
(oomelé(h) zoobee(h)); protéza
(protéza(h))
family: rodina (rod˘eena(h))
family name: priezvisko (pry-
ezveesko(h)); **What's your
family name?** Aké je vaše
priezvisko? (aké(h) ye(h) va-
she(h) pryezveesko(h)?)
famous: slávny (slávnee(h))
fan: ventilátor (venteelátor);
(hand-held) fén (fen); (sports,
etc) fanúšik (fanóósheek)
fancy: módny (módnee(h));
This hotel is very fancy.
Tento hotel je vel˘mi moderný.
(tento(h) hotel ye(h) vel˘mee(h)
modernéé(h)); **Do you have
anything fancier?** Máte niečo

módnejšie? (mát˘e(h) ňyecho(h)
módňeychye(h))?
fantastic: fantastický (fantasteet-
skéé(h)); **The movie had ele-
ments of the fantastic.** Ten
film má fantastické prvky. (ten
feelm má fantasteetské prwke-
e(h))
far: (adj) d˘aleký (d˘alekéé(h));
As far as I am concerned...
Čo sa mňa týka... (cho(h) sa(h)
mňa(h) tééka(h)); **How far is
it from Starý Smokovee to
Javorina?** Ako je d˘aleko je
zo Starého Smokovca na Javori-
nu? (ako(h) ye(h) d˘aleko(h)
ye(h) zo(h) starého(h) smokovts-
a(h) nayavoreenoo(h))?
fare: cestovné (tsestovné(h));
What's the fare to...? Kol˘ko
stojí lístok do...? (kol˘ko(h)
stoyéé(h) lééstok do...?)
farewell party: rozlúčková
zábava (rozlóóchková(h) zába-
va(h))
farm: hospodárstvo (hospodárst-
vo(h))
farther: d˘alej (d˘aley); **farther
than...** d˘alej než... (d˘aley
ňezh...)
fashion: (in clothes etc) móda
(móda(h)); **That's out of fash-
ion.** To sa nenosí. (to(h) sa(h)
ňenoséé(h))
fashionable: módny (módnee-
(h))
fast: rýchly (réékhlee(h)); **not
so fast** nie tak rýchlo (ňye(h)
tak réékhlo(h))

fat: (person) tučný (toochnéé(h)); **yogurt low fat** nízkokalorický jogurt (ňéézkokaloreetskéé(h) yogoort)

father: **my father** môj otec (mwoy ot‿ets)

father-in-law: (husband's father) svokor (svokor)

faucet: kohútik (kohóót‿eek)

fault: chyba (kheeba(h)); **Sorry, it's my fault.** Prepáčte, je to moja chyba. (prepácht‿e(h) ye(h) to(h) moya(h) kheeba(h)); **It's not my fault.** To nie je moja chyba. (to(h) ňye(h) ye(h) moya(h) kheeba(h))

faulty: (equipment) pokazený (pokazenéé(h))

favorite: obľúbený (obľóóbenéé(h)); **That's my favorite.** To je môj obľúbený. (to(h) ye(h) mwoy obľóóbenéé(h))

February: február (februoár)

fed up: **I'm fed up.** Som nasýtený. (som naséét‿enéé(h)); **I'm fed up with it.** Mám toho dosť. (mám toho(h) dosť)

feel: **I feel like a snack.** Niečo by som zjedol. (ňyecho(h) bee(h) som zyedol); **I feel hot/cold.** Je mi horúco/zima. (ye(h) mee(h) horóótso(h)-/zeema(h)); **I don't feel like it.** Necítim sa na to. (netséét‿eem sa(h) na(h) to(h)); **How are you feeling today?** Ako sa dnes cítite? (ako(h) sa(h) dňes tséét‿eet‿e(h)?); **I'm feeling a lot better.** Cítim sa oveľa lepšie. (tséét‿eem sa(h) oveľa(h) lepshye(h)); **Please, feel free to ask.** Nebojte sa spýtať. (ňeboyt‿e(h) sa(h) spéétať)

fence: plot/ohrada (plot/ohrada(h))

fender: (of car) blatník (blatňéék)

ferry: kompa/trajekt (kompa(h)-/trayekt); **When is the last ferry?** Kedy ide posledný trajekt? (kedee(h) eed‿e(h) poslednéé(h) trayekt?)

festival: slávnosť/festival (slávnosť/festeeval)

fever: horúčka (horóóchka(h)); **I've got a fever.** Mám horúčku. (mám horóóchkoo(h))

few: **a few days** pár dní (pár dňéé(h)); **a few people** pár ľudí (pár ľood‿éé(h)); **I'd like a few apples.** Chcel by som zopár jabĺk. (khtsel bee(h) som zopár yabĺk)

fiancé: **my fiancé** môj snúbenec (mwoy snóóbeňets)

fiancée: **my fiancée** moja snúbenica (moya(h) snóóbeňeetsa)

fiasco: **What a fiasco!** Aké fiasko! (aké(h) fyasko(h)!)

field: pole (pole(h))

fifty-fifty: na polovicu (na(h) poloveetsoo(h))

fight: (noun) bitka (beetka(h))

figs: figy (feegee(h))

figure: (of person) postava (postava(h)); (number) číslo (chééslo(h))

fill: splniť/naplniť/vyplniť (splňeet/naplňeet/veeplňeet); **Will you help me fill out this form?** Pomôžete mi vyplniť toto tlačivo? (pomwozheťe(h) mee(h) veeplňeet toto(h) tlacheevo(h)?); **Please fill my cup.** Nalejte mi, prosím. (naleyťe(h) mee(h) proséém)

fillet: filé (feelé(h))

filling: (in tooth) plomba (plomba(h)); **This chocolate cake is very filling.** Tento čokoládový koláč je veľmi sýty. (tento(h) chokoládovéé(h) koláčh ye(h) veľmee(h) séétee(h)))

film: film (feelm); **Do you have this type of film?** Máte takýto film? (máťe(h) takééto(h) feelm?); **35-mm film** 35-milimetrový film (35-meeleemetrovéé(h) feelm); **Where can I buy film?** Kde môžem kúpiť film? (Gďe(h) mwozhem kóópeet feelm?); **action film** akčný film (akchnéé(h) feelm)

filter: (for camera/coffee) filter (feelter)

filter-tipped: s filtrom (sfeeltrom)

filthy: špinavý (shpeenavéé(h))

find: nájsť (náysť); **I've found a...** Našiel som... (nashyel som...); **We couldn't find the theater.** Nenašli sme to diva-

dlo. (ňenashlee(h) sme(h) to(h) ďeevadlo(h)); **Where did you find that?** Kde ste to našli? (Gďe(h) sťe(h) to(h) nashlee(h)?)

fine: **a 300 crown fine** 300-korunová pokuta (300-koroonová(h) pokoota(h)); **How are you? - Fine, thanks.** Ako sa máte? Ďakujem, dobre. (ako(h) sa(h) máťe(h)? - ďakoooyem, dobre(h)))

finger: prst (prst)

fingernail: necht (nekht)

finish: **I haven't finished.** Neskončil som. (ňeskoncheel som); **I can't finish all of this food.** Ja to všetko nezjem. (ya(h) to(h) fshetko(h) ňezyem); **Are you finished?** Skončili ste? (skoncheelee(h) sťe(h)?)

Finland: Fínsko (féénsko(h))

fire: **Fire!** (something on fire) horí (horéé(h)!); **It's on fire** horí to (horéé to(h)); **I was fired from my last job.** Vyhodili ma z môjho posledného miesta. (Veehoďeelee(h) ma(h) zmwoyho(h) posledněho(h) myesta(h)))

fire alarm: požiarny poplach (pozhyarnee(h) poplakh)

fire escape: núdzový východ (nóódzovéé(h) véékhot)

fire extinguisher: hasiaci prístoj (hasyatsee(h) prééstroy)

firm: firma (feerma(h))

first: prvý (prvéé(h)); **at first** najprv (nayprw); **This is my**

first time in Slovakia. Som
na Slovensku prvý krát. (Som
na(h) Slovenskoo(h) prvéé(h)
krát); **I finished first.** Skončil
som prvý. (Skoncheel som pr-
véé(h)); **You can go first.**
Môžete ístˇ prvý. (mwozhe-
tˇe(h) éést˝ prvéé(h))
first aid: prvá pomoc (prvá(h)
pomots)
first aid kit: lekárnička (lekár-
ňeechka(h))
first class: prvá trieda (prvá(h)
tryeda(h)); **First class ticket.**
Lístok do prvej triedy. (Lééstok
do(h) prvey tryedee(h))
first name: krstné meno
(krstné(h) meno(h))
fish: (noun) ryba (reeba(h));
tuna fish tuniak (tooňyak); **I
often eat fish.** Často jedávam
ryby. (chasto(h) yedávam ree-
bee(h))
fisherman: rybár (reebár)
fishing: rybolov (reebolov);
fishing boat rybársky čln
(reebárskee(h) chln)
fishing rod: rybárske náčinie
(reebárske(h) nácheeňye(h))
fit: (healthy) vo forme (vo(h)
forme(h)); (size) **This shirt
doesn't fit.** Táto košelˇa ne-
sedí. (Táto(h) koshelˇa(h) ňese-
dˇéé(h)); **fitness: I'm really
into fitness.** Som skutočne vo
forme. (Som skootochňe(h)
vo(h) forme(h)); **Is there a
fitness center around here?**

Je tu niekde fitness centrum?
(Ye(h) too(h) ňyekdˇe(h) feet-
nees tsentroom?)
fix: Can you fix it? (repair)
Môžete to opravitˇ? (Mwozhe-
tˇe(h) to(h) opraveetˇ?); (arran-
ge) Môžete to zariaditˇ?
(Mwozhetˇe(h) to(h) zaryadˇe-
etˇ?); **Can you fix me up
with a nice Slovak?** Môžete
mi datˇ k dispozícii príjemného
Slováka? (mwozhetˇe(h) mee(h)
datˇ gdeespozéétseeyee(h)
prééyemného(h) Slováka(h)?)
flag: zástava (zástava(h))
flash: (for camera) blesk (blesk)
flashlight: baterka (baterka(h))
flat: (adj) plochý/rovný (plokhé-
é(h)/rovnéé(h)); **This Coke is
flat.** Táto koka je zlá. (Táto(h)
koka(h) ye(h) zlá(h)); **We've
got a flat tire.** Dostali sme
defekt. (dostalee(h) sme(h) de-
fekt); **flatter: Don't flatter
me!** Nelichotˇte mi! (Nelee-
khotˇtˇe(h) mee(h))
flavor: chutˇ (khootˇ); **This
soup has no flavor.** Tá polie-
vka nemá žiadnu chutˇ. (tá(h)
polyevka(h) ňemá(h) zhyadnoo-
(h) khootˇ)
flexible: (easily bent) ohybný
(oheebnéé(h)); (easily changed)
flexibilný (flexeebeelnéé(h))
flight: let (let); **What time is
our flight?** Kedy letí vaše
lietadlo? (kedee(h) letˇéé(h)
vashe(h) lyetadlo(h))?
flirt: flirtovatˇ (fleertovatˇ)

flood: záplava (záplava(h))

floor: poschodie (poskhod˘ye
(h)); **What floor is the room
on?** Na ktorom poschodí je tá
izba? (Na(h) ktorom poskho-
déé(h) ye(h) tá(h) eezba(h)?);
We're on the second floor.
Sme na druhom poschodí.
(sme(h) na(h) droohom poskho-
déé(h)); dlážka (dlázhka(h));
Let's sit on the floor. Sad-
nime si na dlážku. (sadňeeme-
(h) see(h) na(h) dlázhkoo(h))

flop: (fiasco) kiks (keeks)

florist: kvetinár (kvet˘eenár)

flour: múka (móóka(h))

flower: kvet (kvet); **flower
shop** kvetinárstvo (kvet˘ee-
nárstvo(h))

flu: chrípka (khréépka(h))

fluently: plynule (pleenoole
(h)); **She speaks Slovak/-
Czech fluently.** Hovorí ply-
nule po slovensky/česky. (Ho-
voréé(h) pleenoole(h) po(h)
slovenskee(h)/cheskee(h)))

fly: (verb) letiet˘ (let˘yet˘);
Can we fly there? Môžeme
tam íst˘ lietadlom? (mwozhe-
me(h) tam éést˘ lyetadlom?)

fly: (insect) mucha (mookha(h))

foggy: It's foggy. Je hmla.
(ye(h) hmla(h))

folk dance: ľudový tanec
(ľoodovéé(h) tanets)

folk music: ľudová hudba
(ľoodová(h) hoodba(h))

follow: nasledovat˘ (nasledov-
at˘)

food: strava (strava(h)); **I'd like
to try national food.** Rád by
som ochutnal národnú stravu.
(Rád bee(h) som okhootnal
národnoo(h) stravoo(h)); **This
food is very good.** Toto jedlo
je veľmi dobré. (Toto(h) yed-
lo(h) ye(h) veľmee(h) dob-
réé(h)); gourmet food gur-
mánske jedlo (goormánske(h)
yedlo(h))

food poisoning: otrava žalúdka
(otrava(h) zhalóótka(h))

fool: blázon (blázon); **I've made
a fool of myself.** Urobil som
zo seba blázna. (oorobeel som
zoseba(h) blázna(h))

foolish: hlúpy (hlóópee(h))

foot: (body) noha (noha(h));
(measure) stopa (stopa(h)); **My
left foot is swollen.** Mám
vyvrtnutý ľavý členok. (mám
veevrtnootéé(h) ľavéé(h) chle-
nok)

football: futbal (footbal) U.S.:
soccer

for: pre (pre(h)); **What's this
for?** Na čo je to? (na(h)cho(h)
ye(h) to(h)?); **for three weeks**
na 3 týždne (na(h) tree(h) tééz-
hdňe(h)); **I've been here for a
month.** Bol som tu mesiac.
(bolsom too mesyats); **This gift
is for you.** Tento darček je
pre Vás. (tento(h) darchek ye(h)
pre(h) Vás)

57

forbidden   **fresh**

forbidden: zakázaný (zakáza-
néé(h)); **forbidden fruit** zaká-
zané ovocie (zakázanéé(h) ovo-
tsye(h))
forehead: čelo (chelo(h))
foreign: cudzí (unknown) (tsoo-
dzéé(h)); zahraničný (from
abroad) (zahraňeechnéé(h))
foreigner: cudzinec (tsoodzee-
ňets); **Excuse my Slovak, I'm
a foreigner.** Prepáčte mi moju
Slovenčinu, som cudzinec. (pre-
páchtˇe(h) mee(h) moyoo(h)
slovencheenoo(h), som tsoo-
dzeeňets)
forest: les (les)
forever: **I'd like to stay here
forever.** Rád by som tu zostal
navždy. (rád bee(h) som too(h)
zostal navzhdee(h)); **It takes
forever.** Trvá to večnostˇ.
(trvá(h) to(h) vechnostˇ)
forget: zabudnútˇ (zabood-
nóótˇ); **don't forget** nezabudni
(ňezaboodňee(h)); **I forgot/I've
forgotten** zabudol som (zaboo-
dol som)
fork: vidlička (veedleechka(h))
form: tlačivo/formulár (tla-
cheevo(h)/formoolár)
formal: oficiálny (ofeetseeyál-
nee(h))
fortunately: naštˇastie (nash-
tˇastˇye(h))
fortune teller: (female) jasno-
vidka (yasnoveetka(h)); (male)
jasnovidec (yasnoveedˇets)

**forward: I'm looking forward
to it.** Teším sa na to. (tˇeshéém
sa(h) na(h) to(h))
forwarding address: zasiela-
telˇská adresa (zasyelatelˇská(h)
adresa(h))
fountain: (structure) fontána
(fontána(h)); (for drinking)
prameň (prameň)
fracture: (of bone) zlomenina
(zlomeňeena(h))
fragile: krehký (krekhkéé(h))
frame: rám (rám)
France: Francúzsko (frantsóó-
sko(h))
fraud: podvod (podvod)
free: (at liberty) slobodný/volˇ-
ný (slobodnéé(h)/volˇnéé(h)); **Is
this table free?** Je tento stôl
volˇný? (ye(h) tento(h) stvol
volˇnéé(h)); (costing nothing)
bezplatný (bezplatnéé(h))
freezer: mraznička (mrazňee-
chka(h))
French: (adj) francúzsky (fran-
tsóóskee(h)); (man) Francúz
(frantsóós); (woman) Francúzka
(frantsóóska(h))
French fries: hranolky (hranol-
kee(h))
fresh: čerstvý (cherstvéé(h)); **Is
the bread fresh?** Je ten chlieb
čerstvý? (ye(h) ten khlyeb cher-
stvéé(h)?); **Do you have any-
thing fresher?** Máte niečo
čerstvejšie? (mátˇe(h) ňyecho(h)
cherstveyshye(h)?); **I'd like
some fresh orange juice.** Dal

Friday   **furniture**

by som si čersvý pomarančový
džús. (dal bee(h) som see(h)
cherstvéé(h) pomaranchovéé(h)
dzhóós)

Friday: piatok (pyatok)

fried egg: volskē oko (volské(h)
oko(h)

friend: Is he your friend? Je
to Váš priateľˇ? (ye(h) to(h)
Vásh pryatˇelˇ?); **He is my
good friend.** Je to môj dobrý
priateľˇ. (ye(h) to(h) mwoy
dobréé(h) pryatelˇ); **She is my
best friend.** Ona je moja naj-
lepšia priateľˇka. (ona(h) ye(h)
moya(h) naylepshya(h) prya-
tˇelˇka(h)); **Do you mind if I
bring a friend?** Vadilo by
Vám, keby som si priviedol
priateľˇa? (vadˇeelo(h) bee(h)
Vám kebee(h) som see(h) pree-
vyedol pryatˇelˇa(h)?)

friendly: priateľˇsky (prya-
tˇelˇskee(h))

frog: žaba (zhaba(h))

from: I'm from New York.
Som z New Yorku. (som zny-
ooyorkoo(h)); **The next cab-
lecar from Lomnický Štít.**
Dˇalšia lanovka z Lomnického
Štítu. (dˇalshya(h) lanowka(h)
zlomňeetského(h) shtˇéétoo(h));
from time to time z času na
čas (zchasoo(h) nachas); **I re-
cieved a letter from my
mother.** Dostal som ad mamy
dopis. (dostal som odmamee(h)
dopees); **a week from today**

odo dneška za týždeň (odo
dňeshka(h) za(h) téézhdˇeň)

front: predný (prednéé(h)); **in
front** vpredu (fpredoo(h)); **in
front of:** pred (pred); **I'll sit
in the front seat.** Sadnem si
dopredu. (sadňem see(h) dopre-
doo(h))

frozen: zamrznutý (zamrznoo-
téé(h)); **frozen food** mrazené
potraviny (mrazené(h) potra-
veenee(h))

fruit: ovocie (ovotsye(h))

fruid salad: ovocný šalát (ovots-
néé(h) shalát)

**frustrating: It's very frustra-
ting.** Je to zdrvujúce. (ye(h)
to(h) zdrvooyóótse(h))

fry: pražitˇ (prazheetˇ); **Is this
fried?** Je to vyprážané? (ye(h)
to(h) veeprázhané(h)?)

frying pan: pekáč (pekách)

full: plný (plnéé(h)); **it's full
of...** je to plné... (ye(h) to(h)
plné(h)...); **I'm full.** Som na-
sýtený. (som naséétˇenéé(h))

fun: It was great fun. Bola to
veľˇká zábava. (bola(h) to(h)
veľˇká(h) zábava(h)); **Just for
fun** Len pre zábavu (len pre(h)
zábavoo(h)); **Have fun!** Dobre
sa zabávajte! (dobre(h) sa(h)
zabávaytˇe(h))

funeral: pohreb (pohreb)

funny: (weird) čudný (chood-
néé(h)); (amusing) smiešny
(smyeshnee(h))

furniture: nábytok (nábeetok)

further: dˇalej (dˇaley); **further up the road** dˇalej po tejto ceste (dˇaley po(h) teyto(h) tsestˇe(h))

fuse: poistka (poeestka(h))

future: budúcnosťˇ (boodóótsnostˇ); **in the future** v budúcnosti (vboodóótsnostˇee(h))

G

gallery: galéria (galéreeya(h))

gallon: galón (galón)

gamble: (noun) hazardná hra (hazardná(h) hra(h))

game: hra (hra(h)); **Let's play a game.** Zahrajme sa. (zahrayme(h) sa(h))

garage: (parking) garáž (garazh); (car repair) opravovňa (opravovňa(h))

garbage: odpadky (odpadkee(h))

garbage can: kôš na odpadky (kwosh naotpatkee(h))

garden: záhrada (záhrada(h))

garlic: cesnak (tsesnak)

gas: plyn (plyn); (gasoline) benzín (benzéén)

gas pedal: plynový pedál (pleenovéé(h) pedál)

gas station: benzínová pumpa (benzéénová(h) poompa(h))

gas tank: benzínovy rezervoár (benzéénovéé(h) rezervoár)

gate: brána (brána(h)); (at airport) východ (véékhod)

gaudy: okázalý (okázaléé(h))

gauge: miera (myera(h))

gay: (homosexual) homosexuál (homoseksooál)

gear: (car) prevodovka (prevodowka(h)); **low gear** nízky prevod (nééskee(h) prevot); **reverse gear** spiatočka (spyatoochka(h))

gearbox: rýchlostná skriňa (réékhlostná(h) skreeňa(h))

gear shift: rýchlostná páka (réékhlostná(h) páka(h))

general delivery: poste restante (poste(h) restante(h))

generous: štedrý (shtˇedréé(h))

gentleman: (man) pán (pán); **that gentleman** ten pán (ten pán); **He's such a gentleman.** On je skutočný džentlmen. (on ye(h) skootochnéé(h) dzhentlmen)

genuine: pravý (pravéé(h))

German measles: rubeola/ružienka (roobeola(h)/roozhyenka(h))

Germany: Nemecko (ňemetsko(h); (man) Nemec (ňemets); (woman) Nemka (ňemka(h)); the Germans Nemci (ňemtsee(h))

get: **Have you got...?** máte...? (mátˇe...?); **How do we get to...?** ako sa dostaneme do...? (ako(h) sa(h) dostaňeme(h) do(h)...?); **Can I get you a drink?** Môžem vám objednaťˇ nápoj? (mwozhem vám obyednaťˇ nápoy?); **Will you get it**

for me? Prinesiete mi to? (preeňesyetˇe(h) mee(h) to(h)?); **I've got to...** musím... (mooséém...); **I've got to go.** Musím ísť. (mooséém éésť); **It's difficult to get to...** Ťažko sa dá dostať do... (ťazhko(h) sa(h) dá(h) dostať do(h)...); **When do you get up?** Kedy vstávate? (kedee(h) vstávaťe(h)?); **When will we get there?** Kedy sa tam dostaneme? (kedee(h) sa(h) tam dostaňeme(h)?); **Do I get off here?** Tu vystupujem? (too(h) veestoopooyem?)

ghost: duch (dookh)

gift: dar (dar); **Thanks for the gift.** Ďakujem za ten dar. (ďakooyem za(h) ten dar)

gigantic: obrovský (obrowskéé(h))

gin: džin (dzheen); **gin and tonic** džin s tonikom (dzheen stoneekom)

girl: dievča (n) (ďyewcha(h))

girlfriend: priateľka/milá (pryateľka(h)/meelá(h))

give: dať (dať); **Will you give me...?** Dáte mi...? (dáťe(h) mee(h)...?); **I'll give you 50 crowns.** Dám vám 50 korún. (dám vám 50 koróón); **Give me a hug.** Objím ma. (obéémma(h)); **Will you give it back?** Vrátite to? (vraťeeťe(h) to(h)?); **Don't give up!** Nevzdávajte sa! (ňevzdávajťe(h) sa(h))

glad: rád (rád)

glamorous: (woman) čarovný (charovnéé(h))

gland: žľaza (zhľaza(h)); **swollen glands** zväčšené žľazy (zvechshené(h) zhľazee(h))

glass: (substance) sklo (sklo(h)); (cup) pohár (pohár); **a glass of water** pohár vody (pohár vodee(h))

glasses: (spectacles) okuliare (okoolyare(h))

gloves: rukavice (rookaveetse(h))

glue: lep (lep)

go: ísť (éésť); **We want to go to a restaurant.** Chceme ísť do reštaurácie. (khtseme(h) éésť do reshtawrátseeye(h))...); **I'm going there this afternoon.** Idem tam popoludní. (eeďem tam popoloodňéé(h)); **Where are you going?** Kam idete? (kam eeďeťe(h)?); **let's go** poďme (poďme(h)); **It's all gone.** Nič nezostalo. (ňeech ňezostalo(h)); **I went there last week.** Bol som tam minulý týždeň. (bol som tam meenooléé(h) téézhďeň); **Has the price gone up?** Zvýšili cenu? (zvéésheelee(h) tsenoo(h)?); **Go away!** Choďte preč! (khoďťe(h) prech!); **Do you want to go out tonight?** Chcete ísť večer von? (khtset⌄e(h) éést⌄ vecher von?); **This milk has gone bad.** To mlieko sa pokazilo. (to(h) mlyeko(h) sa(h) pokazeelo(h))

goal: (sport) gól (gól)

goat: koza (koza(h))

God: Boh (boh)

goddess: bohyňa (boheeňa(h))

gold: zlato (zlato(h))

golf: golf (golf); **Do you play golf?** Hráte golf? (hrát⌄e(h) golf?)

golf clubs: golfové palice (golfové(h) paleetse(h))

golf course: golfové ihrisko (golfové(h) eehreesko(h))

good: dobre (dobre(h)); **Good luck!** velă št⌄astia (vel⌄a(h) sht⌄ast⌄ya(h)); **good quality** dobrá kvalita (dobrá(h) kvaleeta(h)); **good afternoon** dobrý deň (dobréé(h) d⌄eň); **You are a good tennis player.** Dobre hráte tenis. (dobre(h) hrát⌄e(h) tenees)

good looking: pekný (peknéé(h))

goose: hus (hoos)

gorgeous: (meal) skvelý (skveléé(h)); (view) krásny/nádherný (krásnee(h)/nádhernéé(h))

gourmet: gurmán (goormán)

government: vláda (vláda(h))

gradually: postupne (postoopňe(h))

graduate: (first school), (verb) promovat⌄ (promovat⌄); (person) - absolvent (apsolvent)

grammar: gramatika (gramateeka(h)); **Slovak grammar** Slovenská gramatika (slovenská(h) gramateeka(h))

gram: gram (gram)

granddaughter: vnučka (vnoochka(h))

grandfather: starý otec (staréé otets)

grandmother: stará mama (stará(h) mama(h))

grandson: vnuk (vnook)

grapefruit: grapefruit (grepfrooeet)

grapes: hrozno (hrozno(h))

grass: tráva (tráva(h)); **Stay off the grass.** Nechod⌄te po tráve. (ňekhot⌄t⌄e(h) po(h) tráve(h))

grateful: vd⌄ačný (vd⌄achnéé(h)); **I'm grateful to you for all your help.** Som vám vd⌄ačný za pomoc. (som vám vd⌄achnéé(h) za(h) pomots)

gravy: št⌄ava/omáčka (sht⌄ava(h)/omáchka(h))

gray: šedý/sivý (shedéé(h)/seevéé(h))

grease: (for car) mazivo (mazeevo(h)); (on food) mast⌄ (mast⌄); tuk (took)

greasy: (food) mastný (masnéé(h)); **These french fries are too greasy.** Tieto hranolky sú príliš mastné. (tyeto(h) hranolkee(h) sóó(h) prééleesh mastné(h))

great: veľký (veľkéé(h)); **That's great!** to je výborné! (to(h) ye(h) vééborné(h)!)

Great Britain: Veľká Británia (veľká(h) breetáneeya(h))

greedy: lakomý/chamtivý (lakoméé(h)/khamťeevéé(h))

green: zelený (zelenéé(h))

green card: zelená karta (zelená(h) karta(h))

grilled: grilovaný (greelovanéé(h)); **grilled fish** grilovaná ryba (greelovaná(h) reeba(h))

grocery store: zelovoc (zelovots)

ground: zem (zem); **on the ground** na zemi (na(h) zemee(h)); **on the ground floor:** na prízemí (na(h) préézeméé(h))

ground beef: mletá hovädzina (mletá(h) hovädzeena(h))

group: skupina (skoopeena(h))

guarantee: (noun) záruka (zárooka(h))

guardian: opatrovník/poručník (opatrovňéék/poroochňéék)

guest: hosť (hosť); **You are my guest.** ste mojím hosťom (sťe(h) moyéém hosťom)

guest room: hostovská izba (hosťovská(h) eezba(h))

guide: (noun) sprievodca (spryevodtsa(h))

guidebook: turistická príručka (tooreesteetská(h) prééroochka(h)); **Do you sell guidebooks here?** Predávate turistické príručky? (predávaťe(h) tooreesteetské(h) prééroochke(h))

guilty: vinný (veennéé(h))

guitar: gitara (geetara(h))

gum: ďasno (ďasno(h)); (chewing gum) žuvačka (zhoovachka(h))

gun: puška/revolver (pooshka(h)/revolver)

guy: kamarát (kamarát); **He's a nice guy.** Je to fajn kamarát. (ye(h) to(h) fayn kamarát)

gymnastics: gymnastika (geemnasteeka(h))

gymnasium: telocvičňa (ťelotsveechňa(h))

gynecologist: gynekológ (geenekológ)

H

hair: vlasy (vlasee(h))

hairbrush: kefa na vlasy (kefa(h) na(h) vlasee(h))

haircut: **I need a haircut.** Potrebujem sa dať ostrihať (potrebooyem sa(h) dať ostreehať)

hairdresser: kaderník (kaderňéék)

hairdryer: fén na vlasy (fén na(h) vlasee(h))

hair gel: gel na vlasy (gel na(h) vlasee(h))

hair spray: lak na vlasy (lak na(h) vlasee(h))

half: pol/polovica (pol/poloveetsa(h)); **half an hour** pol hodiny (pol hodˇeenee(h)); **half a dozen** pol tucta (pol tootsta(h)); **half as much** polovica toho (poloveetsa(h) toho(h))

ham: šunka (shoonka(h)); **ham and cheese sandwich** šunkový chlebík so syrom (shoonkovéé(h) khlebéék so(h) seerom)

hamburger: hamburger (hamboorger)

hammer: (noun) kladivo (kladˇeevo(h))

hand: ruka (rooka(h)); **Can you lend me a hand?** Pomôžete mi? (pomwozhetˇe(h) mee(h))

hand lotion: krém na ruky (krém na(h) rookee(h))

handbag: taška (tashka(h))

handicapped: invalid (eenvaleed)

handkerchief: vreckovka (vretskovka(h))

handle: rukovätˇ / rúčka (rookovetˇ / róóchka(h)); **The handle of my briefcase is broken.** Rúčka mojej aktovky je pokazená. (roochka(h) moyey aktovkee(h) ye(h) pokazená(h))

handmade: ručne vyrobený (roochňe(h) veerobenéé(h))

handsome: (man) pekný (peknéé(h))

hanger: (clothes) vešiak (veshyak)

hangover: nevolˇnostˇ (po alkoholickom opojení) (nevolˇnostˇ (po(h) alkoholeetskom opoyeňéé(h))); **I've got a bad hangover.** Strašne mi je zle. (strashňe(h) mee(h) ye(h) zle(h))

happen statˇ sa (statˇ sa(h)); **What happened?** Čo sa stalo? (cho(h) sa(h) stalo(h)); **How did that happen?** Ako sa to stalo? (ako(h) sa(h) to(h) stalo(h)?); **What's happening?** Čo sa deje? (cho(h) sa(h) dˇeye(h)?); **It won't happen again.** Už sa to nestane. (oozh sa(h) to(h) ňestaňe(h))

happy: štˇastný (shtˇastnéé(h)); **Happy birthday!** Všetko najlepšie k narodeninám! (fshetko(h) naylepshye(h) knarodˇeňeenám); **Happy New Year!** Štˇastný Nový Rok. (shtˇastnéé(h) novéé(h) rok!)

harbor: prístav (prééstaw)

hard: tvrdý (tvrdéé(h)); (difficult) tˇažký (tˇazhkéé(h))

hardly: sotva (sotva(h))

hardware store: železiarsky obchod (zhelezyarskee(h) opkhod)

harm: (noun) škoda/poškodenie (shkoda(h)/poshkod˘eňye(h))

hassle: It's too great a hassle. Je to veľmi komplikované. (ye(h) to(h) veľmee(h) kompleekované(h))

hat: klobúk (klobóók)

hate: I hate... nemám rád (ňemám rád)

have: mat˘ (mat˘); **Do you have...?** máte...(+A)? (mát˘e(h)...(+A)?); **Can we have...?** Prosím vás, dajte nám...(+A). (proséém vás dayt˘e(h) nām...(+A)); **Can I have some water?** Prosím si trochu vody (proséém see(h) trokhoo(h) vodee(h)); **I have...** Mám...(+A) (mám...(+A)); **I don't have...** nemám...(+A) (ňemám...(+A)); **have another** dajte si ešte jeden (dayt˘e(h) see(h) esht˘e(h) yeden); **I have to leave now.** Teraz musím odíst˘. (teras mooséém odéést˘); **Do we have to...?** Musíme...? (moosééme(h)...?)

hay fever: senná nádcha (senná(h) nádkha(h))

he: on (on); **Who is he?** Kto je to? (kto(h) ye(h) to(h)?); **He is a friend of mine.** Je to môj priateľ. (ye(h) to(h) mwoy pryat˘eľ)

head: hlava (hlava(h)); **We're heading for Prague.** Ideme

do Prahy. (eed˘eme(h) do(h) Prahee(h))

headache: bolesti hlavy (bolest˘ee(h) hlavee(h)); **I've got a splitting headache.** Ide mi rozhodit˘ hlavu. (eed˘e(h) mee(h) rozhod˘eet˘ hlavoo(h))

headlights: reflektory (reflektoree(h))

headphones: slúchadlá (slóókhadlá(h))

health food: zdravá strava (zdravá(h) strava(h))

healthy: zdravý (zdravéé(h))

hear: I can't hear you. Nepočupojem vás. (ňepochooyem vás); **I've never heard of that.** Nikdy som to nepočul. (ňeegdee(h) som to(h) ňepochool); **I'm looking forward to hearing from you.** Teším sa na skoré správy od Vás. (t˘eshéém sa(h) na(h) skoré(h) správee(h) odvás)

hearing aid: prístroj pre nahluchlých (prééstroy pre(h) nahlookhléékh)

heart: srdce (srttse(h))

heart attack: srdcový záchvat/infarkt (srttsovéé(h) zákhvat/eenfarkt)

heat: horúcava (horóóchava(h)); **Not in this heat!** Nie v tejto horúcave! (ňye(h) fteyto(h) horóóchave(h)!); **Could you turn up the heat?** Mohli by ste prikúrit˘? (mohlee(h) bee(h) st˘e(h) preekóóreet˘?)

heater: (auto) kúrenie (kóóre-
renye(h)); (electric) ohrievač
(ohryevach)
heating: kúrenie (kóóreňye(h))
heat wave: tepelná vlna (tˇe-
pellná(h) vlna(h))
heavy: tˇažký (tˇazhkéé(h))
heel: (of foot) päta (peta(h)); (of
shoe) opätok (opetok)
height: výška (vééshka(h))
helicopter: helikoptéra (helee-
koptéra(h))
hell: **Go to hell!** Chodˇte do
čerta! (khodˇtˇe(h) do(h) cher-
ta(h)!); **What the hell are you
talking about?** O čom to, do
pekla, hovoríte? (ochom to(h)
do(h) pekla(h) hovoréétˇe(h));
This is hell. Toto je peklo
(toto(h) ye(h) peklo(h))
hello: ahoj/servus (ahoy/ser-
voos); (on phone) haló! (haló(h)!)
helmet: prilba (preelba(h))
help: (verb) pomôctˇ (pomwot-
stˇ); **Can anybody help me?**
Môže mi niekto pomôctˇ? (mw-
ozhe(h) mee(h) ňyekto(h) pom-
wotstˇ?); **I need your help.**
Potrebujem Vašu pomoc. (pot-
rebooyem vashoo(h) pomots);
Please, help yourself. Nech
sa páči, ponúknite sa. (ňekh
sa(h) páchee(h) ponóókňee-
tˇe(h) sa(h)); **Thanks for your
help.** Dˇakujem vám za po-
moc. (dˇakooyem vám zapo-
mots); **Help!** Pomóc! (pomóts!)
**helpful: You were very help-
ful.** Velˇmi ste nám. / mi po-
mohli. (velˇmee(h) stˇe(h) nám

/ mee(h) pomohlee(h)); **That's
helpful.** To je osožné. (to(h)
ye(h) osozhné(h))
helping: (of food) porcia (port-
seeya(h)); **May I have anoth-
er helping?** Môžem dostatˇ
ešte jednu porciu? (mwozhem
dostatˇ eshtˇe(h) yednoo(h)
portseeyoo(h)?)
hepatitis: žltačka/hepatitída
(zhltachka(h)/hepateetééda(h))
her: her boyfriend jej priatelˇ
(yey pryatˇelˇ) **I don't know
her.** Nepoznám ju. (ňepoznám
yoo(h)); **with her** s ňou (sňow);
for her pre ňu (pre(h) ňoo(h));
that's her (purse) to je jej
(peňaženka) (to(h) ye(h) yey
(peňazhenka(h)))
herbs: bylinky (beeleenkee(h))
here: tu (too(h)); **Here is my
address.** Tu je moja adresa.
(too(h) ye(h) moya(h) adre-
sa(h)); **Is there a bar around
here?** Je to niekde blízko bar?
(ye(h) too(h) ňyegdˇe(h) bléés-
ko(h) bar?); **Is she here?** je tu?
(ye(h) too(h)?); **Come here!**
Podˇte sem (podˇtˇe(h) sem)!
hers: That's hers. To je jej.
(to(h)ye(h) yey)
hey: hej/haló! (hey/haló(h))
hi!: (hello) ahoj!/servus!/nazdar!
(ahoy!/servoos!/nazdar!)
hiccups: štikavka (shtˇeekaw-
ka(h))
hide: skrytˇ/schovatˇ (skreetˇ/-
shkovatˇ)
high: vysoký (veesokéé(h))

high chair: detská stolička (detská(h) stoleechka(h))

highway: dial'nica (d'yal'nee-tsa(h))

hike: Let's go on a hike. Pod'me na turistiku. (pod'me(h) na(h) tooreesteekoo(h))

hill: kopec (kopets); **It's further up the hill.** Je to d'alej hore kopcom. (ye(h) to(h) d'a-ley hore(h) koptsom)

hilly: kopcovitý (koptsovee-téé(h))

him: Please give it to him. Dajte mu to, prosím (dayt'e(h) moo(h) to(h) proséém); **It's him.** To je on. (to(h)ye(h) on); with him s ním (sňéém)); **for him** pre neho (pre(h) ňeho(h)); **I like him.** Páči sa mi (pá-chee(h) sa(h) mee(h))

hip: bedro/bok (bedro(h)/bok)

hire: prenajat' (prenajat')

his: It's his. To je jeho. (to(h) ye(h) yeho(h)); **That's his book.** To je jeho kniha. (to(h) ye(h) yeho(h) kňeeha(h))

history: the history of the Great Moravian Empire dejiny Vel'komoravskej ríše (d'eyeenee(h) vel'komoravskey rééshe(h))

hit: udriet' (oodryet'); **She hit me.** Udrela ma. (oodrela(h) ma(h))

hitchhike: stopovat' (stopo-vat'); **She hitchhiked.** stopo-vala (stopovala(h))

hitchhiker: stopár (stopár)

hole: diera/otvor (d'yera(h)/-otvor)

holiday: sviatok (svyatok); **holidays** sviatky (svyatkee(h)); **on holiday** na prázdninách (na(h) prázdňeenákh)

home: domov (domow); house dom (dom); **at home** (in my house etc.) doma (doma(h))/(**in my country**) v mojej vlasti (v-moyey vlast'ee(h)); **I am going home tomorrow.** Zajtra idem domov. (zaytra(h) eed'em domov); **Make yourself at home.** Cít'te sa ako doma. (tséét't'e(h) sa(h) ako(h) do-ma(h))

home address: adresa bydliska (adresa(h) beedleeska(h))

homemade: domáci (domá-tsee(h)); **homemade pastry** domáce pečivo (domátse(h) pecheevo(h))

homesick: I'm homesick. Cnie sa mi za domovom. (tsňye(h) sa(h) mee(h) zadomovom)

honest: čestný (chestnéé(h))

honestly?: čestné slovo? (ches-tné(h) slovo(h)?)

honey: med (med)

honeymoon: medové týždne (medové(h) téézhdňe(h)); **We're on our honeymoon.** Toto sú naše medové týždne (toto(h) sóó(h) nashe(h) me-dové(h) téézhdňe(h))

hood: (auto) kapota (kapota(h))

hope: dúfat' (dóófat'); **I hope so.** Dúfam, že je to tak. (dóó-

horn   **how**

fam, zhe(h) ye(h) to(h) tak); **I
hope not.** dúfam, že nie (doo-
fam, zhe(h) ňye(h)); **I hope
you enjoy it.** Dúfam, že sa
vám to páči. (dóófam zhe(h)
sa(h) vám to(h) páchee(h))
horn: (auto) klaksón (klaksón)
horrible: strašný/hrozný (stra-
shnéé(h)/hroznéé(h))
hors d'oeuvre: predjedlo (pre-
dyedlo(h))
horse: kôň (kwoň)
hospital: nemocnica (ňemot-
sňeetsa(h))
hospitality: pohostinnosť
(pohostˇeennostˇ); **Thanks
for your hospitality.** Dˇa-
kujem vám za pohostinnosť.
(dˇakooyem vám za(h) pohos-
tˇeennostˇ)
hostel: noclˇaháreň (notslˇa-
háreň); **I'm staying at a
youth hostel.** Bývam v mláde-
žnˇíckom hoteli. (béévam vmlá-
dezhnˇéétskom hotelee(h))
hot: horúci (horóótsee(h)); (cur-
ry) ostrý (ostréé(h)); **I'm hot.** Je
mi horúco. (ye(h) mee(h) ho-
róótso(h)); **It's so hot today.**
Dnes je tak teplo. (dnes ye(h)
tak tˇeplo(h)); **There is no
hot water.** Netečie teplá voda.
(ňetˇechye(h) tˇeplá(h) vo-
da(h)); **This is too hot.** (spicy)
Je to velˇmi ostré. (ye(h) to(h)
velˇmee(h) ostré(h))
hot dog: párok (párok)
hot springs: horúce pramene
(horóótse(h) prameňe(h))

hotel: hotel (hotel); **Could you
recommend a good hotel?**
Môžete nám doporučiťˇ dobrý
hotel? (mwozhetˇe(h) nám
doporoocheetˇ dobréé(h) ho-
telˇ?); **We're staying at a ho-
tel.** Bývame v hoteli (bééva-
me(h) vhotelee(h))
hotel receptionist: (man) rece-
pčný/(woman) recepčná (re-
tsepchnéé(h) / retsepchná(h))
hot-water bottle: termofor
(termofor)
hour: hodina (hodˇeena(h));
business hours pracovný čas
(pracovnéé(h) chas); **half an
hour** polhodina (polhodˇee-
na(h)); **in an hour** o hodinu
(ohodˇeenoo(h)); **rush hour**
dopravná špička (dopravná(h)
shpeechka(h))
house: dom (dom)
housewife: domáca (domá-
tsa(h))
how: ako (ako(h)); **How many?**
Kolˇko? (kolˇko(h)); **How
much is it?** Kolˇko to stojí?
(kolˇko(h) to(h) stoyéé(h)?);
How are you? Fine, thanks.
Ako sa máš? - Dˇakujem, dob-
re. (ako(h) sa(h) másh? -dˇakoo-
yem, dobre(h)); **How about a
cold drink?** Nemáte chuťˇ na
nieo studené? (ňemátˇe(h)
khootˇ na(h) ňyecho(h)
stoodˇené(h)?); **How do I do
it?** Ako to mám urobiťˇ? (ako-
(h) to(h) mám oorobeetˇ?);
How come? Prečo? (precho-

(h)); **How do you do?** (on being introduced) teší ma. (t˘shéé ma(h))

humid: vlhký (vlhkéé(h))

humidity: vlhkost˘ (vlhkost˘)

humor: Where's your sense of humor? Kde je váš zmysel pre humor? (Gd˘e(h) ye(h) vásh zmeesel prehoomor?)

Hungarian: (adj) (language) mad˘arský (mad˘arskéé(h)); (man) Mad˘ar (mad˘ar); (woman) Mad˘arka (mad˘arka(h))

Hungary: Mad˘arsko (mad˘arsko(h))

hungry: I'm hungry. Som hladný. (som hladnéé(h))

hurry: We're in a hurry. Ponáhl˘ame sa. (ponáhl˘ame(h) sa(h)); **Hurry up!** Ponáhl˘ajte sa! (ponáhl˘ayt˘e(h) sa(h)); **There's no hurry.** Netreba sa ponáhl˘at˘. (ňetreba(h) sa(h) ponáhl˘at˘)

hurt: it hurts bolí to (boléé(h) to(h)); **My feet hurt.** Bolia ma nohy. (bolya(h) ma(h) nohee-(h)); **Did I hurt your feelings?** Dotkla som sa Vás? (dotkla(h) som sa(h) Vás)?

husband: my husband môj manžel (mwoy manzhel)

hydrofoil: hydroplán (heedroplán)

I

I: ja (ya(h)); **I'm American** Som Američan (man) (som amereechan); Som Američanka (wom-
an) **I'm from New York.** Som z New Yorku. (som zňooyorkoo(h))

ice: l˘ad (l˘ad); **with ice** s l˘adom (zl˘adom)

ice cream: zmrzlina (zmrzleena(h))

ice-cream cone: zmrzlinový kornút (zmrzleenovéé(h) kornóót)

iced coffee: l˘adová káva (l˘adová(h) káva(h)), studená káva (stoodená(h) káva(h))

ID card: identifikačná karta / občiansky preukaz (eedenteefeekachná(h) karta(h) / opchyanskee(h) preookas)

idea: myšlienka (meeshlyenka(h)); **What a good idea!** To je dobrý nápad! (to(h) ye(h) dobréé(h) nápad!); **I have no idea.** Vôbec neviem. (wobets ňevyem)

ideal: ideálny (eedeálnee(h))

idiot: idiot (ĕedeeyot)

if: ak/ked˘/keby (ak/ked˘/kebee(h)); **If it's sunny.** Ak bude pekne. (ak bood˘e(h) pekňe-(h)); **if not** ak nie (ak ňye(h)); **even if** dokonca aj ked˘ (dokontsa ay ket˘); **if you want** ak chcete (ak khtset˘e(h)); **What if I don't go?** Čo ak nepôjdem? (cho(h) ak ňepwoyd˘em)?

ignition: zapal˘ovanie (zapal˘ovaňye(h))

ill: chorý (khoréé(h))

illegal: ilegálny (eelegálnee(h))

illegible: nečitatel˘ný (ňecheetatel˘néé(h))

illness: choroba (khoroba(h))

imitation: imitácia (eemeetátseeya(h))

immediately: ihnedˇ/okamžite (eehnedˇ/okamzheetˇe(h))

immigration: emigrácia (emeegrátseeya(h))

import: (verb) importovatˇ (eemportovatˇ)

important: dôležitý (dwolezheetéé(h)); **It's very important.** Je to velˇmi dôležité. (ye(h) to(h) velˇmee(h) dwolezheeté(h))

impossible: nemožný (nemozhnéé(h))

impressive: pôsobivý (pwosobeevéé(h))

improve: It's improving. Zlepšuje sa to. (zlepshooye(h) sa(h) to(h)); **I want to improve my Slovak.** Chcem sa zlepšitˇ v slovenčine. (khtsem sa(h) zlepsheetˇ fslovencheeňe(h))

improvement: zlepšenie (zlepsheňye(h))

in: **in my house** v mojom dome (vmoyom dome(h)); **in summer** v lete (vletˇe(h)); **in 2 hours** o 2 hodiny (o dve(h) hodˇeenee(h)); **in New York** v New Yorku (vňooyorkoo(h)); **Let's go in.** Podˇme dnu. (podˇme(h) dnoo(h)); **in English** v angličtine (vangleechtˇeeňe(h)); **in Slovak** v slovenčine (fslovencheeňe(h))

inch: palec (palets)

include: zahrnútˇ (zahrnóótˇ); **What does that price include?** Čo je zahrnuté v cene? (cho(h) ye(h) zahrnooté(h) vtseňe(h)?); **Is the tip included?** Je sprepitné v cene? (ye(h) sprepeetné(h) vtseňe(h)?)

inconvenient: nepohodlný/ /nevýhodný (ňepohodlnéé(h)/ ňeveehodnéé(h))

increase: (growth) **an increase in prices** zvýšenie cien (zvéésheňye(h) tsyen)

incredible: neuveriteľný (ňeoovereetˇelˇnéé(h))

indecent: neslušný (ňeslooshnéé(h))

independent: (adj) nezávislý (ňezáveesléé(h))

indicator: (auto) smerovka (smerowka(h))

indigestion: pokazený žalúdok (pokazenéé(h) zhalóódok)

indoors: vnútri (vnóótree(h))

industry: priemysel (pryemeesel)

inedible: nejedlý (ňeyedléé(h))

inefficient: neefektívny/ /neúčinný (ňeefektéévnee(h)/ /ňeóócheennéé(h))

inexpensive: nie drahý (ňye(h) drahéé(h))

infection: infekcia (eenfektseeya(h))

infectious: infekčný (eenfekchnéé(h)); **infectious disease** infekčná choroba (eenfekchná(h) khoroba(h))

inflammation: zápal (zápal)

inflation: inflácia (eenflátsee-ya(h)); **What is the rate of inflation?** Aká je miera inflácie? (aká(h) ye(h) myera(h) eenflátseeye(h)?)

informal: neformálny (ňeformálnee(h))

information: informácia (eenformátseeya(h))

information desk: informácie (eenformátseeye(h))

information office: informačný úrad (eenformachnéé(h) óórad)

injection: injekcia (eenyektseeya(h))

injured: poranený (poranenéé(h)); **I've been injured.** Bol som zranený. (bol som zraňenéé(h))

injury: úraz (óóraz)

innocent: nevinný (neveennéé(h))

insect: hmyz (hmeez)

insect bite: poštípanie hmyzom (poshtˇéépaňye(h) hmeezom); **Do you have anything for insect bites?** Máte niečo proti poštípaniu hmyzom? (mátˇe(h) ňyecho(h) protˇee(h) poshtˇéépaňyoo(h) hmeezom?)

insecticide: insekticíd (m) (eensekteetsééd)

insect repellent: repelent (repelent)

inside: **Let's go inside.** Podˇme dnu. (podˇme(h) dnoo(h)); **inside out** naopak (naopak)

insist: **I insist** Nástojím na... (+L) (nástoyéém na(h))

insomnia: nespavostˇ (ňespavostˇ)

instant coffee: neskafé (neskafé(h)), instantná káva (eenstantná(h) káva(h))

instead: namiesto (namyesto(h)); **I'll take that one instead.** Namiesto toho si zoberiem ten. (namyesto(h) toho-(h) see(h) zoberyem ten); **instead of...** namiesto...(+G) (namyesto(h))

instruction: inštrukcia (eenshtrooktseeya(h))

insulin: inzulín (inzooléén)

insult: urážka (oorázhka(h)); **That's quite an insult.** To je takmer urážka (to(h) ye(h) takmer oorázhka(h))

insurance: poistenie (poeestˇeňye(h)); **life insurance** životné poistenie (zheevotné(h) poeestˇeňye(h)); **car insurance** poistenie auta (poeestˇeňye(h)aoota(h))

insurance policy: poistˇovacia stratégia (poeestˇovatsya(h) stratégeeya(h))

intellectual: (person) intelektuál (eentelektooál) (man) intelektuálka (eentelektooálka(h))

intelligent: inteligentný (eenteleegentnéé(h))

interest: **places of interest** zaujímavosti (zaooyéémavostˇee(h)); **That's one of my interests.** To je jedna z mojich zálˇub. (to(h) ye(h) yedna(h) zmoyeekh zálˇoob)

interested: I'm very interested in... Velˇmi sa zaujímam o... (velˇmee(h) sa(h) zaooyéémam o(h)...)

interesting: zaujímavý (zaooyéémavéé(h)); **that's interesting** je to zaujímavé (ye(h) to(h) zaooyéémavé(h))

international driver's license: medzinárodný vodičský preukaz (medzeenárodnéé(h) vodˇeechskéé(h) preookas)

interpret: tlmočitˇ (tlmocheetˇ)

interpreter: tlmočník (tlmochňéék); **I need an interpreter.** Potrebujem tlmočníka (potrebooyem tlmochňééka(h))

intersection: križovatka (kreezhovatka(h))

into: do (do(h)); **I'm not into that.** (donˇt like) Nemám to rád. (ňemám to(h) rád); **I'm into fitness.** Rád cvičím (rád tsveechéém); **Which tram goes into town?** Ktorá električka ide do mesta? (ktorá(h) elektreechka(h) eedˇe(h) do(h) mesta(h))

introduce: May I introduce ...? Môžem predstavitˇ...(+A)? (mwozhem predstaveetˇ...?); **Would you introduce me to him?** Predstavili by ste ma? (pretstaveelee(h) bee(h) stˇe(h) ma(h))?; **Let me introduce myself.** Dovolˇte, aby som sa predstavil. (dovolˇte(h) abee(h) som sa(h) pretstaveel)

invalid: (document) neplatný (ňeplatnéé(h)); (disabled person) invalid (eenvaleed)

invitation: pozvanie (pozvaňye(h)); **I accept your invitation.** Prijímam vaše pozvanie. (preeyéémam vashe(h) pozvaňye(h))

invite: pozvatˇ (pozvatˇ); **Can I invite you to the movies?** Môžem vás pozvatˇ do kina? (mwozhem vás pozvatˇ dokeena(h))

involved: I don't want to get involved in it. Nechcem sa do toho zapliestˇ. (nekhtsem sa(h) do(h) toho(h) zaplyestˇ)

iodine: jód (yód)

iron: (material) železo (zhelezo(h)); (for clothes) žehlička (zhehleechka(h)); **Can you iron these for me?** Môžete mi to vyžehlitˇ? (mwozhetˇe(h) mee(h) to(h) veezhehleetˇ?)

is: je (ye(h))

island: ostrov (ostrov)

isolated: izolovaný (eezolovanéé(h))

it: to (to(h)); **Is it...?** Je to...? (ye(h) to(h)...?); **Who is it?** Kto je to? (kto(h) ye(h) to(h)?); **It's sunny today?** Dnes je slnečno (dňes ye(h) slňechno(h)); **Is it open today?** Je to dnes otvorené? (ye(h) to(h) dňes otvorené(h)?); **Where is it?** Kde je

itch   **July**

to? (gd⌄e(h) ye(h) to(h)); **It's
them.** To sú oni. (to(h) soo(h)
oňee(h)); **What is it?** Čo je to?
(cho(h) ye(h) to(h)?); **It was...**
Bolo to... (bolo(h) to(h)); **That's
it.** (that's right) Tak je. (tak
ye(h))
itch: it itches svrbí to (svr-
béé(h) to(h))
itinerary: plán cesty (plán tse-
stee(h))

J

jack: (auto) zdvihák/hever (zdve-
ehák/hever)
jacket: sako (sako(h)); **sport
jacket** športové sako (shporto-
vé(h) sako(h))
jam: džem (dzhem); **traffic jam**
dopravná zápcha (dopravná(h)
zápkha(h))
January: január (yanooár)
Japan: Japonsko (yaponsko(h))
Japanese: Japonec / Japonka
(yapoňets / yaponka(h)) - man/-
woman
jaundice: žltačka (zhltachka(h))
jaw: čel⌄ust⌄ (chel⌄oost⌄)
jazz: džez (dzhez)
jazz club: džezový klub (dzhe-
zovéé(h) kloob)
jealous: žiarlivý   (zhyarlee-
véé(h)); **She's jealous.** Je
žiarlivá. (ye(h) zhyarleevá(h))
jeans: texasky (texaskee(h))
jellyfish: medúza (medóóza(h))

jet lag: I've got a jet lag.
Trpím dezorientáciou z trans-
kontinentálneho letu (trpéém
dezoryentátseeyow ztranskon-
teenentálneho(h) letoo(h))
jetty: mólo (mólo(h))
Jew: žid (zheed)
jewelry: klenoty (klenotee(h))
Jewish: židovský   (zheedovs-
kéé(h))
job: práca (prátsa(h))
jog: I jog behat⌄ (behat⌄)
jogging: I'm going jogging.
Idem   si   zabehat⌄. (eed⌄em
see(h) zabehat⌄)
join: Can I join you? (go with)
Môžem íst⌄ s vami? (mwozhem
éést⌄ svamee(h)?); **Can I join
you?** (sit with) Môžem si k vám
prisadnút⌄? (mwozhem see(h)
kvám preesadnoot⌄?); **How do
I join the tennis club?** Ako
sa stanem členom tenisového
klubu? (ako(h) staňem chlenom
teneesového(h) klooboo(h)?)
joint: zhyb/kĺb (zheeb/kĺb)
joke: You must be joking! Vy
žartujete! (vee(h) zhartooyet-
⌄e(h)!); **That's no joke!** To nie
je žart! (to(h) ňye(h) ye(h) zha-
rt!); **Please, tell us a joke!**
Povedzte nám nejaký vtip, pro-
sím (povedzt⌄e(h) nám ňeya-
kéé(h) vt⌄eep, proséém)
jug: krčah (krchah)
juice: džús (dzhóós)
July: júl (yóól)

jump: skočiť / skákať (sko-cheeť/skákať)
junction: železničný uzol (zhelezňeechnéé(h) oozol)
June: jún (yóón)
junk: (garbage) smeti/odpadky (smeťee(h)/odpadkee(h))
just: I was just there. Práve som tam bol. (práve(h) som tam bol); **Just in case** Iba ak (eeba(h) ak); **Just for fun** Len zo špásu (len zo(h) shpásoo(h)); **just kidding!** Len tak tárame (len tak tárame(h)); **Just a little** Iba trošku (eeba(h) troshkoo(h)); **It's just as good.** To je práve tak dobré. (to(h) ye(h) práve(h) tak dobré(h));

K

keep: You can keep it. Môžete si to nechať. (mwozheťe(h) see(h) to(h) ňekhať); **Keep quiet** buďte ticho (booďťe(h) ťeekho(h)); **I keep making the same mistake.** Stále robím tú istú chybu (stále(h) robéém tóó(h) eestóó(h) kheeboo(h)); **Let's keep in touch.** Zostaňme v styku. (zostaňme(h) vsteekoo(h))
ketchup: kečup (kechup)
key: kľúč (kľóóch); **car keys** kľúče od auta (kľóóche(h) odaoota(h)); **I've lost my**

keys. Stratil som kľúče. (straťeel som kľooche(h))
kid: the kids deti (deťee(h)); **I'm not kidding.** Nežartujem. (ňezhartooyem)
kidneys: ľadviny (ľadveenee(h))
kill: zabiť (zabeeť); **My back is killing me.** Strašne ma bolí chrbát. (strashňe(h) ma(h) boléé(h) khrbát)
kilo: kilo (keelo(h))
kilometer: kilometer (keelometer) = 1,000m.
kind: that's very kind. To je veľmi milé. (to(h) ye(h) veľmee(h) meelé(h)); **this kind of...** tento druh... (tento(h) drookh...); **What kind of soup is this?** Aká je to polievka? (aká(h) ye(h) to(h) polyevka(h))
kiosk: novinový stánok (noveenovéé(h) stánok)
kiss: (noun) bozk (bosk); (verb) pobozkať (poboskať)
kitchen: kuchyňa (kookheeňa(h))
knee: koleno (koleno(h))
knife: nôž (nwozh)
knitting: pletenie (pleťeňye(h)); (material) vlna na pletenie (vlna(h) na(h) pleťeňye(h))
knock: klopať (klopať); **Someone's knocking on the door.** Niekto klope ne dvere.

(ňyekto(h) klope(h) na(h) dvere(h); **I've knocked over my glass.** Hodil som svoj pohár o zem. (hod˘eel som svoy pohár ozem)

knot: uzol (oozol)

know: vediet˘ (ved˘yet˘); **I don't know.** Neviem. (ňevyem); **I don't know how to play golf.** Neviem hrat˘ golf. (ňevyem hrat˘ golf); **Who knows?** kto vie? (kto(h) vye(h)?); **I didn't know that.** Nevedel som to. (neved˘el som to(h)); **I don't know her.** Nepoznám ju. (ňepoznám yoo-(h)); **I don't know this area.** Nepoznám túto oblast˘. (ňepoznám tóóto(h) oblast˘); **Would you let me know?** Dali by ste mi vediet˘? (dalee(h) bee(h) st˘e(h) mee(h) ved˘yet˘?)

L

label: etiketa/nálepka (eteeketa(h)/nálepka(h))

laces: (for shoes) šnúrky (shnóórkee(h))

ladies room: WC ženy; (vétsé(h) zhenee(h))

lady: dáma (dáma(h)); **Ladies and gentlemen!** Dámy a páni! (dámee a(h) páňee(h))

lager: (beer) ležiak (lezhyak)

lake: jazero (yazero(h))

lamb: jahňa (n) (yahňa(h))

lamp: lampa (lampa(h))

lampshade: tienidlo (t˘yeňeedlo(h))

land: (earth) zem (zem); **When does the plane land?** Kedy pristáva lietadlo? (kedee(h) preestáva(h) lyetadlo(h)))

landscape: krajina (krayeena(h))

lane: (on highway) dopravný pruh (dopravnéé(h) pruh); a country lane cestička (tsest˘eechka(h))

language: jazyk (yazeek); **the Slovak language** Slovenský jazyk (slovenskéé(h) yazeek); **What languages do you speak?** Akými jazykmi hovoríte? (akéémee(h) yazeekmee(h) hovoréét˘e(h)?)

language course: jazykový kurz (yazeekovéé(h) koorz)

large: vel˘ký (vel˘kéé(h))

laryngitis: zápal hrtana (zápal hrtana(h))

last: minulý/posledný (meenooléé(h)/poslednéé(h)); **last week** minulý týždeň (meenooléé(h) téézhd˘eň); **last Sunday** minulú nedel˘u (meenoolóó(h) ňed˘eloo(h)); **last night** včera večer (fchera(h) vecher); **last year** minulý rok (meenooléé(h) rok); **When's the last bus?** Kedy ide posledný autobus? (kedee(h) eed˘e(h) poslednéé(h) aootoboos)?; **last time** naposledy (naposledee(h)); **When were you last in Bratislava?** Kedy ste boli napos-

last name   **leaflet**

ledy v Bratislave? (kedee(h)
st˘e(h) bolee(h) naposledee(h) v
Brat˘eeslave(h)); **How long
does the movie last?** Ako
dlho trvá ten film? (ako(h)
dlho(h) trvá(h) ten feelm?)
last name: priezvisko (pryez-
veesko(h)); **How do you spell
your last name?** Ako hlásku-
jete vaše priezvisko? (ako(h)
hláskooyet˘e(h) vashe(h) pryez-
veesko(h)?)
late: (adverb) neskoro (ˇnesko-
ro(h)); (adj) neskorý (ˇnesko-
réé(h)); **It's getting late.** Cas
pokročil (chas pokrocheel);
It's too late now. Teraz je už
neskoro. (teraz ye(h) oozh
ˇneskoro(h)); **Sorry I'm late.**
Prepáčte, meškám. (prepách-
t˘e(h), meshkám); **Don't be
late.** Nepríd˘te neskoro. (ˇnep-
reed˘t˘e(h) ˇneskoro(h)); **Is the
train late?** Vlak mešká? (vlak
meshká(h)?); **I got home late
last night.** Včera večer som
prišiel domov neskoro. (fche-
ra(h) vecher som preeshyel
domow ˇneskoro(h)); **I usually
get up late.** Zvyčajne vstávam
neskoro. (zveechayˇne(h) vstá-
vam ˇneskoro(h)); **How late is
it running?** Ako je to neskoro?
(ako(h) ye(h) to(h) ˇneskoro(h)?)
lately: nedávno (ˇnedávno(h))
later: neskôr (ˇneskwor); **Come
back later.** Príd˘te neskôr.
(prééd˘t˘e(h) ˇneskwor); **See**

you later. Dovidenia neskôr.
(doveed˘eˇnya(h)) ˇneskwor);
Let's do this later. Urobme to
neskôr. (oorobme(h) to(h) ˇne-
skwor)
latest: at the latest najneskôr
(nayˇneskwor)
laugh: smiat˘ sa (smyat˘ sa(h));
It's no laughing matter. To
nie je na smiech. (to(h) ˇnye(h)
ye(h) nasmyekh); **Don't laugh
at me!** Nesmejte sa na mne.
(ˇnesmeyt˘e(h) sa(h) na(h)
mˇne(h))
laundry: (clothes) prádlo (prád-
lo(h)); (place) práčovňa (prá-
chovňa(h)); **Could you get
the laundry done?** Môžete to
dat˘ vyprat˘? (mwozhet˘e(h)
to(h) dat˘ veeprat˘?)
lavatory: záchod (zákhod)
law: zákon (zákon)
lawn: trávnik (trávňeek)
lawyer: právnik/advokát (práv-
ňeek/advokát)
laxative: preháňadlo (preháňa-
dlo(h))
lazy: lenivý (leňeevéé(h))
lead: (elec) zvod (zvod); **Where
does this road lead?** Kam
vedie táto cesta? (kam ved˘ye-
(h) táto(h) tsesta(h)?); **Please,
lead the way.** Ukazujte cestu,
prosím. (ookazooyt˘e(h) tses-
too(h) proséém)
leaf: list (leest)
leaflet: prospekt (prospekt);
Are there any leaflets on...?
Máte nejaké prospekty o...

(+L)? (mát̆e(h) ňeyaké(h) prospektee(h) o(h)...?)

leak: pretekat̆ (pret̆ekat̆);
The roof leaks. Strecha preteká (strekha(h) pret̆eká(h))

learn: učit̆ sa (oocheet̆ sa(h));
I want to learn another language. Chcem sa učit̆ iný jazyk. (khtsem sa(h) oocheet̆ eenéé(h) yazeek); **I'm learning how to play tennis.** Učím sa hrat̆ tenis. (oochéém sa(h) hrat̆ tenees)

lease: (verb) prenajat̆ (prenayat̆)

least: **not in the least** ani najmenej (aňee(h) naymeňey); **at least 5** aspoň 5 (aspoň pet̆)

leather: koža (kozha(h))

leave: odíst̆ (odéést̆); **Leave me alone!** Nechajte ma samého! (ňekhayt̆e(h) ma(h) samého(h)); **I'd like to leave a message.** Rád by som nechal odkaz. (rād bee(h)som ňekhal otkas); **Leave the door open, please.** Nechajte dvere otvorenē, prosím. (ňekhayt̆e(h) dvere(h) otvorené(h) proséém); **There's a little left.** Trochu zostalo. (trokhoo(h) zostalo(h); **We'll leave it up to you.** Necháme to na vás. (ňekháme(h) to(h) navás)

lecherous: smilný (smeelnéé(h))

left: l̆avý (lavéé(h)); **on the left** vl̆avo (vl̆avo(h)); **turn left** odbočte vl̆avo (odboch-t̆e(h) vl̆avo(h))

left-handed: l̆avoruký (l̆avorookéé(h))

left hander: l̆avák (l̆avák)

leg: noha (noha(h))

legal: (allowed) legálny (legálnee(h)), **legal** (aspect) (právnee(h) aspekt)

lemon: citrón (tseetrón)

lemonade: limonáda (leemonáda(h))

lend: **Could you lend me 20 crowns?** Požičali by ste mi 20 korún? (pozheechalee(h) bee(h) st̆e(h) mee(h) dvattsat̆ koróón?)

lens: (camera) objektív (obyektéév); **contact lens** kontaktná šošovka (kontaktná(h) shoshovka(h))

lens cap: veko na objektív (veko(h) na(h) obyektéév)

Lent: Vel̆ký Pôst (vel̆kéé(h) pwost)

lesbian: lesbička (lesbeechka(h))

less: **A little less for me.** Pre mňa trochu menej. (pre(h) mňa(h) trokhoo(h) meňey); **less hot** (adj.) menej astré (meňey astré(h))

lesson: lekcia (lektseeya(h)); **I'd like to sign up for lessons.** Chcel by som sa zapísat̆ na hodiny. (khsel bee(h) som sa(h) zapéésatˇ na(h) hodˇeenee(h))

let: Will you let me know? Dáte mi viedietˇ? (dátˇe(h) mee(h) vedˇyetˇ?); **Please let me know.** Dajte mi viedietˇ, prosím (daytˇe(h) mee(h) vedˇyetˇ proséém); **Let me try.** Dovolˇte, aby som sa pokúsil. (dovolˇte(h) abee(h) som sa(h) pokóósil); **Let me go!** Pustite ma! (poostˇeetˇe(h) ma(h)!); **Let's go!** Now podˇme teraz! (podˇme(h) teraz); **Let's not go yet.** Ešte nechodˇme. (eshte(h) ňekhodˇme(h))

letter: list (list); **I'll write you a letter.** Napíšem Vám list. (napeesheem vām leest); **Are any of those letters for me?** Sú niektorē z tých listov pre mňa? (sóó(h) ňyektoré(h) stéékh leestov pre mňa(h)?)

lettuce: hlávkový šalát (hlávkovéé(h) shalát)

lever: páka (páka(h))

liberated: a liberated woman emancipovaná žena (emantseepovaná(h) zhena(h))

librarian: knihovík (kňeehovňéék)

library: knižnica (kňeezhňeetsa(h))

license: licencia (leetsentseeya(h))

license plate: štátna poznávacia značka (shtátna(h) poznávatsya(h) znachka(h))

lid: veko (veko(h))

lie: (fit) lož (lozh); **Don't tell lies!** Neklamte! (ňeklamtˇe(h))

life: život (zheevot); **That's life!** Taký je život! (takéé(h) ye(h) zheevot!); **night life** nočný život (nochnéé(h) zheevot); **Life goes on.** Život ide dˇalej. (zheevot eedˇe(h) dˇaley)

lifeguard: plavčík (plavchéék)

life insurance: životné poistenie (zheevotné(h) poeestˇeňye(h))

life jacket: záchranná vesta (zákhranná(h) vesta(h))

lift: I can't lift this suitcase. Nemôžem zdvihnútˇ ten kufor. (ňemwozhem zdveehnóótˇ ten koofor)

light: svetlo (svetlo(h)); **Turn the light off, please.** Žasnite, prosím, svetlo. (zhasňeetˇe(h) proséém, svetlo(h)); (not heavy) lˇahký (lˇakhkéé)

light bulb: žiarovka (zhyaroffka(h))

light meter: svetlomer (svetlomer)

lighter: (cigarette) zapalˇovač (zapalˇovach)

lighthouse: maják (mayák)

lightning: blesk (blesk)
like: I like you. Páčite sa mi.
(pácheet�‿e(h) sa(h) mee(h); **I'd
like a...** Želal by som si...(+A)
(zhelal bee(h) som see...); **I'd
like to...** Rád by som... (rád
bee(h) som); **Would you like
a...?** Želali by ste si...(+A) (zhe-
lalee(h) bee(h) st˿e(h) see-
(h)...?); **I like it.** Páči sa mi to.
(páchee(h) sa(h) mee(h) to(h));
I don't like her. Nepáči sa mi
(ona). (ňepáchee(h) sa(h) mee-
(h) (ona(h))); **I'd like to see a
Slovak film.** Rád by som si
pozrel nejaký slovenský film.
(rád bee(h) som see(h) pozrel
ňeyakéé(h) slovenskéé(h)
feelm); lm); **Would you like
to come with me?** Chceli by
ste ísť˿ so mnou? (khtselee(h)
bee(h) st˿e(h) éést˿ somnow?));
I don't like it. Nepáči sa mi
to. (ňepáchee(h) sa(h) mee(h)
to(h)); **He doesn't like it.** On
to nemá rád. (on to(h) ňemá(h)
rád); **Do you like...?** Máte
radi... (+A)? (mát˿e(h) rad˿ee-
(h)...?); **I like swimming.** Rád
plávam. (rád plávam)
line: linka (leenka(h)); **The
line was busy.** Linka bola ob-
sadená. (leenka(h) bola(h) op-
sad˿énā(h)); (on road etc) čiara
(chyara(h)); (of people) rad
(rad); **Please, drop me a line.**
Napíš mi pár riadkov, prosím.

(napéésh mee(h) pár ryatkow,
proséém)
linen: posteľné prádlo (poste-
ľné(h) prádlo(h))
linguist: lingvista (leenguees-
ta(h))
lining: (clothes) futro/podšívka
(footro(h)/potshéévka(h))
lip: pera (pera(h))
lip gloss: lesk na pery (lesk
na(h) peree(h))
liqueur: likér (leekér)
liquor: liehovina (lyeho-
veena(h))
liquor store: obchod s liehovi-
nami (opkhot slyehoveena-
mee(h))
list: zoznam (zoznam)
listen: Listen to me! Počúvaje
ma! (pochóóvayt˿e(h) ma(h));
Sorry, I wasn't listening.
Prepáčte, nepočúval som (pre-
pácht˿e(h), ňepochóóval som);
Let's listen to some music.
Vypočujme si nejakú hudbu.
(veepochooyme(h) see(h) ňeya-
kóó(h) hoodboo(h))
little: málo (málo(h)); **Just a
little, thanks.** Len trochu,
d˿akujem. (len trokhoo(h),
d˿akooyem); **a little better**
trochu lepšie (trokhoo lep
shye(h)); **I speak little Slo-
vak.** Hovorím trochu po slo-
vennsky. (hovoréém trokhoo(h)
po(h) slovenskee(h)); **Could
you give me a little help?**
Mohli by ste mi trochu po-

môctˇ? (mohlee(h) bee(h) stˇ-e(h) mee(h) trokhoo(h) pomwotstˇ?); **I'll have a little bit.** Dám si trochu. (dám see(h) trokhoo(h))

live: žitˇ (zheetˇ); **Where do you live?** Kde bývate? (gdˇe(h) béévatˇe(h)?); **I live in Texas.** Bývam v Texase. (béévam v Teksase(h)); **They live together.** Bývajú spolu. (béévayóó(h) spoloo(h))

liver: pečeň/pečienka (pecheň/pechyenka(h))

lizard: jašterica (yashtˇereet-sa(h))

loaf: bochník (bokhňéék)

lobby: foyer/vestibul (foayé(h)/vesteebool); **Meet us in the lobby.** Počkajte nás vo vestibule. (pochkaytˇe(h) nás vo(h) vesteeboole(h))

lobster: homár (homár)

local: **A local specialty.** Miestna špecialita. (myestna(h) shpetsyaleeta(h)) **A local newspaper** miestne noviny (myestne(h) noveenee(h)); **a local call** miestny hovor (myestnee-(h) hovor)

lock: (noun) zámok (zámok); **I locked myself out of my room.** Vymkol som sa z izby. (veemkol som sa(h) zeezbee(h)); **The door is locked.** Dvere sú zamknuté. (dvere(h) sóó(h) zamknooté(h))

locker: skrinka na zámok (skreenka(h) na(h) zámok)

lonely: sám (sám); **Are you lonely?** Ste osamelý? (stˇe(h) osameléé(h))

long: dlho (dlho(h)); **How long have you been there?** Ako dlho ste tu? (ako(h) dlho(h) stˇe(h) too(h)?); **a long time** dlhý čas (dlhéé(h) chas); **I won't be long.** Nezdržím sa dlho (ňezdrzhéém sa(h) dlho-(h)); **Don't be long!** Nezostaňte dlho! (ňezostaňtˇe(h) dlho(h)); **Please stay a little longer.** Zostaňte trochu dlhšie, prosím! (zostaňtˇe(h) trokhoo-(h) dlhshye(h) proséém); **Is it a long trip?** Je to dlhý výlet? (ye(h) to(h) dlhéé(h) véélet?); **Long time no see!** Dlho sme sa nevideli! (dlho(h) sme(h) sa(h) ňeveedˇelee(h)!); **So long!** Dovidenia! (doveedˇeňya(h))

long distance call: medzimestskýhovor (medzeemestskéé(h) hovor)

look: **You look tired.** Vyzeráte unavený. (veezerátˇe(h) oonavenéé(h)); **I'm just looking, thanks.** Iba sa pozerám, dˇakujem. (eeba(h) sa(h) pozerám, dˇakooyem); **You don't look your age.** Nevyzeráte na svoj vek. (ňeveezerátˇe(h) na(h) svoy vek); **I'm looking for...** Hlˇadám...(+A) (hlˇadám); **Look**

loose   **luxury**

out! Pozor! (pozor!); **Can I
have a look?** Môžem sa pozri-
et̆? (mwozhem sa(h) poz-
ryet̆?); **That looks delicious.**
Vyzerá to lahodne. (veezerá(h)
to(h) lahodňe(h)); **What are
you looking at?** Na čo sa
pozeráte? (na(h) cho(h) sa(h)
pozerát̆e(h)?)
loose: (button, handle etc) uvo-
ľnený (oovoľnenéé(h))
loose change: drobné (drob-
né(h))
lose: stratit̆ (strat̆eet̆); **I've
lost my dictionary.** Stratil
som svoj slovník. (strat̆eel som
svoy slovňéék); **I'm lost.** Zablú-
dil som. (zablóód̆eel som); **I
lost the game.** Prehral som.
(prehral som)
lot: a lot veľa (veľa(h)); **a lot
of money** veľa peňazí (ve-
ľa(h) peňazéé(h)); **a lot of
people** veľa ľudí (veľa(h)
ľood̆ee(h)); **I feel a lot bet-
ter.** Cítim sa oveľa lepšie
(tséét̆eem sa(h) oveľa(h) lep-
shye(h)); **I like it a lot.** Veľ-
mi sa mi to páči. (veľmee(h)
sa(h) mee(h) to(h) páchee(h))
lotion: kozmetické mlieko (koz-
meteetské(h) mlyeko(h))
loud: hlasný (hlasnéé(h)); **The
music is too loud.** Tá hudba
je príliš hlasná. (tá(h) hoodba(h)
ye(h) prééleesh hlasná(h))

lousy: škaredý (shkaredéé(h))
love: **I love you.** Ľúbim t̆a.
(ľóóbeem t̆a(h)); **I love Slo-
vakia.** Mám rád Slovensko
(mám rád slovensko(h)); **I'd
love to go with you.** Rád by
som šiel s vami (rád bee(h) som
shyel svamee(h))
lovely: roztomilý (rostomeel-
éé(h))
low: nízky (ňéézkee(h))
luck: št̆astie (sht̆astye(h));
Good luck! Veľa št̆astia! (ve-
ľa(h) sht̆ast̆ya(h)!); **Just my
luck!** Mám smolu! (mám smo-
loo(h)); **Try your luck!** Vys-
kúšajte št̆astie! (vyskóóshay-
t̆e(h) sht̆ast̆ye(h))
lucky: **You are lucky.** Máte
št̆astie. (mát̆e(h) sht̆ast̆ye(h))
luggage: batožina (batozhee-
na(h)); **Can you help me
with my luggage?** Môžete mi
pomôct̆ s batožinou? (mwozhe-
t̆e(h) mee(h) pomwotst̆ zbato-
zheenow?)
lump: (growth) hrčka (hrch-
ka(h))
lunch: obed (obed)
lungs: pľúca (pľóótsa(h))
luxurious: luxusný (looksoos-
né(h))
luxury: luxus (loolsoos); **luxu-
ry hotel** luxusný hotel (looks-
oosnéé(h) hotel)

M

machine: stroj (stroy); **answering machine** odkazník (otkazňéék); washing machine práčka (práchka(h))

mad: nahnevaný (nahňevanéé(h)); **I'm mad at you.** Hnevám sa na Vás. (hňevám sa(h) na(h) Vás)

madam: madam (madam)

magazine: časopis (chasopees)

maid: chyžná/pomocnica (kheezhná(h)/pomotsňeetsa(h))

maiden name: meno za slobodna (meno(h) za(h) slobodna(h)), dievčenské meno (dˇyevchenske(h) meho(h))

mail: (noun) pošta (poshta(h)); **Is there any mail for me?** Mám poštu? (mám poshtoo(h)?); **express mail** expresná pošta (ekspresná(h) poshta(h)); **registered mail** doporučená pošta (doporoochená(h) poshta(h))

mailbox: poštová schránka (poshtová(h) skhránka(h))

main: hlavný (hlavnéé(h)); **the main office** hlavná kancelária (hlavná(h) kantseláreeya(h)); **main road** hlavná cesta (hlavná(h) tsesta(h))

make: robitˇ/vyrobitˇ (robeetˇ/-veerobeetˇ); **make a mistake** urobitˇ chybu (oorobeetˇ kheeboo(h)); **May I make a phone call?** Môžem si zavolatˇ? (mwo-

zhem see(h) zavolatˇ?); **Who made these?** Kto to urobil? (kto(h) to(h) oorobeel?) **It's well made.** Je to dobre urobené. (ye(h) to(h) dobre(h) oorobené(h)); **How do you make this?** Ako to robíte? (ako(h) to(h) robéétˇe(h)); **That makes no sense.** To nedáva zmysel. (to(h) ňedáva(h) zmeesel); **I'd like to make a reservation.** Rád by som si to rezervoval. (rád bee(h) som see(h) to(h) rezervoval)

make-up: make-up (meykap)

make-up remover: odličovací prostriedok (odleechovatséé(h) prostryedok)

male chauvinist: mužský šovinista (mooshskéé(h) shoveeneesta(h))

man: človek (chlovek); **that man** ten človek (ten chlovek); muž (moozh)

manager: manažér (manazhér); **I'd like to see a manager.** Rád by som hovoril s vedúcim. (rád bee(h) som hovoreel svedóótseem)

manicure: manikúra (maneekóóra(h))

many: velˇa (velˇa(h)); **How many people?** Kolˇko lˇudí? (kolˇko(h) lˇoodˇéé(h))

map: a map of... mapa... (+G); **It's not on the map.** Nie je to na tejto mape. (ňye(h) ye(h) to(h) na(h) teyto(h) mape(h));

city map mapa mesta (mapa(h) mesta(h)); **street map** mapa mesta s názvami ulíc (mapa(h) mesta(h) snázvamee(h) oolééts); **Please, show me where I am on the map.** Ukážte mi, prosím, na mape, kde som. (ookázhtˇe(h) mee(h) proséém namape-(h) gdˇe(h) som)

marble: (noun) mramor (mramor)

March: marec (marets)

marijuana: marihuana (f) (mareehooana(h))

mark: Could you mark it on the map? Mohli by ste mi to označitˇ na mape? (mohlee(h) beestˇe(h) meeto(h) oznacheetˇ namape(h)?)

market: trh/tržnica (trkh/tr-zhňeetsa(h)); **fish market** rybí trh (reebéé(h) trkh); **flea market** blší trh (blshéé(h) trkh)

married: Are you married? (woman) Ste vydatá? (stˇe(h) veedatá(h)?); (man) Ste ženatý? (stˇe(h) zhenatéé(h)?); **I'm married.** Som vydatá/som ženatý. (som veedatá(h)/som zhenatéé(h))

mascara: (cosmetics) maskara (maskara(h))

mass: I'd like to go to mass. Chcel by som ístˇ na omšu. (khtsel beesom ééstˇ na(h) om-shoo(h))

mast: stˇažeň (stˇazheň)

masterpiece: majstrovské dielo (maystrovské(h) dˇyelo(h))

matches: zápalky (zápalkee(h))

material: (cloth) látka/plátno (látka(h)/plátno(h))

matter: printed matter tlačivá (tlacheevá(h)); **no matter what to** nevadí (to(h)) ňevadˇéé(h)); **What's the matter with it?** Čo je s tým? (cho(h) ye(h) steem?); **It doesn't matter.** Na tom nazáleží. (na(h) tom ňezále-zhéé(h)); **What's the matter?** Čo je vo veci? (cho(h) ye(h) vovetsee(h))

mattress: matrac (matrats)

maximum: (adj) maximálny (maxeemálnee(h))

May: máj (máy)

may: May I have another beer? Prosím si ešte jedno pivo? (proséém see(h) eshtˇe(h) yedno(h) peevo(h)); **May I?** Môžem? (mwozhem?); **May I use the bathroom?** Môžem použitˇ kúpelˇňu? (mwozhem po(h)oozheetˇ kóópelˇňoo(h))?

maybe: možno (mozhno(h)); **maybe not** možno nie (mozhno(h) ňye(h))

mayonnaise: majonéza (mayonéza(h))

mayor: starosta (starosta(h))

me: It's me. To som ja. (to(h) som ya(h)); **me too** aj ja (ayya(h)); **Are there any letters for me?** Mám nejaké listy? (mám ňeyaké(h) leestcc(h)?); **Are you talking to me?** To hovoríte mne? (to(h) hovoréét˅e(h) mňe(h)?)

meal: jedlo (yedlo(h)); **Does that include meals?** Je v tom započítaná strava? (ye(h) vtom zapochéétaná(h) strava(h)?); **Thank you for the wonderful meal.** D˅akujem za výborné jedlo (d˅akooyem za(h) vééborné(h) yedlo(h))

mean: What does this word **mean?** Čo znamená toto slovo? (cho(h) znamená(h) toto(h) slovo(h)?); **What do you mean?** Čo tým myslíte? (cho(h) téém meesléét˅e(h)?)

measles: osýpky (oséépkee(h))

measure: miera (myera(h))

measurements: rozmery/miery (rozmeree(h)/myeree(h))

meat: mäso (meso(h))

mechanic: mechanik (mekhaneek)

medicine: liek (lyek)

medieval: stredoveký (stredovekéé(h))

Mediterrannean: stredozemný (stredozemnéé(h))

medium: (adj) stredný (strednéé(h))

medium-rare: (meat) polosurový (polosoorovéé(h))

medium-sized: strednej vel˅kosti (stredney vel˅kost˅ee(h))

meet: Let's meet again. Stretnime sa znova. (stret˅neeme(h) sa(h) znova(h)); **Nice to meet you.** Som rád, že Vás poznávam. (som rád, zhe(h) Vás poznávam); **We met in the bar.**

Stretli sme sa v bare. (stretlee(h) sme(h) sa(h) vbare(h)); **Where did you meet each other?** Kde ste sa stretli? (gd˅e(h) st˅e(h) sa(h) stretlee(h)?); **Where should we meet?** kde by sme sa mali stretnút˅? (gd˅e(h) bee(h) sme(h) sa(h) malee(h) stretnóót˅?)

meeting: schôdza (skhwodza(h))

melon: dyňa (deeňa(h))

member: člen (chlen); **He was a member of the Communist Party.** Bol členom Komunistickej strany. (bol chlenom Komooneesteetskey stranee(h))

men: l˅udia/muži (l˅ood˅ya(h)/moozhee(h))

mention: Don't mention it. Nehovorte o tom. (ňehovort˅e(h) otom)

menu: jedálny lístok (yedálnee(h) lééstok); **May I have the menu please?** Prosím si jedalny lístok. (proséém see(h) yedálnee(h) lééstok); **fixed menu** fixné menu (feeksné(h) menoo(h)); **Do you have a.menu written in English?** Máte jedaldálny lístok v angličtine? (mát˅e(h) yedálnee(h) lééstok v angleecht˅eeňe(h)?) **mess:** neporiadok/zmätok (ňeporyadok/zmetok)

message: Are there any messages for me? Máte pre mňa nejaké odkazy? (mát˅e(h) pre(h) mňa(h) ňeyaké(h) odkazee

metal

Miss

(h)?); **I'd like to leave a message for Mr. S...** Chcel by som nechat˘ odkaz pre pána S... (khtsel bee(h) som ňekhat˘ otkas pre(h) pána(h) S...)

metal: (noun) kov (kow)

meter: (about 3 feet)   meter (meter)

middle: in the middle uprostred (ooprostret); **I'll take the middle seat.** Sadnem si do stredu. (sadňem see(h) do(h) stredoo(h))

midnight: at midnight o polnoci (o(h) polnotsee(h))

might: I might want to stay another week. Možno by som zostal ešte týždeň. (mozhno(h) bee(h) som zostal esht˘e(h) téézhd˘eň)

migraine: migréna (meegréna(h))

mild: (taste)   mierne ochutený (myerňe(h)   okhoot˘enéé(h)); (weather) mierny (myernee(h))

mile: míl˘a (méél˘a(h)); **That's miles away!** To je vel˘mi d˘aleko! (to(h) ye(h) vel˘mee(h) d˘aleko(h))

mileage: kilometre (keelometre(h)) **What's the mileage?** Kol˘ko je to kilometrov? (kol˘ko(h) ye(h) to(h) keelometrow?)

military: (adj) armádny (armádnee(h))

milk: mlieko (mlyeko(h))

milkshake: mliečny koktail (mlyechnee(h) koktayl)

millimeter: (a measure of length equal to 1000th of a meter (meter - about 3ft.)) milimeter (meeleemeter)

minced meat: mleté mäso (mleté(h) meso(h))

mind: Mind if I smoke? Vadí Vám ked˘ fajčím? (vadéé(h) Vám ket˘ faychéém?); **I changed my mind.** Zmenil som názor. (zmeňeel som názor); **Never mind.** Nevadí. (ňevad˘éé(h)); **I don't mind.** Mne to nevadí. (mňe(h) to(h) ňevad˘éé(h))

mine: it's mine to je moje (to(h) ye(h) moye(h))

mineral water: minerálka (meenerálka(h))

minimum: (adj)   minimálny (meenemálnee(h)); **Is there a minimum charge?** Je tu nejaký minimálny poplatok? (ye(h) too(h) ňeyakéé(h) meeneemálnee(h) poplatok?)

mint: (sweet)   pendrek (pendrek), pelendrek (pelendre)

minus: mínus (méénoos); **minus 5 degrees** mínus 5 stupňov (méénoos pät˘ stoopňow)

minute: minúta (meenóóta(h)); **Wait a minute!** Počkajte minútku! (pochkayt˘e(h) meenóótkoo(h)); **in a minute** o chvíl˘ku (o(h) khvéél˘koo(h))

mirror: zrkadlo (zrkadlo(h))

Miss: (single or young lady)

slečna (slechna(h)); **Miss!** Slečna! (slechna(h)!)
miss: I miss you. Chýbate mi. (khéébat‿e(h) mee); **There's a...missing** chýba... (khééba(h)...); **I missed the bus.** Zmeškal som autobus. (zmeshkal som aootoboos); **Nothing is missing** Nič nechýba. (ňeech ňekhééba(h)); **I missed my chance.** Prišiel som o šancu. (preeshyel som oshantsoo(h))
missionary: misionár (meeseeonár)
mist: hmla (hmla(h))
mistake: chyba (kheeba(h); **I think there's a mistake here.** Myslím, že je tu chyba (meesléém, zhe(h) ye(h) too(h) kheeba(h)); **You've made a mistake.** Urobili ste chybu. (oorobeelee(h) st‿e(h) kheeboo(h))
misunderstanding: nedorozumenie (ňedorozoomeňye(h))
mixture: zmes/miešanina (zmes /myeshaňeena(h))
mix-up: There's been some sort of mix-up with... Boli zmätky s...(+I) (bolee(h) zmetkee(h) s...)
modern: moderný (modernéé(h))
modern architecture: moderná architektúra (moderná(h) arkheetektóóra(h))
modern art: moderné umenie (moderné(h) oomeňye(h))

modern literature: moderná literatúra (moderná(h) leeteratóóra(h))
moisturizer: hydratačný krém (heedratachnéé(h) krém)
moment: I won't be in a moment. Za chvíľku sa vrátim. (za(h) khvéélkoo(h) sa(h) vrát‿eem)
monastery: kláštor (kláshtor)
Monday: pondelok (pond‿elok); **Monday through Friday** od pondelka do piatku (ot pond‿elka(h) dopyatkoo(h))
money: peniaze (peňyaze(h)); **I don't have any money.** Nemám žiadne peniaze. (ňemám zhyadne(h) peňyaze(h)); **Do you take English/ American money?** Prijímate libry/doláre? (preeyéémat‿e(h) leebree(h)/doláre(h))
month: mesiac (mesyats)
monument: pamätník/monument (pametňéék/monooment)
moon: mesiac (mesyats)
moped: moped (moped)
more: viac (vyats); **May I have some more?** Prosím si ešte trochu? (proséém see(h) esht‿e(h) trokhoo(h)); **More water, please.** Ešte si prosím vodu. (eshte(h) see(h) proséém vodoo(h)); **more expensive** drahší (drahshéé(h)); **more than that** viac než to (vyats nezh to(h)); **a lot more** oveľa

viac (oveľa(h) vyats); **I don't stay there anymore.** Už tam dlhšie nezostanem (oozh tam dlhshye(h) ňezostaňem); **Nothing more, thanks.** Už nič ďakujem. (oozh neech ďakooyem); **There is no more.** Viac nie je. (vyats ňyeye(h)); **I don't want to spend more than $500.** Nechcem minúť viac než 500 $ (ňekhtsem meenóóť vyats ňezh peť sto(h) dolárow)

morning: ráno (ráno(h)); **Good morning** dobré ráno (dobré(h) ráno(h)); this morning dnes ráno (dňes ráno(h)); **in the morning** ráno (ráno(h))

mosquito: komár (komár)

most: **I like this one the most.** Tento sa mi páči najviac. (tento(h) sa(h) mee(h) páchee(h) nayvyats); **most of the time** väčšinu času (vechsheenoo(h) chasoo(h)); **most hotels** väčšina hotelov (vechsheena(h) hotelow); **most of my friends** väčšina mojich priateľov (vechsheena(h) moyeekh pryaťeľow); **the most expensive hotel** najdrahší hotel (naydrahshéé(h) hotel)

mother: **my mother** moja matka (moya(h) matka(h))

motif: (in pattern) motív (motééw)

motor: motor (motor)

motorbike: motocykel (mototseekel)

motorboat: motorový čln (motorovéé(h) chln)

motorist: motorista (m) (motoreesta(h))

motorway: diaľnica/autostráda (ďyaľňeetsa(h)/aootostráda(h))

mountain: vrch/hora (vrkh /hora(h)); **up in the mountains** hore na horách (hore(h) na(h) horákh); **a mountain village** horská dedina (horská(h) ďeďeena(h))

mouse: myš (meesh)

moustache: fúzy (fóózee(h))

mouth: ústa (óósta(h))

move: **We've moved to another hotel.** Presťahovali sme sa do iného hotela. (presťahovalee(h) sme(h) sa(h) do(h) eenhého(h) hotela(h)); **Could you move your car?** Mohli by ste posunúť vaše auto? (mohlee(h) beesťe(h) posoonóóť vashe(h) aooto(h)?); **Don't move!** Nehýbte sa! (ňehéépťe(h) sa(h)); **I can't move my foot.** Nemôžem hýbať nohou. (ňemwozhem héébať nohow); **Please move over.** Uvoľnite miesto, prosím. (oovoľňeeťe(h) myesto(h), proséém)

movie: film (film); **Let's go to the movies.** Poďme do kina. (poďme(h) do(h) keena(h))

movie camera: filmová kamera (feelmová(h) kamera(h))

movie theater: kino (keeno(h))

moving   **nail polish remover**

moving: a very moving tune
vel̆mi dojímavá melódia (vel̆-
mee(h) doyéémavá(h) melódee-
ya(h))

Mr.: pán (pán)

Mrs.: pani (paňee(h))

Ms.: slečna (slechna(h))

much: mnoho/vel̆a (mnoho(h)-
/vel̆a(h)); **much better** ovel̆a
lepšie (ovel̆a(h) lepshye(h));
much cooler ovel̆a chlad-
nejšie (ovel̆a(h) khladňeyshye-
(h)); **not much** nie vel̆a (ňye-
(h) vel̆a(h)); **not so much** nie
tol̆ko (ňye(h) tol̆ko(h)); **How
much is that?** Kol̆ko to stojí?
(kol̆ko(h) to(h) stoyéé(h));
Thank you very much. D̆a-
kujem vel̆mi pekne. (d̆akoo-
yem vel̆mee(h) pekňe(h));
much more ovel̆a viac (ove-
l̆a(h) vyats)

muffler: tlmič výfuku (tlmeech
vééfookoo(h))

mug: I've been mugged. Pre-
padli ma. (prepadlee(h) ma(h));
(for drinks) džbán (dzhbán)

muggy: (weather) sparný (spa-
rnéé(h))

multiple wire plug: (elec)
rozvodka (rozvodka(h))

mumps: mumps (moomps)

murals: nástenná mal̆ba (nás-
tenná(h) mal̆ba(h))

muscle: sval (sval)

museum: múzeum (móózeoom)

mushroom: huba/hríb (hoo-
ba(h)/hrééb)

music: hudba (hoodba(h));
accordion music harmoni-
ková hudba (harmoneeková(h)
hoodba(h)); **Do you have the
sheet music for...?** Máte noty
pre...(+A)? (mát̆e(h) notee(h)
pre(h)...?)

musician: hudobník (hoodo-
bňéék)

mussels: mušle (mooshle(h))

must: I must... musím... (moo-
séém...); **You mustn't forget!**
Nesmiete zabudnút̆! (ňesmye-
t̆e(h) zaboodnóót̆); **I mustn't
drink...** nesmiem pit̆...(+A)
(ňesmyem peet̆)

mustard: horčica (horchee-
tsa(h))

my: my room moja izba (mo-
ya(h) eezba(h))

myself: I'll do it myself.
Urobím to sám. (oorobéém
to(h) sám)

N

nail: (of finger) necht (nekht);
(in wood) klinec (kleeňets)

nail clippers: kliešte na nechty
(klyesht̆ee(h) na(h) nekhtee(h))

nail file: pilník na nechty (pee-
lňéék na(h) nekhtee(h))

nail polish: lak na nechty (lak
na(h) nekhtee(h))

nail polish remover: acetón
na nechty (atsetón na(h) nekh-
tee(h))

nail scissors: nožničky na nechty (nozhňeechkee(h) na(h) nekhtee(h))

naked: holý/nahý (holéé(h)/ nahéé(h))

name: meno (meno(h)); **What's your name?** Ako sa voláte? (ako(h) sa(h) volátˇe(h)?); **My name is...** Volám sa... (volám sa(h)...); **The name of the hotel.** Meno hotela. (meno(h) hotela(h))

nap: I'd like to take a nap. Zdriemol by som si. (zdryemol bee(h) som see(h))

napkin: (serviette) servítka (servéétka(h))

nappy: (diaper) plienka (plyenka(h))

narrow: (road) úzky (óóskee(h))

nasty: (taste, person, weather etc.) odporný/škaredý (odpornee(h)/shkaredee(h))

national: národný, celonárodný (národnee(h),tselonárodnee(h))

nationality: národnostˇ (národnostˇ)

natural: prírodný, prirodzený (préérodnéé(h), preerodzenéé(h))

naturally: (of course) prirodzene (preerodzeňe(h))

nature: (trees etc) príroda (prééroda(h))

nausea: pocit na vracanie (potseet na(h) vratsaňye(h)); **I'm**

nauseous. Je mi na vracanie. (ye(h) mee(h) na(h) vratsaňye-(h))

near: blízko (bléézko(h)); **near the window** blízko okna (bleezko(h) okna(h)); **Is it near here?** Je to blízko? (ye(h) to(h) bléézko(h)?); **Do you go near...?** Pôjdete popri...(+L)? (pwoydˇetˇe(h) popree(h)...?); **Where is the nearest...?** Kde je najbližší...(+N)? (gdˇe(h) ye(h) naybleezhshéé(h)...?)

nearby: blízko (adverb) (bléésko(h)); blízky (adj) (blééskee(h))

nearly: skoro (skoro(h)); takmer (takmer)

neat: (in order) čistý/úhlˇadný (cheestéé(h)/óóhlˇadnéé(h))

necessary: potrebný/nevyhnutný (potrebnéé(h)/ňeveehnootnéé(h)); **Is it really necessary?** Je to naozaj nutné? (ye-(h) to(h) naozaj nootné(h)?); **Please, make the necessary arrangements.** Zariadˇte, prosím, nevyhnutné. (zaryadˇtˇe-(h), proséém, ňeveehnootné(h))

neck: (of body) krk (krk); (of dress, shirt) golier (golyer)

necklace: náhrdelník (náhrdelnéék)

necktie: kravata (kravata(h))

need: I need a... Potrebujem... (potrebooyem...); **Do I need a...?** Potrebujem...(+A)? (potrebooyem...?); **It needs more salt.** To potrebuje sol˘. (to(h) potrebooye(h) sol˘); **There is no need.** Netreba. (ňetreba(h)); **There is no need to shout!** Netreba kričat˘! (ňetreba(h) kreechat˘!); **I need to rest.** Potrebujem si oddýchnut˘. (potrebooyem see(h) oddéékhnoot˘); **This needs more pepper.** Chce to viac korenia. (khtse(h) to(h) vyats koreňya-(h)); **Do you need anything?** Potrebujete niečo? (potrebooyet˘e(h) ňyecho(h)?)

needle: ihla (eehla(h))

negative: (film) negatív (negatééw)

neighbor: sused (soosed)

neighborhood: okolie/štvrt˘ (okolye(h)/shtvrt˘)

neither: neither of us ani jeden z nás (aňee(h) yeden znás); **neither one** (of them) ani jeden (z nich); (aňee(h) yeden (zňeekh)); **neither... nor...** ani...ani... (aňee(h)... aňee(h)...); **Neither do I.** Ani ja. (aňee(h) ya(h)); **Neither does he** ani on (aňee(h) on)

nephew: my nephew môj synovec (mwoy seenovets)

nervous: nervózny (nervóznee(h)); **nervous tissue** nervové tkanivo (nervové(h) tkaňeevo(h)); **nervous breakdown**

nervové zrútenie (nervové(h) zróót˘eňye(h)); **Don't be nervous!** Nebud˘te nervózny! (ňebood˘te(h) nervóznee(h))

net: (fishing, tennis) siet˘ (syet˘)

nettle: žihl˘ava (zheehl˘ava(h))

neurotic: neurotický (neooroteetskéé(h))

neutral: (gear) neutrál (neootrál)

never: nikdy (ňeegdee(h))

new: nový (novéé(h))

news: novina (noveena(h)); **Is there any news?** Je niečo nového? (ye(h) ňyecho(h) nového(h)?)

newspaper: noviny (always in plural) (noveenee(h)); **Do you have any English newspapers?** Máte nejaké anglické noviny? (mát˘e(h) ňeyaké(h) angleetské(h) noveenee(h)?)

newsstand: novinový stánok (noveenovéé(h) stánok)

New Year: Nový rok (novéé(h) rok); **Happy New Year.** Št˘astlivý Nový rok. (sht˘astleevéé(h) novéé(h) rok)

New Year's Eve: Silvester/Starý rok (seelvester/staréé(h) rok)

New York: New York (nyooyork)

next: nasledujúci/budúci (nasledooyóótsee(h)/boodóótsee(h)); **It's at the next corner.** Je to na d˘alšom rohu. (ye(h) to(h)

na(h) d˘alshom rohoo(h));
Next week/Monday Na
budúci týždeň/pondelok (na
boodóótsee(h) téézhd˘eň/pon-
d˘elok); **next to the post
office** vedl˘a pošty (vedl˘a(h)
poshtee(h)); **the one next to
that** d˘alší za tým (d˘alshéé
za(h) téém); **next time** nabud-
úce (naboodóótse(h)); **I am
next in line.** Som na rade.
(som na(h) rad˘e(h)); **Go to
the next stoplight.** Chod˘te k
d˘alšiemu semaforu. (khot˘t˘e-
(h) kd˘alshyemoo(h) semafo-
roo(h))

next door: susedný (soosed-
néé(h))

next of kin: najbližší príbuzný
(naybleezhshéé(h) preebooz-
néé(h))

nice: (person, town, day) prí-
jemný (prééyemnéé(h)); (meal)
chutný (khootnéé(h)); **That's
very nice of you.** To je od
vás vel˘mi milé. (to(h) ye(h)
odvás vel˘mee(h) meelé(h)); **a
nice cold drink** dobrý stu-
dený nápoj (dobréé(h) stoode-
néé(h) nápoy)

nickname: prezývka (prezééw-
ka(h))

niece: **my niece** moja neter
(moya(h) ňet˘er)

night: noc (nóts); **for one
night** na jednu noc (na(h) yed-

noo(h) nots); **for three nights**
na tri noci (na(h) tree(h) not-
see(h)); **good night** dobrú noc
(dobróó(h) nots); **at night** v
noci (vnotsee(h))

nightcap: pohárik na dobrú
noc (poháreek na(h) dobróó(h)
nots)

nightclub: nočný podnik/
/nočný lokál (nochnéé(h) po-
dňeek/nochnéé(h) locál)

nightdress: nočná košel˘a
(nochná(h) koshel˘a(h))

night flight: nočný let (noch-
néé(h) let)

nightie: negližé (negleezhé(h))

night-life: nočný život (noch-
néé(h) zheevot)

nightmare: nočná mora (noch-
ná(h) mora(h))

night porter: nočný strážnik/
/nosič (nochnéé(h) strázhňeek/
/noseech)

nits: (lice eggs) hnidy (hňee-
dee(h))

no: nie (ňye(h)); **Oh no!** (upset)
Ale nie! (ale(h) ňye(h)!); **The-
re's no more.** Už nemáme.
(oozh ňemáme(h)); **no more
than...** viac nie... (vyats ňye(h));
No, thanks. Nie, d˘akujem.
(ňye(h) d˘akooyem); **no prob-
lem** bez problémov (bes pro-
blémow); **No way!** Ani nápad!
(aňee(h) nápat!); **by the way**
mimochodom (meemokho-

nobody   **not**

dom); **this way** tadˇialˇto
(tadˇyalˇto(h)); **I have no
more money.** Nemám viac
peňazí. (ňemám vyats peňa-
zéé(h)); **no one** žiaden, nik,
nikto (zhyaden, ňeek, ňeek-
to(h))

nobody: nik, nikto (ňeek, ňeek-
to(h))

noise: hluk (hlook)

noisy: hlučný (hloochnéé(h));
It's too noisy. Je to velˇmi
hlučné. (ye(h) to(h) velˇmee(h)
hloochné(h))

non-alcoholic: (drink) nealko-
holický (ňealkoholeetskéé(h))

none: žiadny (zhyadnee(h));
None of them. Žiadny z nich.
(zhyadnee(h) zňeekh); **None of
your business.** Nič čo by sa
vás týkalo. (ňeech cho(h) bee(h)
sa(h) vás téékalo(h))

nonsense: nezmysel (ňezmee-
sel)

non-smoking: (compartment)
nefajčiarske (ňefaychyarske(h));
oddelenie (oddeleňye(h))

nonstop: bez prestávky (bes
prestávkee(h))

noodles: rezance/slíže (rezan-
tse(h)/sléézhe(h))

noon: poludnie (poloodňye(h))

nor: nor do I ani ja (aňee(h)
ya(h)); **nor does he** ani on
(aňee(h) on)

normal: normálny (normál-
nee(h))

north: sever (sever); **to the
north of...** severne od...(+G)
(severňe(h) od...); **in the north**
na severe (na(h) severe(h))

northeast: severovýchod (seve-
rovéékhod); to the northeast
of... severovýchodne od...(+G)
(severovéékhodňe(h) od...)

Northern Ireland: Severné
Írsko (severné(h) éérsko(h))

northwest: severozápad (seve-
rozápad); **to the northwest
of...** severozápadne od...(+G)
(severozápadňe(h) od...)

Norway: Nórsko (Nórsko(h))

nose: nos (nos); **My nose is
bleeding.** Krvácam z nosa.
(krvátsam znosa(h))

not: nie (ňye(h)); **I don't
smoke.** Nefajčím. (ňefay-
chéém); **He didn't arrive.**
Neprišiel. (ňepreeshyel); **He
didn't say anything.** Nič
nepovedal. (ňeech ňepovedal);
It's not important. To nie je
dôležité. (to(h) ňye(h) ye(h)
dwolezheeté(h)); **Not that one.**
Nie ten. (ňye(h) ten); **Not for
me.** Nie pre mňa. (ňye(h) pre-
(h) mňa(h)); **Not now.** Teraz
nie. (teras ňye(h)); **Not that
much.** Nie tak velˇa. (ňye(h)

tak vel̆a(h)); **I'm afraid not.** Bohužial̆ nie. (bohoozhyal̆ ňye(h)); **if not** ak nie (ak ňye-(h)); **I'm not sure.** Nie som si istý. (ňye(h) som see(h) eestéé-(h)); **Maybe not.** Možno, že nie. (mozhno(h) zhe(h) ňye(h)); **Definitely not.** Určite nie. (oorcheet̆e(h) ňye(h))

note: (banknote) bankovka (bankowka(h)); (written message) písomný odkaz (péésomnéé(h) odkaz)

notebook: zošit/zápisník (zosheet/zápeesňéék)

nothing: nič (ňeech)

November: november (november)

now: teraz (teras)

nowhere: nikde/nikam (ňeegde(h)/ňeekam); **I have nowhere to stay tonight.** Dnes nemám kde prepat̆. (dňes ňemám gd̆e(h) prespat̆)

nuisance: He's being a nuisance. On je nepríjemný človek. (on ye(h) ňeprééyemnéé(h) chlovek)

numb: (limb etc.) stŕpnutý (stŕpnootéé(h)); **My fingers are numb.** Mám stŕpnuté prsty. (mám stŕpnooté(h) prstee(h))

number: (figure) číslo (chééslo(h)); **What number?** Aké číslo? (aké(h) chééslo(h)?);

What is the telephone number there? Aké je tam telefónne číslo? (aké(h) ye(h) tam telefónne(h) chééslo(h)); **Sorry, wrong number.** Prepáčte, to je zlé číslo. (prepácht̆e(h) to-(h)ye(h) zlé(h) chééslo(h))

number plates: štátna poznávacia značka (shtátna(h) poznávatsya(h) znachka(h))

nurse: zdravotná sestra/ošetrovatel̆ka (zdravotná(h) sestra(h) /oshetrovatel̆ka(h)); (male) zdravotník/ošetrovatel̆ (zdravotňéék/oshetrovat̆el̆)

nut: (hardware) matica (mat̆eetsa(h)); (food) orech (orekh); **mixed nuts** miešané oriešky (myeshané(h) oryeshkee(h)); **cashew nuts** orechy kešu (orekhee(h) keshoo(h))

nutrition: výživa (véézheeva(h))

nutritious: výživný (véézheevnéé(h))

nylons: silonky (seelonkee(h))

O

oak: dub (doop)

oar: veslo (veslo(h))

oat: ovos (ovos); **oat flakes** ovsené vločky (ovsené(h) vlochkee(h))

oblige: I am obliged to you, thank you. Som vám zaviazaný, d̆akujem. (som vám za-

obnoxious   **old**

vyazanéé(h), d˘akooyem)

obnoxious: protivný (prot˘eev-
néé(h))

obvious: That's obvious. To je
jasné. (to(h) ye(h) yasné(h))

occasionally: obˇcas (opchas)

occupation: zamestnanie (zame-
stnaňye(h))

**occupied: The hotel is occu-
pied.** Hotel je obsadený. (hotel
ye(h) opsad˘enéé(h))

October: október (október)

odd: (weird) ˇcudný (chood-
néé(h)); (number) nepárny
(ňepárnee(h))

of: one of my friends jeden
môj priateľ (yeden mwoy pry-
at˘elˇ); **of course** samozrejme
(samozreyme(h)); **the name of
the movie** názov filmu (názow
feelmoo(h)); **a lot of the time**
velˇa ˇcasu (velˇa(h) chasoo(h))

off: 25% off 25% zlˇava (dvat-
tsat˘pet˘ pertsentná(h) zlˇav-
a(h)); **Please, turn it off.** Vyp-
nite to, prosím. (veepňeet˘e(h)
to(h) proséém); **I'd like to get
off.** Rád by som odišiel. (rád
bee(h) som odeeshyel); **Don't
fall off!** Nespadni! (ňespad-
ňee(h)); **What a turn off!** Aká
zmena! (aká(h) zmena(h))

off-season: po sezóne (po(h)
sezóňe(h)); mimo sezónu (mee-
mo(h) sezónoo(h))

offend: Don't be offended.
Neurazte sa. (ňeoorast˘e(h)
sa(h))

office: (place of work) kancelá-
ria/úrad (kantseláreeya(h)
/óórad)

officer: (to policeman) Pán
príslušník! (pán préésloo-
shňéék)

official: (noun) predstaviteľ
/zástupca (predstaveeteľ / zá-
stooptsa(h))

often: ˇcasto (chasto(h)); **not
often** nie ˇcasto (ňye(h) chasto-
(h))

oil: olej (oley); **Will you
change the oil?** Vymeníte
olej? (veemeňéét˘e(h) oley?);
cooking oil stolový olej (stolo-
véé(h) oley)

oil painting: olejová malˇba
(oleyová(h) malˇba(h))

ointment: mastˇ (mastˇ)

okay: v poriadku (fporyat-
koo(h)); **Are you okay?** Je
vám dobre? (ye(h) vám dobre-
(h)?); **Is it okay if I smoke?**
Nevadí vám ak fajˇcím? (ňeva-
d˘éé(h) vám ak faychéém?)

old: starý (staree(h)); **How old
are you?** Kolˇko máte rokov?
(kolˇko(h) mát˘e(h) rokov); **I
am 24 years old.** Mám 24
rokov. (mám dvattsat˘shteeree-
(h) rokow)

old-fashioned: staromódny (staromódnee(h))

old town: staré mesto (staré(h) mesto(h))

olive: oliva (oleeva(h))

olive oil: olivový olej (oleevo-véé(h) oley)

omelette: omeleta (omeleta(h))

on: na (na(h)); **on the roof** na streche (na(h) strekhe(h)); **on Sundays** v nedeľu (vňeď el-ˇoo(h)); **on television** v tele-vízii (ftelevéézeeyee(h)); **a book on Bratislava** kniha o Brati-slave (kňeeha(h) o(h) Bratˇeeslave(h)); **The light was on.** Svetlo svietilo. (svetlo-(h) svyetˇeelo(h)); **The drinks are on me.** To pitie platím ja. (to(h) peetˇye(h) platˇéém ya(h)); **Is the party still on?** Tá párty ešte neskočila? (tá(h) pártee(h) eshtˇe(h) ňeskonchee-la(h)?); **on purpose** úmyselne (óómeeselňe(h))

once: (one time) raz (raz); (earli-er) voľakedy (voľakedee(h)); **once a week** raz za týždeň (razza(h) téézhdˇeň)

one: jeden (yeden); **one day** jedného dňa (yednjého(h) dňa-(h)); **one year ago** pred rokom (pred rokom); **I'd like this one; the big one.** Prosím si toto; to veľké. (proséém see(h) toto(h), to(h) veľké(h))

onion: cibuľa (tseebooľa(h))

only: len, iba (len, eeba(h)); **only once** len raz (len raz); **it's only 7 o'clock** je len 7 hodín (ye(h) len 7 hodˇéén); **only one** len jeden (len yeden)

open: (adj) otvorený (otvore-néé(h)); **What time do you open?** Kedy otvárate? (kedee-(h) otvárat ˇe(h)?); **Please, leave the door open (unloc-ked).** Nechajte, prosím, dvere otvorené. (ňekhayt ˇe(h) pro-séém dvere(h) otvorené(h)); **Please, open it.** Otvorte to, prosím. (otvort ˇe(h) to(h) pro-séém)

opener: otvárak (otvárak); **bot-tle opener** otvárak na fľaše (otvárak na(h) fľashe(h)); **can opener** otvárak na konzervy (otvárak na(h) konzervee(h))

opera: opera (opera(h))

operation: (med) operácia (ope-rátseeya(h))

operator: (telephone) (woman) telefonistka (telefoneestka(h)); (man) telefonista (m) (telefo-neesta(h))

opportunity: príležitosť (préé-lezheetost ˇ)

opposite: opposite the cine-ma oproti kinu (oprot ˇee(h) keenoo(h)); **the opposite** (me-aning) opačný (opachnéé(h))

optician: optik (opteek)

optional: volitel̆ný (voleetel̆néé(h))

or: alebo (alebo(h)); **either...or** alebo - alebo (alebo(h) - alebo(h)); **or else** alebo iné(h))

orange: (fruit) pomaranč (pomaranch); (color) oranžový (oranzhovéé(h))

orange juice: (fresh) pomaranč̆cová št̆ava (pomaranchová(h) sht̆ava(h)); (carbonated drink) oranžáda (oranzháda(h))

orchestra: orchester/kapela (orkhester/kapela(h))

order: Could I order now? (in restaurant) Môžem si teraz objednat̆? (mwozhem see(h) teraz obyednat̆?); **It's out of order.** (lift etc.) Nefunguje. (ňefoongooye(h)); **That's not what I ordered.** To som si neobjednal. (to(h) som see(h) ňeobyednal)

ordinary: obyčajný (obeechaynéé(h))

organization: (company) organizácia (organeezátseeya(h))

organize: organizovat̆ (organeezovat̆)

original: (adj.) pôvodný/originálny (pwovodnee(h) / oreegeenálnee(h)); **Is it an original?** Je to originál? (ye(h) to(h) oreegeenál?)

ornament: ozdoba (ozdoba(h))

other: druhý, iný, d̆alší (droohéé(h), eenéé(h), d̆alshéé(h));

Some other time, thanks. Druhý raz, d̆akujem. (droohee(h) raz, d̆akooyem); **the other day** inokedy (eenokedee(h)); **I'll take the other one.** Zoberiem si to druhé. (zoberyem see(h) to(h) droohé(h)); **We already know each other.** Už sa poznáme. (oozh sa(h) poznáme(h))

otherwise: ináč, inak (eenách, eenak)

ouch!: jaj! (yay)

our: our hotel náš hotel (násh hotel); **our bags** naše tašky (nashe(h) tashkee(h))

ours: náš, naše (násh, nashe(h)); **That's ours.** To je naše. (to(h) ye(h) nashe(h))

out: Get out! Chod̆te von! (khod̆t̆e(h) von); **I'm out of money.** Som bez peňazí. (som bez peňazéé(h)); **out of breath** zadýchaný (zadéékhanéé(h)); **worn out** obnosený (obnosenéé(h)); **Let's go out.** Pod̆me von. (pod̆me(h) von); **a few miles out** pár míl̆ za mestom (pár méél̆ za(h) mestom)

outdoors: vonku (vonkoo(h))

outlet: (elec.) elektrická zásuvka (elektreetská(h) zásoowka(h))

outside: vonku (vonkoo(h)); **Can we eat outside?** Môžeme jest̆ vonku? (mwozheme(h) yest̆ vonk̆oo(h)?)

outskirts: on the outskirts of town na predmestí mesta (na(h) predmestˇéé(h) mesta(h))

oven: rúra (róóra(h)); **microwave oven** mikrovlnná rúra (meekrovlnná(h) róóra(h))

over: over here tu (too(h)); over there tam (tam); **over 20** nad 20 (nad dvattsatˇ); **It's over.** Je koniec. (ye(h) koňyets); **That man over there.** Ten muž tam. (ten moozh tam)

overcoat: zvrchník (zvrkhňéék)

overcooked: prevarený (prevarenéé(h))

overexposed: (photograph) preexponovaný (pre(h)eksponovanéé(h))

overheat: It's overheating. (auto) Prehrieva sa. (prehryeva(h) sa(h))

oversleep: I overslept. Zaspal som. (zaspal som)

overweight: (baggage) nadváha (nadváha(h)); (person) tučný (toochnéé(h))

owe: How much do I owe you? Kolˇko vám dlhujem? (kolˇko(h) vám dlhooyem?)

own: my own... môj vlastný... (mwoy vlastnéé(h)); **I'm on my own.** Ja som tu individuálne. (ya(h) som too(h) eendeeveedooálňe(h))

owner: vlastník/majitelˇ (vlastňéék/mayeetˇelˇ)

oyster: ústrica (óóstreetsa(h))

P

pack: a pack of gum balíček žuvačiek (balééchek zhoovachyek); **a pack of cigarettes** škatulˇka cigariet (shkatoolˇka(h) tseegaryet)

package: zásielka (zásyelka(h))

package deal: súhrn podmienok (sóóhrn podmienok)

page: (of book) strana (strana(h)); **Could you please page Mr...?** Mohli by ste pozvatˇ pána...? (mohlee(h) beestˇe(h) pozvatˇ pána(h)...?)

pain: bolestˇ (bolestˇ); **I have a pain here.** Tu ma bolí. (tooma(h) boléé(h))

painful: bolestivý/bolˇavý (bolestˇeevéé(h)/bolˇavéé(h))

painkiller: tabletka proti bolesti (tabletka(h) protˇee(h) bolestˇee(h))

paint: (noun) farba; **I'm going to do some painting.** (artist) Idem trochu malˇovatˇ. (eedem trokhoo(h) malˇovatˇ)

paintbrush: (art) štetec (shtˇetets)

painting: malˇba (malˇba(h)); oil painting olejová malˇba (oleyová(h) malˇba(h))

pair: a pair of shoes pár topánok (pár topánok) (couple) pár (pár)

pijamas

pass

pajamas: pyžamo (pee-zhamo(h))

pal: kamarát (kamarát)

palace: palác (paláts)

pale: bledý (bledéé(h)); **pale blue** bledomodrý (bledomodréé(h)); **You look a little pale.** Ste trochu bledý. (st̮e(h) trokhoo(h) bledéé(h))

pan: frying pan panvica na vyprážanie (panveetsa(h) na(h) veeprázhaňye(h))

pancake: lievanec/palacinka/-dolka (lyevaňets/palatseenka(h)/-dolka(h))

panic: Don't panic! Nerobte paniku! (ňerobt̮e(h) paneekoo(h)!)

panties: nohavičky (nohaveechkee(h)))

pants: nohavice (nohaveetse(h))

pantyhose: pančucháče (panchookh

áche(h))

paper: papier (papyer); **newspaper** noviny (noveenee(h)); **a piece of paper** kus papiera (koos papyera(h)); **writing paper** dopisný papier (dopeesnéé(h) papyer); **wrapping paper** baliaci papier (balyatsee(h) papyer); **paper towel** papierový obrúsok (papyerovéé(h) obróósok)

parallel: parallel to... paralelný s... (+I) (paralelnéé(h) s...)

pardon?: Prosím? (proseem?)

parents: my parents moji rodičia (moyee(h) rod̮eechya-(h))

park: (noun) **park** (park); **Where can I park?** Kde môžem parkovat̮? (gd̮e(h) mwozhem parkovat̮?); **There's nowhere to park.** Nedá sa tu parkovat̮. (ňedá(h) sa(h) too parkovat̮)

park: vetrovka (vetrovka(h)); parka (parka(h))

parking lights: parkovacie svetlá (parkovatsye(h) svetlá(h))

parking lot: parkovisko (parkoveesko(h))

parking place: There's a parking place! Tam je miesto na parkovanie! (tam ye(h) myesto(h) na(h) parkovaňye(h)!)

parliament: parlament (parlament)

part: čast̮/diel (chast̮/d̮yel)

partner: (friend) partner (m)-partnerka (f) (partner/partnerka(h)); (business) spolupracovník (spolupracovňeek)

party: (group) skupina (skoopeena(h)); (celebration) žúr/večierok (zhóór/vechyerok); **Let's have a party!** Urobme si žúr! (oorobme(h) see(h) zhóór!); **dinner party** večierok (vechyerok)

pass: (overtake) predbehnút̮ (predbehnóót̮); **He made a pass at me.** Pokúšal sa mi dvorit˘. (pokóóshal sa(h) mee(h) dvoreet˘); **Please, pass me the salt!** Podajte mi, prosím, sol˘! (podayt˘e(h) mee(h) proseem sol˘!); **boarding pass** paloobnéé(h) lééstok)

passable: (road) zjazdný (zyazdnéé(h))

passenger: cestujúci (tsestooyóótsee(h))

passport: pas (pas)

past: in the past v minulosti (vmeenoolost˘ee(h)); **just past the traffic lights** hned˘ za semaforom (hňed˘ za(h) semaforom); **May I get past?** Môžem prejst˘? (mwozhem preyst˘?)

pastry: jemné pečivo (yemné(h) pecheevo(h)); (small cake) koláčik (kolácheek)

patch: Could you put a patch on this? Mohli by ste to zaplátat˘? (mohlee(h) beest˘e(h) to(h) zaplátat˘?)

pâté: paštéta (pashtéta(h))

path: chodník/cestička (khodňéék/tsest˘eechka(h))

patient: Be patient. Bud˘te trpezlivý! (boot˘t˘e(h) trpezleevéé(h)); (sick person) pacient (patsyent)

pattern: vzor/strih (vzor/streekh); **a dress pattern** strih (streekh)

pay: platit˘ (plat˘eet˘); **Can I pay, please?** Môžem zaplatit˘,

prosím? (mwozhem zaplat˘eet˘, proséém?); **It's already paid for.** Už je zaplatené. (oozh ye(h) zaplat˘ené(h)); **I'll pay for this.** Toto platím ja. (toto(h) plat˘éém ya(h)); **Pay attention!** Venujte pozornost˘! (venooyt˘e(h) pozornost˘); **Can I pay by credit card?** Môžem platit˘ kreditnou kartou? (mwozhem plat˘eet˘ kredeetnow kartow?)

pay phone: verejný telefón (vereynéé(h) telefón)

peace: mier (myer); pokoj (pokoy)

peach: broskyňa (broskeeňa(h))

peanuts: burské oriešky (boorské(h) oryeshkee(h))

pear: hruška (hrooshka(h))

pearl: perla (perla(h))

peas: hrášok (hráshok)

pedal: (noun) pedál (pedál)

pedestrian: chodec (khod˘ets)

pedestrian crossing: prechod pre chodcov (prekhod pre(h) khottsow)

pen: pero (pero(h)); **Do you have a pen?** Máte pero? (mát˘e(h) pero(h)?); **ball point pen** guličkové pero (gooleechkové(h) pero(h))

pencil: ceruzka (tserooska(h))

penicillin: penicilín (peneetseeléén)

penknife: vreckový nožík (vretskovéé(h) nozhéék)

pen pal: Do you wish to be pen pals? Chcete si dopisovať? (khtset˘e(h) see(h) dopeesovať?)

people: ľudia (ľoodya(h)); **a lot of people** spústa ľudí (spóósta(h) ľood˘éé(h)); **the Slovak people** slovenský národ (slovenskéé(h) národ); **some people** nejakí ľudia (ňeyakéé(h) ľood˘ya(h))

pepper: (spice) čierne korenie (chyerne(h) koreňye(h)); **green pepper:** zelená paprika (zelená(h) papreeka(h)); **red pepper** červená paprika (chervená(h) papreeka(h))

peppermint: mäta (meta(h))

per: per night za noc (zanots); **per person** za osobu (za(h) osoboo(h))

percent: percento (pertsento(h)); **25% percent off** 25% zľava (dvattsat˘pet percent zľava(h))

perfect: dokonalý/perfektný (dokonalee(h)/perfektnéé(h))

performance: predstavenie (pretstaveňye(h))

perfume: parfém (parfém)

perhaps: možno (mozhno(h))

period: (of time) obdobie (obdobye(h)); (menstruation) menses (menzes); **I've got my period.** Mám menzes (mám menzes)

permission: povolenie (povoleňye(h))

permit: povoliť (povoleet˘)

person: osoba (osoba(h))

personal: osobný (osobnéé(h)); **personal computer** osobný počítač (osobnéé(h) pochéétach)

pessimistic: pesimistický (peseemeesteetskéé(h))

pharmacy: lekáreň (lekáreň)

phone: telefón (telefón); **car phone** telefón v aute (telefón vaoot˘e(h));

cellular phone celulárny telefón (tseloolárnee(h) telefón); **phone number** číslo telefónu (chééslo(h) telefónoo(h))

photograph: (noun) fotografia (fotografeeya(h))

photographer: fotograf (fotograf)

phrase: a useful phrase užitočná fráza (oozheetochná(h) fráza(h))

phrasebook: frazeologický slovník (frazeologeetskéé(h) slovňéék)

pianist: klavírista (klavééreesta(h))

piano: klavír (klavéér)

pickpocket: vreckový zlodej (vretskovéé(h) zlod˘ey)

pick up: Where can I pick them up? (clothes from laundry etc) Kde ich môžem vyzdvihnút? (gde(h) eekh mwozhem veezdveehnóót˘?); **Will you come and pick me up?** Prídete pre mňa? (prééd˘et˘e(h) pre(h) mňa(h)?)

picnic: piknik (peekneek)

picture: obraz (obraz); **Who painted that picture?** Kto mal˘oval ten obraz? (kto(h) mal˘oval ten obras?); (small or photo) obrázok (obrázok)

pie: koláč (kolách); **apple pie** jablkový koláč (yablkovéé(h) kolách)

piece: kus (koos); **a piece of...** kus...(+G) (koos...)

pig: ošípaná/prasa (n) (oshéépaná(h)/prasa(h))

pigeon: holub (holoop)

pill: tabletka (tabletka(h)); **I'm on the pill.** Užívam antikoncepčné tabletky. (oozhéévam anteekontsepshné(h) tabletkee(h)); **sleeping pill** tabletka na spanie (tabletka(h) na(h) spaňye(h))

pillow: poduška/vankúš (podooshka(h)/vankóósh)

pillow case: obličcka na vankúš (oblyechka(h) na(h) vankóósh)

pin: (noun) špendlík (shpendléék); **safety pin** zicherka (zeecherka(h))

pineapple: ananás (ananás)

pink: ružový (roozhovéé(h))

pipe: (smoking) fajka (fayka(h))

pipe cleaner: súprava na čistenie fajky (sóóprava(h) na(h) cheest˘eňye(h) faykee(h))

pipe tobacco: fajkový tabak (faykovéé(h) tabak)

pity: What a pity! To je škoda! (to(h) ye(h) shkoda(h))

pizza: pizza (peettsa(h))

place: (noun) miesto (myesto(h)); **Would you keep my place for me?** Podržali by ste mi miesto? (podrzhalee(h) bee(h) st˘e(h) mee(h) myesto(h)?); **at my place** u mňa (oomňa(h)); **at Peter's place** u Petra (oopetra(h)); **favorite place** obl˘úbené miesto (obl˘óóbené(h) myesto(h)); **parking place** miesto na parkovanie (myesto(h) na(h) parkovaňye(h))

plain: jednoduchý (yednodookhéé(h)); (no pattern) hladký (hladkéé(h))

plane: lietadlo (lyetadlo(h)); **When does the plane take off?** Kedy odlieta lietadlo? (kedee(h) odlyeta(h) lyetadlo(h)?)

plant: rastlina (rastleena(h))

plastic: plastikový (plasteekovéé)

plastic bag: plastikové vrecko (plasteekové(h) vretsko(h))

plate: tanier (tanyer)

platform: nástupište (nástoopeesht̆e(h)); **Which platform, please?** Ktoré nástupište, prosím (ktoré(h) nástoopeesht̆e(h), proséém?)

play: hrat̆(sa) (hrat̆(sa(h)); divadelná hra (d̆eevad̆elná(h) hra(h)); **Do you play tennis?** Hráte tenis? (hrát̆e(h) tenees?); **Would you like to see a play?** Chcete si pozriet̆ nejakú hru? (khtset̆e(h) see(h) pozryet̆ ňeyakóó(h) hroo(h))?

playboy: plejboj (pleyboy)

playground: ihrisko (eehreesko(h))

pleasant: príjemný (prééyemnéé(h))

please: prosím (proséém); **Could you please...?** Prosím, mohli by ste...? (proséém, mohlee(h) beest̆e(h)...?); **Yes, please.** Áno, prosím. (áno(h), proséém); **Please sign here.** Podpíšte sa sem, prosím. (potpéésht̆e(h) sa(h) sem proséém)

pleasure: **with pleasure** s radost̆ou (sradost̆ow); **It's a pleasure to work with you.**

Pracovat̆ s vami je radost̆. (pratsovat̆ svamee(h) ye(h) radost̆)

plenty: **plenty of...** mnoho-...(+G) (mnoho(h)); **That's plenty, thanks.** To je vel̆a, d̆akujem (to(h) ye(h) vel̆a(h), d̆akooyem)

pliers: kliešte (klyesht̆e(h))

plug: (elec) zástrčka (zástrchka(h)); **spark plug** sviečka (svyechka(h)); (sink) zátka (zátka(h))

plum: slivka (sleewka(h))

plumber: inštalatér (eenshtalatér)

plus: plus (ploos)

p.m.: popoludní (popoloodňéé(h)); **at 8 p.m.** o 8 večer (owosmey vecher)

pneumonia: zápal pl̆úc (zápal pl̆óóts)

pocket: vrecko (vretsko(h)); **in my pocket** v mojom vrecku (vmoyom vretskoo(h))

pocketbook: (handbag) kabelka (kabelka(h))

pocketknife: vreckový nožík (vretskovéé(h) nozhéék)

point: **Could you point to it?** Mohli by ste na to ukázat̆? (mohlee(h) beest̆e(h) na(h) to(h) ookázat̆?); **five point seven** 5.7 (pet̆ tseleekh sed̆em); **There's no point.** To nemá zmysel. (to(h) ňemá(h)

poisonous   **posibility**

zmeesel); **What's the point?**
Čo je vo veci? (cho(h) ye(h)
vo(h) vetsee(h)?)

poisonous: otravný/jedovatý
(otravnéé(h)/yedovatéé(h))

Poland: Poľsko (Poľsko(h));
Pole (man) Poliak (Polyak);
Pole (woman) Poľka (Poľ-
ka(h)); **Polish (adj.)** poľský
(poľskéé(h))

police: polícia (poléétsccya(h));
Call the police! Zavolajte pol-
íciu! (zavolayt̆e(h) poléétsee-
yoo(h))

policeman: policajt (poleetsayt)

police station: policajná stanica
(poleetsayná(h) staňeetsa(h))

polish: (noun) leštidlo (lesh-
t̆eedlo(h)); **shoe polish** krém
na topánky (krém na(h) topán-
kee(h)); **Will you polish my
shoes?** Vyleštíte moje topánky?
(veelesht̆éét̆e(h) moye(h) to-
pánkee(h))?

polite: zdvorilý (zdvoreeléé(h))

politician: politik (poleeteek)

politics: politika (poleeteeka(h))

polluted: zamorený/znečistený
(zamorenéé(h)/zňecheest̆enéé-
(h))

pollution: znečistenie (zňechee-
st̆cňyc(h))

pond: rybník (reebňéék)

pony: poník (poňéék)

pool: (swimming) bazén (bazén);
(game) biliard (beelyard)

pool table: biliardový stôl (bee-
lyardovéé(h) stwol)

poor: (not wealthy) chudobný
(khoodobnéé(h)); (quality) slabý
(slabéé(h))

pop music: populárna hudba
(popoolárna(h) hoodba(h))

pop singer: spevák popu (man)
(spevák popoo(h); speváčka
(speváchka(h)) (woman)

popcorn: pražená kukurica
(prazhená(h) kokooreetsa(h)),
popkorn (popkorn)

Pope: pápež (pápezh)

popsicle: nanuk (nanook)

popular: populárny/obľúbený
(popoolárnee(h)/obľóóbenéé-
(h))

population: obyvateľstvo (obe-
evateľstvo(h))

pork: bravčovina (bravcho-
veena(h))

port: prístav (prééstav); (drink)
portské víno (portské(h) véé-
no(h))

porter: (in hotel) hotelový sluha
(hotelovéé(h) slooha(h)); (at sta-
tion etc.) nosič (noseech)

portrait: portrét (portrét)

Portugal: Portugalsko (Portoo-
galsko(h))

posh: luxusný (looksoosnéé(h))

possibility: možnosť (mozh-
nosť)

possible

possible: možný (mozhnéé(h));
as much as possible čo naj-
viac (cho(h) nayvyats); **as fast
as possible** tak rýchlo ako je
to možné (tak réékhlo(h) ako(h)
ye(h) to(h) mozhné(h))
post office: poštový úrad (po-
shtovéé(h) óórad)
postcard: picture postcard
pohľadnica (pohľadňeetsa(h))
poster: plagát (plagát)
poste restante: poste restante
(poste restante)
pot: hrniec (hrnyets)
potatoes: zemiaky (zamya-
kee(h)); **baked potatoes** pe-
čené zemiaky (pechené(h) ze-
myakee(h)); **mashed potatoes**
zemiaková kaša (zemyakoová(h)
kasha(h))
potato chips: zemiakové lupie-
nky (zemyakové(h) loopyenk-
ee(h))
potato salad: zemiakový šalát
(zemyakovéé(h) shalát)
pottery: hrnčiarstvo (hrnchyars-
tvo(h)); (workshop) hrnčiarska
dielňa (hrnchyarska(h) dˇye-
lňa(h))
pound: (money, weight) libra
(leebra(h))
pour: It's pouring. Leje. (le-
ye(h))
powder: (cosmetic) púder (póó-
der)

priest

powdered milk: sušené mlieko
(sooshené(h) mlyeko(h))
power station: elektráreň (e-
lektráreň)
practice: I need to practice.
Potrebujem cvičitˇ. (potreb-
ooyem tsveecheetˇ)
Prague: Praha (Praha(h))
prefer: I prefer white wine.
Biele víno mám radšej. (bye-
le(h) vééno(h) mám radchey)
**preferably: Preferably not
today.** Dnes radšej nie. (dňes
radshey ňye(h))
pregnant: tehotná (f) (tˇe-
hotná(h)); **She's pregnant.** Je
tehotná. (ye(h) tˇehotná(h))
prescription: recept (retsept)
present: (gift) dar (dar); **Here's
a present for you.** Nech sa
páči, dar pre‚vás. (ňekh sa(h)
páchee(h) dar pre(h) vás); **at
present:** teraz (teras)
president: riaditeľ/prezident
(ryadˇeeteľ/prezeedent)
press: Can you press these?
Môžete ich vyžehlitˇ? (mwozhe-
te(h) eekh veezhehleetˇ?)
pretty: pekný (peknéé(h)); **It's
pretty expensive.** Je to poria-
dne drahé. (ye(h) to(h) poryad-
ňe(h) drahé(h)), **pretty dress**
pekné šaty (pekné(h) shatee(h))
price: cena (tsena(h))
priest: kňaz (kňaz)

prime minister: ministerský predseda (meeneesterskéé(h) predtseda(h))

print: kópia (kópeeya(h)); **I'd like 2 prints of these.** Chcel by som z toho 2 kópie. (khtsel bee(h) som z toho(h) dve(h) kópeeye(h)); (pattern) vzor (vzor)

printed matter: tlačivo (tlacheevo(h))

prison: väzenie (vezeňye(h))

privacy: súkromie (sóókromye(h))

private: súkromný (sóókromnéé(h)); **private property** súkromný majetok (sóókromnéé(h) mayetok)

prize: cena/výhra (tsena(h)/ vééhra(h)); **first prize** prvá cena (prvá(h) tsena(h))

probably: pravdepodobne (pravdˇepodobňe(h))

problem: problém (problém); **No problem!** Žiadny problém! (zhyadnee(h) problém!); **I have a problem.** Mám problém. (mám problém); **That's not my problem.** To nie je môj problém. (to(h) ňye(h) ye(h) mwoy problém); **What's the problem?** Nejaký problém? (ňeyakéé(h) problém?)

product: výrobok/produkt (véérobok/prodookt)

professor: profesor (profesor)

program: program (program); **television program** televízny program (televééznee(h) program)

promise: **I promise.** Slˇubujem. (slˇoobooyem); **Is that a promise?** Slˇubujete? (slˇoobooyete(h)?); **Break a promise.** Porušitˇ slûb. (poroosheetˇ slˇoob)

pronounce: **How do you pronounce this?** Ako sa to vyslovuje? (ako(h) sa(h) to(h) veeslovooye(h)?); **I can't pronounce it.** Nemôžem to vyslovitˇ. (ňemwozhem to(h) veesloveetˇ)

prostitute: prostitútka (prosteetóótka(h))

protect: chránitˇ (khráňeetˇ)

Protestant: protestant (protestant)

proud: hrdý (hrdéé(h))

prunes: sušené slivky (sooshené(h) sleevkee(h))

public: (adj) verejný (vereynéé(h)); **open to the public** pre verejnostˇ otvorené (pre(h) vereynostˇ otvorené(h))

public bath: verejnē kúpele (vereyné(h) kóópele(h))

public holiday: štátny sviatok (shtatnee(h) svyatok)

pudding: puding (poodeeng)

pull: tˇahatˇ (tˇahatˇ)

pump   **quiet**

pump: pumpa (poompa(h))

punctual: presný (presnéé(h))

puncture: (blowout) defekt (defekt)

pure: čistý (cheestéé(h))

purple: purpurový (poorpoorovéé(h))

purpose: účel (óóchel) **What's the purpose of your trip?** Aký je účel vašej cesty? (akéé(h) ye(h) óóchel vashey tsestee(h))?; **I didn't do it on purpose.** Neurobil som to zámerne. (ňeoorobeel som to(h) zámerňe(h))

purse: (for money) peňaženka (peňazhenka(h)); (pocketbook) kabelka (kabelka(h))

push: tlačiť (tlacheet˘); **Don't push!** Netlačte! (ňetlacht˘e(h))

put: položiť/dať (polozheet˘/-dat˘); **Where did you put...?** Kde ste dali...(+A)? (gd˘e(h) st˘e(h) dalee(h)...?); **Could you put this in a safe place?** Mohli by ste to odložiť na bezpečné miesto? (mohlee(h) bee(h) st˘e(h) to(h) odlozheet˘ na(h)bespechné(h) myesto(h)?); **Could you put me up for the night?** Mohol by som u vás prenocovať? (mohol bee(h) som oovás prenotsovat˘?); **Should I put on a jacket?** Mám si obliecť sako? (mám si oblyetst˘ sako(h)?); **Please put out your cigarette!** Zahaste,

prosím, tú cigaretu! (zahast˘e-(h) proséém, tóó(h) tseegaretoo(h)!)

Q

quality: kvalita (kvaleeta(h)); **low quality** zlá kvalita (zlá(h) kvaleeta(h)); **high quality** vysoká kvalita (veesoká(h) kvaleeta(h))

quarantine: karanténa (karanténa(h))

quarter: štvrť, štvrtina (shtvrt˘), shtvrt˘eena(h)); **quarter of an hour** štvrť hodiny (shtvrt˘ hod˘eenee(h)). **quarter to...** trištvrte na... (treeshtvrt˘e(h) na(h))

question: otázka (otáska(h)); **I'd like to ask a question.** Chcel by som sa niečo spýtať. (khtsel bee(h) som sa(h) ňyecho(h) spéétat˘); **That's out of the question.** To je nemožné. (to(h) ye(h) ňemozhné(h))

quick: rýchly (réékhlee(h)); **That was quick.** To bolo rýchle. (to(h) bolo(h) réékhle-(h)); **What is the quickest way?** Ktorá je najkratšia cesta? (ktorá(h) ye(h) naykratshya(h) tsesta(h)?)

quickly: rýchle (réékhle(h))

quiet: tichý (t˘eekhéé(h)); **Be quiet!** Buďte ticho! (bood˘-te(h) t˘eekho(h)!)

quite: I'm not quite sure. Nie som si celkom istý. (ňye(h) som see(h) tselkom eestéé(h))

R

rabbi: rabín (rabéén)

rabbit: králik (králeek)

rabies: besnota (besnota(h))

race: (car race) závod (závod); **I'll race you there!** Poďme závodiť kto vyhrá! (poďme(h) zāvoďeeť kto(h) veehrá(h)!)

racket: (sport) raketa (raketa(h)); **tennis racket** tenisová raketa (teneesová(h) raketa(h))

radiator: (of car) chladič (khlaďeech); (in room) radiátor (radeeyátor)

radio: rádio (rádeeyo(h)); **on the radio** v rádiu (vrádeeyoo(h))

rag: (cloth) handra (handra(h))

railroad: železnica (zhelezňeetsa(h))

railroad crossing: železničný prejazd (zhelezňeechnéé(h) preyazd)

rain: dážď (dázhď); **in the rain** v daždi (vdazhďee(h)); **It's raining.** Prší. (prshee(h))

raincoat: pršiplášť (prsheeplásht)

rape: (violate) znásilniť (znáseelňeeť); **She was raped.** Znásilnili ju. (znáseelňeele(h) yoo(h))

rare: (scarce) zriedkavý (zryedkavéé(h)); (meat) polosurový (polosoorovéé(h))

rash: (on skin) vyrážka (veerázhka(h))

raspberry: malina (maleena(h))

rat: potkan (potkan)

rate: (for money) kurz; **What's the exchange rate?** Aký je kurz? (akéé(h) ye(h) koorz?)

rather: It's rather late. Je dosť neskoro. (ye(h) dosť ňeskoro(h)); **I'd rather...** Radšej by som... (rachey bee(h) som...); **I'd rather have beer.** Radšej by som si dal pivo. (radshey bee(h) som see(h) dal peevo(h))

raw: (meat) surový (soorovéé(h))

razor: (electric) elektrický holiaci strojček (elektreetskéé(h) holyatsee(h) stroychek)

razor blades: žiletky (zheeletkee(h))

reach: I can't reach it. Nemôžem to dosiahnuť. (ňemwozhem to(h) dosyahnooť); **Within easy reach.** Na dosah. (na(h) dosakh)

read: čítať (chéétať); **Read it, please.** Prečítajte to prosím. (prechéétayťe(h) to(h), proséém)

ready: pripravený/ochotný/ hotový (preepravenéé(h)/okhotnéé(h)/hotovéé(h)); **I'm ready**

to go. Som pripravený íst˘. (som preepravenéé(h) éést˘); **I'm not ready yet.** Ešte nie som pripravený. (esht˘e(h) ňye(h) som preepravenéé(h)); **When will it be ready?** Kedy to bude hotové? (kedee(h) to(h) bood˘e(h) hotové(h)?)

real: skutočný (skootochnéé(h)); **Is that a real diamond?** Je to pravý diamant? (ye(h) to(h) pravéé(h) deeyamant?)

really: **Really?** Naozaj? (naozay?); **I really must go.** Naozaj musím íst˘. (naozay mooséém éést˘); **He's really handsome.** Je naozaj šikovný. (ye(h) naozay sheekovnéé(h)); **Is it really necessary?** Je to naozaj nutné? (ye(h) to(h) naozay nootné(h)?)

realtor: agent s nehnutel˘nost˘ami (agent znehnootel˘nost˘amee(h))

rear: (back) zadný (zadnéé(h)) **rear wheels** zadné kolesá (zadné(h) kolesá(h))

rearview: (mirror) spätné zrkadlo (spetné(h) zrkadlo(h))

reasonable: (appropriate) prijatel˘ný (preeyatel˘néé(h)); **Be reasonable!** Bud˘te rozumný! (bood˘t˘e(h) rozoomnéé(h))

receipt: potvrdenka (potvrdenka(h))

recent: nedávny/nový (ňedávnee(h)/novéé(h))

recently: nedávno (ňedávno(h))

reception: (hotel) recepcia (retseptseeya(h)); (for guests) recepcia (retseptseeya(h))

reception desk: recepcia (retseptseeya(h))

receptionist: (man) recepčný (retsepchnéé(h)); (woman) recepčná (retsepchná(h))

recipe: recept (retsept)

recognize: spoznat˘ (spoznat˘); **I didn't recognize you.** Nepoznal som vás (nepoznal som vás)

recommend: doporučit˘ (doporoocheet˘); **What would you recommend?** Čo by ste doporučili? (cho(h) bee(h) st˘e(h) doporoocheelee(h)?)

record: (music) platňa (platňa(h))

record player: gramofón (gramofón)

red: červený (chervenee(h)); **red wine** červené víno (chervené(h) vééno(h))

reduction: (price) zníženie (zňéézheňye(h))

refreshing: osviežujúci (osvyezhooyóótsee(h))

refrigerator: chladnička (khladňééchka(h))

refund: refundovat˘ (refoondovat˘); **Will you give me a refund?** Refundujete mi to? (refoondooyet˘e(h) mee(h) to(h)?)

region: kraj/oblasť (kray/oblasť)

registered: by registered mail doporučene (doporoocheňe(h))

registration: registrácia (regeestrátseeya(h))

relative: my relatives moji príbuzní (moyee(h) préébooznéé(h))

relaxing: It's very relaxing. Je to veľmi upokojujúce. (ye(h) to(h) veľmee(h) oopokoyooyóótse(h))

reliable: spoľahlivý (spoľahleevéé(h))

religion: náboženstvo (nábozhenstvo(h))

religious: náboženský (nábozhenskéé(h))

remain: zostať (zostať)

remember: I don't remember. Nepamätám sa. (ňepametám sa(h)); **I remember.** Pametám sa. (pametám sa(h)); **Do you remember?** Pamätáte sa? (pametáťe(h) sa(h)?)

remote: (village etc.) odľahlý (odľahléé(h))

remote control: diaľkové ovládanie (dʲyaľkové(h) ovládaňye(h))

rent: (noun) nájomné (nãyomné(h)); **How much is the rent?** Aké je nájomné? (aké(h)

ye(h) náyomné(h)?); **I'd like to rent a car.** Chcel by som si prenajať auto. (khtsel bee(h) som see(h) prenayť aooto(h))

repair: opravit (opraveeť); **Can you repair it?** Môžete to opraviť? (mwozheťe(h) to(h) opraveeť?); **Where can I get this repaired?** Kde si to môžem dať opraviť? (gdʲe(h) see(h) to(h) mwozhem dať opraveeť?)

repeat: opakovať (opakovať); **Could you repeat that?** Mohli by ste to zopakovať? (mohlee(h) bee(h) sťe(h) to(h) zopakovať?)

replace: premiestniť (premyestňeeť)

representative: (of company) zástupca (zástooptsa(h))

request: žiadosť (zhyadosť); **I'd like to make a request.** Rád by som o niečo požiadal. (rád bee(h) som o ňyecho(h) pozhyadal)

rescue: (save) zachrániť (zakhráneeť)

reserve: rezervovať (rezervovať); **I reserved a room in the name of...** Rezervoval som izbu na meno... (rezervoval som eezboo(h) na(h) meno(h)...); **Can I reserve a table for tonight?** Môžem rezervovať

stôl na dnes večer? (mwozhem
rezervovat˘ stwol na(h) dňes
vecher?)

reservation: rezervácia (rezervá-
tseeya(h))

rest: (repose) odpočinok/oddych
(otpocheenok/oddeekh); (re-
mainder) zbytok (zbeetok); **I
need a rest.** Potrebujem od-
dych. (potrebooyem oddeekh);
the rest of the group zvyšok
skupiny (zveeshok skoopee-
nee(h)); **rest room** W.C.
(vé(h) tsé(h))

restaurant: reštaurácia (reshta-
wrátseeya(h))

retired: I'm retired. Som na
penzii. (som na(h) penzeeyee-
(h))

**return: I'll return it tomor-
row.** Vrátim to zajtra. (vrát˘-
eem to(h) zaytra(h)); **When
will you return?** Kedy sa
vrátite? (kedee(h) sa(h) vrát˘ee-
t˘e(h)?)

reverse gear: spiatočka (spya-
tochka(h))

revolting: odporný (otpor-
néé(h))

rheumatism: reuma (reoo-
ma(h))

rib: rebro (rebro(h))

ribbon: (for hair) stužka (stoo-
zhka(h)); (inked) páska do písa

cieho stroja (páska(h) do(h)
péésatsyeho(h) stroya(h))

rice: ryža (reezha(h))

rich: (person) bohatý (boha-
téé(h)); (food) sýty/výdatný (séé-
tee(h)/véédatnéé(h)); **It's too
rich.** Je to príliš sýte. (ye(h)
to(h) prééleesh sééte(h))

**ride: Can you give me a ride
into town?** Môžete ma odviez-
t˘ do mesta? (mwozhet˘e(h)
ma(h) odvyezt˘ do(h) mesta?);
Thanks for the ride. D˘a-
kujem za odvezenie. (d˘akoo-
yem za(h) odvezeňye(h))

ridiculous: That's ridiculous.
To je smiešne. (to(h) ye(h)
smyeshne(h))

right: (correct) správny (správ-
nee(h)); (not left) pravý (pra-
véé(h)); **You are right.** Máte
pravdu. (mát˘e(h) pravdoo(h));
That's right. Veru tak. (veroo-
(h) tak); **That can't be right.**
To nemôže byt˘ dobre. (to(h)
ňemwozhe(h) beet˘ dobre(h));
Right! Tak je! (tak ye(h)); **on
the right** vpravo (fpravo(h));
Turn right! Zabočte doprava!
(zabocht˘e(h) doprava(h))

ring: (on finger) prsteň (prsteň);
I'll ring you. Zavolám vám.
(zavolám vám); **engagement
ring** zásnubný prsteň (zásnoob

néé(h) prst˘eň); **wedding ring** obrúčka (obróóchka(h))

ripe: (fruit) zrelý (zreléé(h))

rip-off: What a rip-off! To je prehnané! (to(h) ye(h) prehnané(h))

risky: riskantný (reeskantnéé(h))

river: rieka (ryeka(h)); **by the river** pri rieke (pree(h) ryekc(h))

road: cesta (tsesta(h)); **Is this the road to...?** Je toto cesta do...? (ye(h) toto(h) tsesta(h) do-(h)...?); **Further down the road.** D˘alej po tejto ceste. (d˘aley po(h) teyto(h) tsest˘e-(h)); **main road:** hlavná cesta (hlavná tsesta(h)); **by the side of the road** vedl˘a cesty (vedl˘a(h) tsestee(h))

road map: automapa (aootomapa(h))

road sign: dopravná značka (dopravná(h) znachka(h))

roadwork: práca na ceste (prátsa(h) na(h) tsest˘e(h))

roast beef: rostbíf (rostbeef)

rob: I've been robbed. Okradli ma. (okradlee(h) ma(h))

robot: robot (robot)

rock: (stone) skala (skala(h)); **on the rocks** (with ice) alkoho

lický nápoj s l˘adom (alkoholeetskéé(h) nápoy zl˘adom)

rocky: (adj.) skalnatý (skalnatéé(h))

roll: (bread) rohlík (rohléék)

roller skates: kolečkové korčule (rolery) (kolechkové korchoole(h) roleree(h))

Roman Catholic: rímskokatolícky(réémskokatoléétskee(h))

romance: l˘úbostná aféra (l˘óóbostná(h) aféra(h))

romantic: romantický (romanteetskéé(h))

Rome: When in Rome... ked˘ ste v Ríme... (ked st˘e(h) vrééme(h))

roof: strecha (strekha(h)); **on the roof** na streche (na(h) strekhe(h))

roof rack: záhradka (záhradka(h))

room: izba (eezba(h)); **Do you have a room?** Máte izbu? (mát˘e(h) eezboo(h)); **double room** dvojpostel˘ová izba (dvoypost˘el˘ová(h) eezba(h)); **room for three nights** izba na tri noci (eezba(h) na(h) tree(h) notsee(h)); **in my room** v mojej izbe (vmoyey eezbe(h)); **There's no room.** Niet miesta. (ňyet myesta(h)); **We'd like a**

different room. Chceli by sme inú izbu. (khtselee(h) bee(h) sme(h) eenóó(h) eezboo(h))

room service: izbová obsluha (eezbová(h) opslooha(h))

rope: lano (lano(h))

rose: ruža (roozha(h))

rosé: (wine) ružové víno (roo-zhové(h) vééno(h))

rotary: (adj) rotačný (rotach-néé(h)); **rotary crossing** kru-hová križovatka (kroohová(h) kreezhovatka(h))

rough: (road) hrbolˇatý (hrbol-ˇatéé(h))

roughly: (approximately) zhru-ba (zhrooba(h)), približne (pree-bleezhňe(h)

roulette: ruleta (rooleta(h))

round: (adj) okrúhly (okróóh-lee(h)); **Another round of beer, please!** Dˇalšiu rundu piva, prosím! (dˇalshyoo(h) roondoo(h) peeva(h) proséém)

round-trip: a round-trip tick-et to... spiatočný lístok do... (+G) (spyatochnéé(h) lééstok do(h)...)

route: trasa (trasa(h)); **What's the best route?** Ktorá trasa je najlepšia? (ktorá(h) trasa(h) ye(h) naylepshya(h)?)

rowboat: veslársky čln (veslár-skee(h) chln)

rubber: (material) guma (goo

ma(h)); **(condom)** prezervatív (prezervatéév)

rubber band: gumička (goo-meechka(h))

rude: drzý (drzéé(h)); **He was very rude.** Bol velˇmi drzý. (bol velˇmee(h) drzéé(h))

rug: vlnená prikrývka (vlňe-ná(h) preekrééwka(h))

ruins: zrúcaniny (zróótsaňee-nee(h))

rum: rum (room)

rum and coke: rum s kokako-lou (room skokakolow)

run: (person) bežatˇ (bezhatˇ); **I go running.** Idem behatˇ. (eedˇem behatˇ); **Quick, run!** Rýchlo, bežte! (réékhlo(h), bezhte(h)!); **How often do the buses run?** Ako často chodia autobusy? (ako(h) chasto(h) khodˇya(h) aootoboosee(h)?); **I ran over a squirrel.** Prešiel som veveričku. (preshyel som vevereechkoo(h)); **I've run out of gas/petrol.** Došiel mi ben-zín. (doshyel mee(h) benzéén)

rupture: (medical) hernia/pruh (herneeya(h)/prookh)

rush hour: špička (shpeech-ka(h))

Russia: Rusko (roosko(h))

Russian: (adjective, language) ruský (rooskéé(h)); **(man)** Rus (roos); **(woman)** Ruska (roos-ka(h))

S

saccharine: sacharín (sakharéén)

sad: smutný (smootnéé(h))

saddle: (horse) sedlo (sedlo(h)); (bike) sedadlo (sedadlo(h))

safe: (not in danger) bezpečný (bespechnéé(h)); (not dangerous) neškodný (ňeshkodnéé(h)); **Will it be safe here?** Bude to tu bezpečné? (bood̆e(h) to(h) too(h) bespechné(h)?); **Is it safe to drink this water?** Je bezpečné piť túto vodu? (ye(h) bespechnē(h) peet̆ tóóto(h) vodoo(h)); **Have a safe trip!** Bezpečnú cestu! (bespechnóó(h) tsestoo(h))

safety pin: zicherka (zeekherka(h))

sail: (noun) plachtenie (plakhteňye(h)); **Can we go sailing?** Môžeme íst̆ plachtit̆? (mwozheme(h) éést̆ plakht̆eet̆?)

sailboat: plachetnica (plakhetňeetsa(h))

sailor: námorník (námorňéék)

saint: svätý (svetee(h))

salad: šalát (shalát); **fruit salad** ovocný šalát (ovotsnéé(h) shalát)

salad dressing: omáčka na šalát (omáchka(h) na(h) shalát)

sale: It's not for sale. To nie je na predaj. (to(h) ňye(h) ye(h) na(h) preday); **Is it for sale?** Je to na predaj? (ye(h) to(h) na(h) preday?)

sales clerk: (man) predavač (predavach); (woman) predavačka (predavachka(h))

salmon: losos (losos)

salt: sol̆ (sol̆); **It needs more salt.** Chce to viac soli. (khtse(h) to(h) vyats solee(h))

salty: It's too salty. Je to príliš slané. (ye(h) to(h) prééleesh slané(h))

same: rovnaký/taký istý (rovnakéé(h)/takéé(h) eestéé(h)); **The same again, please.** Ešte raz to isté, prosím (esht̆e(h) raz to(h) eesté(h), proséém); **Have a good time! - Same to you!** Majte sa krásne! - Vy tiež! (mayt̆e(h) sa(h) krásňe(h) - veet̆yezh); **Do you have the same one in green?** Máte to aj v zelenom? (mát̆e(h) to(h) ay vzelenom?); **It's the same thing.** To je to isté. (to(h) ye(h) to(h) eesté(h))

sand: piesok (pyesok)

sandals: sandále (sandále(h)); **a pair of sandals** jeden pár sandálov (yeden pár sandálow)

sandwich: sendvič (sendveech); **a ham sandwich** šunkový chlebík (shoonkovéé(h) khlebéék)

sandy: pieskový (pyeskovéé(h)); **a sandy beach** piesková pláž (pyesková(h) plázh)

sanitary: sanitary napkin hygienická servítka (heegyeneetská(h) servéétka(h))

Saturday: sobota (sobota(h)); **Is it open Saturday?** Je v sobotu otvorené (ye(h) vsobotoo(h) otvorené(h)?)

sauce: omáčka (omáchka(h))

saucepan: pekáč (pekách)

sauna: sauna (saoona(h))

sausage: klobása (klobása(h))

save: (life) zachrániť (zakhráňeeť)

say: How do you say...in Slovak? Ako sa povie...po slovensky? (ako(h) sa(h) povye-(h)...poslovenskee(h)?); What did you say? Čo ste povedali? (cho(h) sťe(h) povedalee(h)?); What did he say? Čo povedal? (cho(h) povedal?); I said... Povedal som... (povedal som...); He said... Povedal... (povedal...)

scarf: (neck) šál (shál)

scarlet: šarlátový (sharlátovéé(h))

scenery: scenéria/krajina (stsenéreeya(h)/krayeena(h))

scent: vôňa (vôňa(h))

schedule: plán/program (plán /program) **scheduled flight** naplánovaný let (naplánovanéé(h) let)

school: škola (shkola(h)); **high school** stredná škola (stredná(h) shkola(h)); **private school** súkromná škola (sookromná(h) shkola(h)); **university** vysoká škola (veesoká(h) shkola(h)); I'm still at school. Ešte chodím do školy. (eshte(h) khoďéém do shkolee(h))

science: veda (veda(h))

scissors: nožnice (nozhňeet se(h))

scorching: It's really scorching (weather). To je naozaj pálava. (to(h) ye(h) na(h)ozay pálava(h))

score: What's the score? Aký je výsledok? (akéé(h) ye(h) véésledok?)

scotch: (whisky) škótska (whisky) (shkótska(h) (weeskee(h)))

Scotch tape: lepiaca páska (lepyatsa(h) páska(h))

scrambled eggs: praženica (prazheňeetsa(h))

scratch: škrabnutie (shkrabnooťye(h)); It's just a scratch. To je iba škrabnutie. (to(h) ye(h) eeba(h) shkrabnooťye(h))

scream: (verb) vrieskať (vryeskať)

screw: (noun) skrutka (skrootka(h))

screwdriver: škrutkovač (skrootkovach)

scrub brush: kefka (kefka(h)); (for floors) kefa (kefa(h))

scuba diving: profesionálne potápanie (profeseeyonálne(h) potápaňye(h))

sea: more (more(h)); **by the sea** pri mori (pree(h) moree(h))

seafood: morské živočíchy (morské(h)zheevochééchee(h));· **seafood restaurant** reštaurácia s morskými špecialitami (reshtawrátseeya(h) zmorskéémee(h) shpetseeyaleetamee(h))

search: (verb) skúmať/hľadať (skóómať/hľadať); I searched everywhere. Hľadal som

všade. (hl˘adal som fshad˘e(h))
season: sezóna (sezóna(h)); **the
off season** po sezóne (po(h)
sezóňe(h)); **in the busy sea-
son** v sezóne (fsezóňe(h))
seasoning: korenie (koreňye(h))
seat: sedadlo (sedadlo(h)); **Is
this seat free?** Je to miesto
vol˘né? (ye(h) to(h) myesto(h)
vol˘né(h))
seat belt: bezpečnostný pás
(bespechnostnéé(h) pás); **Do
you (have to) wear a seat
belt?** Musíte mat˘ zapnutý
bezpečnostný pás? (mooséé-
t˘e(h) mat˘ zapnootéé(h)
bespechnostnéé(h) pás?)
secluded: utiahnutý/osamotený
(oot˘yahnootéé(h)/osamot˘e-
néé(h))
second: (adj) druhý (droohéé-
(h)); (of time) sekunda
(sekoonda(h)); **Just a second!**
Iba chvíl˘ku! (eeba(h)
khvéél˘koo(h)!); **on the
second floor** na druhom
poschodí (na(h) droohom
poschod˘éé(h)); **Can I have a
second helping?** Môžem
dostat˘ repete? (mwozhem
dostat˘ repete(h)?)
second class: druhá trieda
(droohá(h) tryeda(h))
second-hand: použitý (po(h)oo-
zheetéé(h))
secret: (noun) tajnost˘ (tay-
nost˘)
secretary: sekretárka (sekretár-
ka(h)) kontrola (bespech-
nostná(h) kontrola(h))

security check: bezpečnostná
sedative: utišujúci prostriedok
/sedatívum (oot˘eeshooyóótsee-
(h) prostryedok/sedatéévoom)
see: vidiet˘ (veed˘yet˘); **I saw
him this morning.**
Videl som ho dnes ráno.
(veed˘el som ho(h) dňes
ráno(h)); **Can I see the
manager?** Môžem hovorit˘ s
vedúcim? (mwozhem hovoreet˘
zvedóótseem?); **See you to-
night!** Dovidenia večer!
(doveed˘eňya(h) vecher!); **See
you soon.** Do skorého videnia.
(do(h) skorého(h)
veed˘eňya(h)); **I see your
point.** Rozumiem o čo vám
ide. (rozoomyem ocho(h) vám
eed˘e(h)); **Can I see?** Môžem
sa pozriet˘? (mwozhem sa(h)
pozryet˘); **I'll see to it.**
Dohliadnem na to. (dohlyad-
ňem na(h) to(h))
seizure: záchvat (záhkvat), **epi-
leptic seizure** epileptický
záchvat (epeelepteetskéé(h)
záhkvat)
seldom: zriedka (zryetka(h))
self service: samoobsluha
(samo(h)opslooha(h))
sell: predávat˘ (prédavat˘); **Do
you sell...?** Predávate...(+A)?
(predávat˘e(h)...?)
semester: semester (semester)
send: poslat˘ (poslat˘); **I want
to send this to America.**
Toto chcem poslat˘ do Ame-
riky. (toto(h) khtsem poslat˘
do(h) amereekee(h)); **I'll have**

to send this food back.
Musím vrátiť tieto potraviny.
(to supermarket) (mooséém
vráť eeť tyeto(h) potra-
veenee(h))

senior citizen: penzista
(penzeesta(h))

sensational: (great) senzačný
(senzachnéé(h))

**sense: I have no sense of
direction.** Nemám zmysel pre
určovanie smeru. (ňemám
zmeesel pre(h) oorchovaňye(h)
smeroo(h)); **It doesn't make
sense.** Nemá to zmysel.
(ňemá(h) to(h) zmeesel); **That's
common sense.** To hovorí
zdravý rozum (to(h) hovoréé(h)
zdravéé(h) rozoom)

sensible: rozumný (rozoom-
néé(h))

sensitive: citlivý (tseetleevéé(h))

sentimental: sentimentálny
(senteementálnee(h))

separate: oddelený (odd̆e-
lenéé(h)); **Could we get
separate bills?** Môžeme do-
stať osobitné účty? (mwo-
zheme(h) dostať osobeetné(h)
óóchtee(h)?)

separated: We are separated.
Žijeme oddelene. (zheeyeme(h)
odd̆eleňe(h))

separately: oddelene/zvlášť
(odd̆eleňe(h)/zvlásht̆)

September: september
(september)

Serbia: Srbsko (sprsko(h))

serious: vážny (vázhnee(h));
You can't be serious! To
nemôžete mysliet̆ vážne! (to(h)

nemwozheť e(h) meeslyeť
vázhňe(h)!); **I'm serious.**
Myslím to vážne. (meesleem
to(h) vázhňe(h)); **I've made a
serious mistake.** Urobil som
vážnu chybu. (oorobeel som
vázhnoo(h) kheeboo(h))

seriously: vážne (vázhňe(h))

**service: The service was
excellent.** Obsluha bola
skvelá. (opslooha(h) bola(h)
skvelá(h)); **(religious) service**
bohoslužba (bohosloozhba(h));
(Catholic) omša (omsha(h))

service charge: účet za servis
(óóchet za(h) servees)

service station: benzínová
pumpa (benzéénová(h) poom-
pa(h))

**servicing: The car needs
servicing.** Auto potrebuje
servis. (aooto(h) potrebooye(h)
servees)

set: I'll set the table. Urobím
stôl. (oorobeem stvol); **I'd like
the whole set.** Chcel by som
celú sadu. (khtsel bee(h) som
tseloo(h) sadoo(h)); **Let's set
the time.** Napravme si čas.
(napravme(h) see(h) chas)

**settle up: Can we settle up
now?** Môžeme sa teraz
vyrovnať? (mwozheme(h) sa(h)
teraz veerovnať?)

several: niekol̆ko (nye-
kol̆ko(h))

sew: šiť (sheeť); **Would you
sew this back on?** Mohli by
ste to prišiť? (mohlee(h)
beesť e(h) to(h) preesheeť?)

sex: (gender) pohlavie (poh-lavye(h)); **(sexual intercourse)** pohlavný styk (pohlavnéé(h) steek)

sexist: (noun) sexista (m) (sexeesta(h))

sexy: sexy (seksee(h))

shade: in the shade v chládku (fkhlátkoo(h))

shadow: tieň (t̆yeň)

shake: I shook his hand. Podal som mu ruku. (podal som moo(h) rookoo(h)); **Why are you shaking?** Prečo sa trasiete? (precho(h) sa(h) trasyet̆e(h)?)

shallow: plytký (pleetkéé(h))

shame: What a shame! Aká hanba! (aká(h) hamba(h)!)

shampoo: (noun) šampón (shampón)

share: podelit̆ sa (pod̆eleet̆ sa(h)); **We'll share a room.** Podelíme sa o izbu. (pod̆elééme(h) sa(h) oeezboo(h))

sharp: ostrý (ostréé(h))

shave: Would you give me a shave? Mohli by ste ma oholit̆? (mohlee(h) beest̆e(h) ma(h) oholeet̆?) **I need to shave.** Potrebujem oholit̆. (potrbooyem oholeet̆)

shaver: holiaci strojček (holyatsee(h) stroychek)

shaving brush: štetka na holenie (sht̆etka(h) na(h) holeňye(h))

shaving cream: pena na holenie (pena(h) na(h) holeňye(h))

shawl: šál (shál)

she: ona (ona(h)); **Is she here?** Je tu? (ye(h) too?); **Is she American?** Je Američanka? (ye(h) amereechanka(h)?)

sheep: ovca (ovtsa(h))

sheet: (for bed) plachta (plakhta(h)); **Do you sell sheet music?** Predávate noty? (predávat̆e(h) notee(h)?)

shelf: polica (poleetsa(h))

shell: mušl̆a (mooshl̆a(h))

sherry: sherry (sheree(h))

ship: lod̆ (lod̆)

shirt: košel̆a (koshel̆a(h))

shit!: Hovno! (hovno(h)); Do riti! (Do(h) reet̆ee(h)!)

shock: (surprise) šok (shok); **I got an electric shock.** Kopla ma elektrina. (kopla(h) ma(h) elektreena(h)); **I was shocked.** (surprised) Bol som šokovaný. (bol som shokovanee(h))

shock absorber: tlmič (tlmeech)

shocking: škandalózny (shkandalóznee(h)); šokujúci (shokooyóótsee(h))

shoe: topánka (topánka(h); **a pair of shoes** jeden pár topánok (yeden pár topánok); **my shoes** moje topánky (moye(h) topánkee(h)); **Should**

I take my shoes off? Mám sa
vyzut˘? (mám sa(h) veezoot˘?)
shoelaces: šnúrky do topánok
(shnóórkee(h) do(h) topánok)
shoe polish: krém na topánky
(krém na(h) topánkee(h))
shoe store: obuv (oboow);
obchod z obuvou (opkhot
zoboovow)
shop: obchod (opkhod)
shop window: výklad (vééklad)
**shopping: I'm going
shopping.** Idem nakupovat˘.
(eed˘em nakoopovat˘)
shore: (of lake) breh (brekh)
short: (person) nízky
(néézkee(h)); (time) krátky
(krátkee(h)); **It's only a short
distance.** Je to blízko. (ye(h)
to(h) bléézko(h))
short circuit: krátke spojenie
(krátke(h) spoyeñye(h))
shortcut: skratka (skratka(h))
shorts: šortky/krátke nohavice
(shortkee(h)/krátke(h) noha-
veetse(h))
should: What should I do?
Čo by som mal urobit˘? (cho(h)
bee(h) som mal oorobeet˘?); **I
shouldn't be long.** Nemal by
som tam byt˘ dlho. (ñemal
bee(h) som tam beet˘ dlho(h));
**You should have warned
me!** Mali ste ma varovat˘.
(malee(h) st˘e(h) ma(h) va-
rovat˘!)
shoulder: plece (pletse(h))

shout: (verb) kričat˘ (kree-
chat˘)
**show: Could you show me
how to get there?** Mohli by
ste mi ukázat˘ ako sa tam
dostanem? (mohlee(h) bee(h)
st˘e(h) mee(h) ookázat˘ ako(h)
sa(h) tam dostañem?); **We'd
like to see that show.** Radi
by sme videli to predstavenie.
(rad˘ee(h) bee(h) sme(h)
veed˘elee(h) pretstaveñye(h))
shower: (in bathroom) sprcha
(sprkha(h)); **with shower** so
sprchou (zosprkhow)
shower cap: ružica (roo-
zheetsa(h))
shrimp: garnát (garnát)
shrine: (place of worship)
svätyňa/chrám (sveteeña(h)/
khrám); (holy place) sväté
miesto (sveté(h) myesto(h))
shrink: it shrank zbehlo sa to
(zbehlo(h) sa(h) to(h))
shut: (verb) zatvorit˘ (zat-
voreet˘); **It was shut.** Bolo
zatvorené. (bolo(h) zatvore-
né(h)); **Please, shut the door!**
Zatvorte dvere, prosím! (zatvor-
t˘e(h) dvere(h) proséém); **Shut
up!** Buď˘te ticho! (bood˘t˘e(h)
t˘eekho(h)!)
shutter: (camera) clona
(tslona(h)); (window) roleta
(roleta(h))
shy: hanblivý/ostýchavý (hamb-
leevéé(h)/osteekhavéé(h));

Don't be shy! Nehanbite sa!
(ňehambeet˘e(h) sa(h))
sick: (ill) chorý (khoréé(h)); **I
think I'm going to be sick.**
(vomit) Myslím, že budem
vracat˘. (meesléém, zhe(h)
bood˘em vratsat˘); **I feel sick.**
Je mi zle. (ye(h) mee(h) zle(h));
I am sick and tired of it...
Už ma to d˘alej nebaví... (oozh
ma(h) to(h) d˘aley ňebavéé(h))
side: strana (strana(h)); **at the
side of the road** na okraji
cesty (na(h) okrayee(h) tses-
tee(h))
side dish: príloha (prééloha(h))
side street: bočná cesta
(bochná(h) tsesta(h))
sidewalk: chodník (khodňéék)
sight: the sights of Bratislava
pamiatky Bratislavy (pamyat-
kee(h) Brat˘eeslavee(h))
sightseeing tour: prehliadka
pamätihodností (prehliatka(h)
pamet˘eehodnost˘éé(h))
sign: (roadsign) dopravná zna-
čka (dopravná(h) znachka(h));
Where do I sign? Kde sa
mám podpísat˘? (gde(h) sa(h)
mám potpéésat˘?)
signal: signál (seegnál)
signature: podpis (potpees)
signpost: smerová tabuľka
(smerová(h) tabooľka(h))
silence: ticho (t˘eekho(h))
silent: Be silent! Buď te ticho!
(boot˘t˘e(h) t˘eekho(h)!)
silk: hodváb (hodváb)

silly: (person, thing etc.) hlúpy
(hlóópee(h)); **That's silly!** To
je hlúpe! (to(h) ye(h)
hlóópe(h)!)
silver: (noun) striebro (strye-
bro(h)); (adj.) strieborný (strye-
bornéé(h))
similar: podobný (podobnee(h))
simple: (easy) jednoduchý
(yednodookhéé(h))
since: Since we got here
Odvtedy, čo sme sa sem dostali
(odftedee(h), cho(h) sme(h)
sa(h) sem dostalee(h)); **Since
when?** Odkedy? (otkedee(h))?
sing: spievat˘ (spyevat˘)
singer: spevák (spevák)
single: a single room jed-
nopostel˘ová izba (yednoposte-
ľová(h) eezba(h)); **I'm single.
(man)** Som slobodný. (som slo-
bodnéé(h)); **(woman)** som slo-
bodná (som slobodná(h))
sink: (in kitchen) výlevka
(véélevka(h)); **The boat sank.**
Čln sa potopil. (chln sa(h)
potopeel)
sir: pán (pán); **Excuse me, sir.**
Prepáčte, pane. (prepácht˘e(h)
pane(h))
sirloin: sviečková (svyech-
ková(h))
sister: my sister moja sestra
(moya(h) sestra(h)); **younger
sister** mladšia sestra (mlat-
shya(h) sestra(h)); **older sister**
staršia sestra (starshya(h)

sestra(h)) **Catholic nun
(sister)** rehol˘ná(h) sestra(h)
sister-in-law: švagriná (shva-
greená(h))
sit: May I sit here? Môžem si
sem sadnúť˘? (mwozhem see(h)
sem sadnóót?); **Is anyone
sitting here?** Sedí tu niekto?
(sed˘éé(h) too(h) nyegdo(h)?);
Please, sit down. Sadnite si,
prosím. (sadňeet˘e(h) see(h)
proséém)
situation: situácia (seetooá-
tseeya(h))
size: vel˘kosť˘ (vel˘kosť˘); **Do
you have any other sizes?**
Máte iné vel˘kosti? (mát˘e(h)
eené(h) vel˘kosť˘ee(h)); **I don't
know my size.** Neviem aké
mám číslo. (ňevyem aké(h)
mám chééslo(h))
sketch: (drawing) škica
(shkeetsa(h))
ski: (noun) lyže (leezhe(h));
(verb) lyžovať˘ sa (leezhovať˘
sa(h)); **a pair of skis** jeden pár
lyží (yeden pár leezhéé(h))
ski boots: lyžiarske topánky/
lyžiarky (leezhyarske(h) topán-
kee(h) / leezhyarkee(h))
skid: I skidded. Spadol som.
(m) / Spadla som (f) (spadol
som / spadla(h) som)
skiing: lyžovanie (leezho-
vaňye(h)); **We're going
skiing.** Ideme lyžovať˘. (eed˘e-
me(h) leezhovať˘)
skin: koža (kozha(h))

skinny: chudý (khoodéé(h))
skirt: sukňa (sookňa(h))
skull: lebka (lepka(h))
sky: obloha/nebo (obloha(h)/
ňebo(h)); **cloudy sky**
zamračená obloha (zamra-
chená(h) obloha(h))
sleep: spat˘ (spat˘); **I can't
sleep.** Nemôžem spat˘. (ňe-
mwozhem spat˘); **Did you
sleep well?** Spali ste dobre?
(spalee(h) st˘e(h) dobre(h)?); **I
am going to sleep.** Idem
spat˘. (eed˘em spat˘)
sleeping bag: spací vak
(spatséé(h) vak)
sleeping car: spací vozeň
(spatséé(h) vozeň)
sleeping pill: tabletka na
spanie (tabletka(h) na(h) spaň-
ye(h))
sleepy: ospalý (ospaléé(h)); **I'm
feeling sleepy.** Som ospalý.
(som ospaléé(h))
sleeve: rukáv (rookáw)
slice: (noun) plátok (plátok)
slide: (phot) diapozitív
(deeyapozeetééw)
slim: (adj) štíhly (sht˘ééhlee(h));
I'm slimming down. Chud-
nem. (khoodňem)
slip: (under dress) kombiné (n)
(kombeenée(h)); **Be careful
not to slip!** Dajte pozor,
nešmyknite sa! (dayt˘e(h)
pozor, ňeshmeekňeet˘e(h)
sa(h))

slippery: šmykľavý (shmeek-
ľavéé(h)); **It's slippery.** Je
šmykľavo. (ye(h) shmeek-
ľavo(h)); **A slippery side-
walk.** Šmykľavý chodník.
(shmeekľavéé(h) khodňéék)
slow: pomalý (pomaléé(h));
Slow down! (driving, speak-
ing) Pomalšie! (pomalshye(h)!)
slowly: pomaly (pomalee(h));
very slowly veľmi pomaly
(veľmee(h) pomalee(h));
Could you say it slowly?
Mohli by ste to povedať
pomaly? (mohlee(h) bee(h)
stˇe(h) to(h) povedať poma-
lee(h)?)
small: malý (malee(h)); **Does it
come in a smaller size?** Do-
stávate aj menšie čísla? (do-
stávatˇe(h) ay menshye(h) chee-
sla(h)?); **I don't have any
small change.** Nemám drob-
nē. (ňemám drobné(h))
smart: (clothes)   elegantný
(elegantnee(h)); **(intelligent)**
bystrý (beestréé)
smell: There's a funny smell.
Je tu nejaký čudný zápach.
(ye(h) too(h) ňeyakee(h) chood-
néé(h) zápakh); **What a lovely
smell!** Aka príjemná vôňa!
(aká(h) prééyemná(h) woňa(h));
It smells bad. Zapácha to.
(zapákha(h) to(h))
smile: (verb)   usmievať   sa
(oosmyevať sa(h)); **You have**

a nice smile Máte pekný
úsmev (márˇe(h) peknee(h)
oosmew)
smoke: (noun) dym (deem); **Do
you smoke?** Fajčíte? (faychee-
tˇe(h)?); **Mind if I smoke?**
Dovolíte, aby som si zapálil?
(dovoleetˇe(h), abee(h) som
see(h) zapáleel?); **I don't
smoke.** Nefajčím. (ňefaychéém)
smooth: hladký (hlatkee(h))
snack: I'd just like a snack.
Niečo by som si zajedol.
(ňyecho(h) bee(h) som see(h)
zayedol)
snake: had (had)
sneakers: tenisky (teneeskee(h))
snob: snob (snob)
snow: (noun) sneh (snekh); **It's
snowing.** Sneží. (sňeezhee(h))
so: It's so hot. Je to veľmi
horúce. (ye(h) to(h) veľmee(h)
horóótse(h)); **weather** Je tak
teplo! (ye(h) tak teplo! (ye(h)
tak tˇeplo(h)!); **(food)** Je to
veľmi ostré. (ye(h) to(h)
veľmee(h) ostre(h)) **It was so
beautiful!** Bolo to také krásne!
(bolo(h) to(h) také(h) krás-
ne(h)!); **Thank you so much.**
Veľmi pekne vám ďakujem.
(veľmee(h) pekne(h) vám ďa-
kooyem); **Don't talk so fast!**
Nehovorte tak rýchlo! (ňehovo-
rtˇe(h) tak réékhlo(h)); **So
what?** Tak teda čo? (tak
teda(h) cho(h)?); **Is that so?**

Je to tak? (ye(h) to(h) tak?); **So am I.** Aj ja. (ay ya(h))

soaked: I'm soaked. Som premočený. (som premochenéé(h))

soaking solution: (for contact lenses) roztok na kontaktné šošovky (rostok na(h) kontaktné(h) shoshowkee(h))

soap: mydlo (meedlo(h))

sober: triezvy (tryezvee(h))

soccer: futbal (footbal)

sock: ponožka (ponozhka(h)); **a pair of socks** pár ponožiek (pár ponozhyek)

socket: (elec) zásuvka (zásoowka(h))

soda: (water) sóda (sóda(h))

sofa: pohovka (pohowka(h))

soft: mäkký (mekkéé(h))

soft drink: nealkoholický nápoj (ňealkoholeetskéé(h) nápoy)

soft contact lenses: mäkké šošovky (mekké(h) shoshovkee(h))

soldier: vojak (voyak)

sole: (of shoe) podošva (podoshva(h)); **(of foot)** chodidlo (khodˇeedlo(h))

solid: pevný (pevnéé(h)); solídny (soléédnee(h))

some: May I have some water? Prosím si trochu vody? (proséém see(h) trokhoo(h) vodee(h)); **That's some drink!** To je výborný nápoj! (to(h) ye(h) veebornéé(h) nápoy!); **Some of them** Niektorí z nich

(ňyektoréé(h) zňeekh); **Can I have some?** Môžem dostatˇ aj ja? (mwozhem dostatˇ ay ya(h)?); **some other time** inokedy (eenokedee(h))

somebody: (someone) niekto (ňyekto(h))

something: niečo (ňyecho(h)); **something to eat** niečo na zjedenie (ňyecho(h) na(h) zyedˇeňye(h)); **something else** niečo iné (ňyecho(h) eené(h)); **Is there something wrong?** Je tam niečo zle? (ye(h) tam ňyecho(h) zle(h)?)

sometime: sometime this afternoon v priebehu dnešného popoludnia (fpryebehoo(h) dňeshného(h) popoloodňya(h))

sometimes: niekedy (ňyekedee(h))

somewhere: niekde (ňyegdˇe-(h)); **Let's go somewhere else!** Podˇme niekam inam! (podˇme(h) ňyekam eenam)

son: my son môj syn (mwoy seen)

song: pieseň (pyeseň)

son-in-law: my son-in-law môj zatˇ (mwoy zatˇ)

soon: skoro/čoskoro (skoro(h)/choskoro(h)); **I'll be back soon.** Čoskoro sa vrátim. (choskoro sa(h) vrátˇeem); **How soon?** Ako skoro? (ako(h) skoro(h)?); **as soon as possible**

sore   **speciality**

čo najskôr (cho(h) nayskwor)
sore: It's sore. Bolí to. (bo-
léé(h) to(h))
**sore throat: I have a sore
throat.** Bolí ma hrdlo. (boléé-
ma(h) hrdlo(h)); Mám zapálené
hrdlo. (mám zapálené(h) hrdlo-
(h).)
sorry: (I'm) sorry prepáčte
(prepáchtˇe(h)); **Sorry?** Pros-
ím? (proséém?); **Sorry, I am
late.** Prepáčte, že idem nskoro.
(prepáchtˇe(h) zhe(h) eedˇem
neskoro(h))
sort: What sort of...? Aký
druh...? (akéé(h) drukh...?);
Will you sort it out? Dáte to
do poriadku? (dátˇe(h) to(h)
do(h) poryatkoo(h)?)
soup: polievka (polyewka(h))
sour: (taste) kyslý (keesléé(h))
south: juh (yookh); **to the
south of...** južne od...(+G)
(yoozhňe(h) od...); **in the
south** na juhu (na(h) yoohoo-
(h))
South Africa: Južná Afrika
(yoozhná(h) afreeka(h))
South America: Južná Amerika
(yoozhná(h) amereeka(h))
southeast: juhovýchod (yooho-
véékhod)
southwest: juhozápad (yooho-
západ)
souvenir: suvenír (soovenéér)
souvenir shop: darčekový ob-
chod (darchekovéé(h) opkhot)
spa: kúpele (kóópele(h))

space heater: elektrický ohri-
evač (elektreetskéé(h) ohrye-
vach)
spade: rýľ (rééľ)
Spain: Španielsko (shpaňyel-
sko(h))
spare part: náhradná súčiastka
(náhradná(h) sóóchyastka(h))
spare tire: rezervná pneumati-
ka (rezervná(h) pneoomatee-
ka(h))
spark plug: sviečka (svyech-
ka(h))
**speak: Do you speak En-
glish?** Hovoríte anglicky? (ho-
voréétˇe(h) angleetskee(h)?); **I
speak a little Slovak.** Ho-
vorím trochu po Slovensky.
(hovoréém trokhoo(h) po(h)
slovenskee(h)); **I don't speak...**
Nehovorím... (ňehovoreem...);
Can I speak to...? Môžem ho-
voriť s...? (mwozhem hovo-
reeť s...?)
special: špeciálny (shpetseeyál-
nee(h)); **Nothing special** nič
zvláštne (ňeech zvláshtne(h))
specialist: odborník (odbor-
ňéék)
specialty: špecialita (shpetsee-
yaleeta(h)); **the specialty of
the house** naša špecialita (na-
sha(h) shpetseeyaleeta(h));
What is the local specialty?
Aká je miestna špecialita? (a-
ká(h) ye(h) myestna(h) shpe-
tsyaleeta(h)?)

speed: (noun) rýchlosť (réékh-losť); **He was speeding.** Šiel veľmi rýchlo. (shyel veľmee-(h) réékhlo(h))

speed limit: obmedzenie rýchlosti (obmedzeňye(h) réékhlosť ee(h))

speedometer: rýchlomer, tachometer (réékhlomer/takhometer)

spell: How do you spell it? Ako sa to píše? (ako(h) sa(h) to(h) pééshe(h)?)

spend: minúť (meenóóť); **I spent 3 weeks in Hungary.** Strávil som tri týždne v Maďarskú. (stráveel som tree(h) téézhdňe(h) v Maďarskoo(h)); **I don't want to spend too much money.** Nechcem minúť príliš veľa peňazí. (ňekhtsem meenóóť prééleesh veľa(h) peňazéé(h))

spice: korenie (koreňye(h))

spicy: It's very spicy. Je to veľmi korenené. (ye(h) to(h) veľmee(h) korenené(h)); (very hot) veľmi ostrý (veľmee(h) ostréé(h)); (pepper) štipľavý (shteeplavéé(h))

spider: pavúk (pavook)

splint: (for limb) dlaha (dla-ha(h))

splinter: trieska (tryeska(h))

spoke: (of wheel) špica (shpeet-sa(h))

sponge: špongia (shpongee-ya(h))

spoon: lyžica (leezheetsa(h))

sport: šport (shport)

sport(s) jacket: športová blúza (shportová(h) blóóza(h))

spot: (on face) (blackhead) uhor (oohor)/(pustule, pimple) vriedok (vryedok); **Will they do it on the spot?** Urobia to na mieste? (oorobya(h) to(h) na(h) myesť e(h)?)

sprain: I've sprained my... Vytkol som si...(+A)/podvrtol som si...(+A) (veetkol som see-(h) / podvrtol som see(h)...)

spray: (for hair) lak na vlasy (lak na(h) vlasee(h)); spray (sprey)

spring: (season) jar (yar); (of car, seat) pružina/pero (proozheena /pero(h))

square: (in town) námestie (námesť ye(h)); **ten square meters** desať štvorcových metrov (d esať shtvortsovéékh metrov)

squash: (game) squash (squash)

stain: (noun: on clothes) škvrna (shkvrna(h))

stairs: schody (skhodee(h))

stale: (bread) starý (staréé(h)); (taste) skazený (skazenéé(h))

stall: The engine keeps stalling motor. Stále zhasína. (motor stále(h) zhasééna(h))

stalls: (in theatre) prízemie

stamp: (noun: postage) známka (známka(h)); (noun:on documents) pečiatka (pechyatka(h)); **A stamp for England, please.** Prosím si známku do Anglicka. (proseem see(h) známkooh) do(h) Angleetska(h))

stand: I can't stand... (can't tolerate) Nemôžem zniesť... (ňemwozhem znyesť...)

standard: (adj) štandardný (shtandardnéé(h)); (noun) norma (norma(h))

standby: standby (stendbay)

star: hviezda (hvyezda(h)); (in movies) filmová hviezda (feelmová(h) hvyezda(h))

start: (noun) začiatok (zachyatok); **When does the film start?** Kedy sa začína film? (kedee(h) sa(h) zachééna(h) feelm?); **The car won't start.** Motor nechce naštartovať. (motor ňekhtse(h) nashtartovať)

starter: (of car) štartér (shtartér); (food) predjedlo (predyedlo(h))

starving: I'm starving. Umieram od hladu. (oomyeram od hladoo(h)); Som veľmi hladný (som veľmee(h) hladnéé(h)).

state: (country) štát (shtát); **the States** Spojené Štáty (spoyené(h) shtátee(h))

station: stanica (staňeetsa(h))

statue: socha (sokha(h))

stay: bývať (béévať); **Where are you staying?** Kde bývate? (gde(h) béévaťe(h)?); **I'm staying at...** Bývam v...(+L) (béévam v...); **I'd like to stay longer.** Rád by som zostal

dlhšie. (rád bee(h) som zostal dlhshye(h))

steak: biftek (beeftek)

steal: kradnúť (kradnóóť); **My bag has been stolen.** Ukradli mi tašku. (ookradlee(h) mee(h) tashkoo(h))

steep: strmý (strméé(h))

steering: riadenie (ryaďeňye(h))

steering wheel: volant (volant)

step: (stairs) schod/schodík (skhod/skhoďéék)

stereo: stereo (stereo)

stew: dusené mäso (doosené(h) meso(h))

steward: steward (stevard)

stewardess: stewardka (stevardka(h))

sticky: It's sticky. Je to lepkavé. (ye(h) to(h) lepkavé(h))

still: I'm still waiting. Ešte stále čakám. (eshťe(h) stále(h) chakám); **Will you still be open?** Budete mať otvorené? (booďeťe(h) mať otvorenē (h)?); **It's still not right.** Ešte to nie je v poriadku. (eshťe(h) to(h) ňye(h) ye(h) fporyatkoo(h))

sting: a bee sting poštípanie včelou (poshtéépaňye(h) fchelow); **I've been stung by a bee.** Poštípala ma včela. (poshťéépala(h) ma(h) fchela(h))

stink: (noun) zápach (zápakh); **It stinks.** Zapácha to. (zapákha(h) to(h))

stockings: pančuchy (panchoo-khee(h))

stolen: ukradnutý (ookradnoo-téé(h)); **My wallet's been stolen.** Ukradli mi peňaženku. (ookradlee(h)mee(h)peňazhen-koo(h))

stomach: žalúdok (zhalóódok); **I have an upset stomach.** Mám pokazený žalúdok. (mám pokazenéé(h) zhalóódok)

stomachache: bolesti žalúdka (bolestˇee(h) zhalóótka(h))

stone: (rock) kameň (kameň)

stop: (bus stop) autobusová zastávka (aootoboosová(h) zastávka(h)); **Which is the stop for ...?** Ktorá zastávka je do...? (ktorá(h) zastávka(h) ye(h) do(h)...?); **Please stop here.** Prosím vás, zastavte tu. (proséém vás, zastavtˇe(h) too(h)); **Stop doing that!** Prestaňte to robiťˇ! (prestaňtˇe(h) to(h) robeetˇ!)

stopover: prestupovanie (prestoopovaňye(h))

store: (shop) obchod (opkhod)

storm: búrka (bóórka(h))

story: (tale) poviedka/príbeh (povyetka(h)/préébekh); story (of building) poschodie (poskhodˇye(h))

stove: sporák (sporák)

straight: (road etc.) rovný/priamy (rovnéé(h)/pryamee(h)); **It's straight ahead.** Je to rovno. (ye(h) to(h) rovno(h))

straighten: Can you straighten it out? (sort things out) Môžete datˇ veci do poriadku? (mwozhetˇe(h) datˇ vetsee(h) do(h) poryatkoo(h)?)

strange: (odd) čudný (choodnéé(h)); (unknown) cudzí (tsoodzéé(h))

stranger: cudzinec (tsoodzeenets)

strap: remeň/remienok (remeň /remyenok)

strawberry: jahoda (yahoda(h))

stream: potok (potok)

street: ulica (ooleetsa(h)); **on the street** na ulici (na(h) ooleetsee(h)); **this street** táto ulica (táto(h) ooleetsa(h)); **What street do you live on?** Na akej ulici bývate? (na(h) akey ooleetsee(h) béévatˇe(h)?)

streetcar: električka (elektree-chreechka(h))

street map: mapa ulíc (mapa(h) oolééts)

strike: They're on strike Štrajkujú (shtraykooyóó(h))

string: špagát (shpagát)

striped: prúžkovaný/pruhovaný (próózhkovanéé(h)/proohova-néé(h))

stroke: He's had a stroke. Mal porážku. (mal porazhkoo(h))

stroller: (for babies) kočík (kochéék)

strong: silný (seelnéé(h)); **This drink is too strong.** Je to

vel̆mi silné. (ye(h) to(h) vel̆-
mee(h) seelné(h))
stuck: zaseknutý (zaseknoo-
téé(h)); **The key's stuck.**
Kl̆úč sa zasekol. (kl̆óóch sa(h)
zasekol); **How long will we
be stuck here?** Na ako dlho
sme tu uviazli? (na(h) ako(h)
dlho(h) sme(h) too(h) oovyaz-
lee(h)?)
student: (male) študent (shtoo-
dent); **(female)** študentka
(shtoodentka(h))
stupid: hlúpy (hlóópee(h))
style: štýl (shtéél); **That's not
my style.** To nie je môj štýl.
(to(h) n̆ye(h) ye(h) mwoy shté-
él); **I like that style.** Páči sa
mi ten štýl. (páchee(h) sa(h)
mee(h) ten shtéél)
subtitles: (film) titulky (tee-
toolkee(h))
suburb: predmestie (pred-
mest̆ye(h))
subway: metro (metro(h));
**There is a modern subway
in Prague.** V Prahe je moder-
né metro. (fprahe(h) ye(h) mo-
derné(h) metro(h))
successful: úspešný (óóspesh-
néé(h)); (adj.) **Were you suc-
cessful?** Mali ste úspech? (ma-
lee(h) st̆e(h) óóspekh?)
suddenly: náhle/zrazu (náh-
le(h)/zrazoo(h))
sue: I plan to sue... Hodlám
sa súdit̆... (hodlám sa(h) sóó-
d̆eet̆...)
suede: glazé (glazé)

sugar: cukor (tsookor); **coffee
with sugar** káva s cukrom (ká-
va(h) stsookrom)
**suggest: What do you sug-
gest?** Čo navrhujete? (cho(h)
navrhooyet̆e(h)?)
suit: (clothes) oblek/kostým
(oblek/kostéém); **That suits
me fine.** (arrangements) To sa
mi hodí (to(h) sa(h) mee(h) ho-
d̆éé(h))
suitable: vhodný (vhodnéé(h))
suitcase: kufor (koofor)
sulk: Don't sulk. Nebudt̆e
namrzený. (n̆eboot̆t̆e(h) nam-
rzenéé(h))
summer: leto (leto(h)); **in the
summer** v lete (vlete(h)); **next
summer** budúce leto (boodoo-
tse(h) leto(h))
sun: slnko (slnko(h)); **in the
sun** na slnku (na(h) slnkoo(h));
out of the sun v tieni (ft̆ye-
n̆ee(h))
sunbathe: opal̆ovt̆ sa (opal̆o-
vat̆ sa(h))
sunblock: krém na opal̆ovanie
(krém na(h) opal̆ovan̆ye(h))
**sunburn: Have you got some-
thing for a sunburn?** Máte
niečo na popáleniny od slnka?
(mát̆e(h) n̆yecho(h) na(h) po-
pálen̆eenee(h) od slnka(h)?);
I'm sunburned all over. Celý
som sa spálil. (tseléé(h) som
sa(h) spáleel)
Sunday: nedel̆a (n̆edel̆a(h))
sunglasses: slnečné okuliare
(sln̆echné(h) okoolyare(h))

sunny: a sunny day slnečný
deň (slnechnéé(h) dˇeň)
sunrise: východ slnka (véékhod
slnka(h))
sunset: západ slnka (zápat slnka(h))
sunshine: It's sunshine. Svieti
slnko. (svyetˇee(h) slnko(h))
suntan: to get a suntan opá-
litˇ sa (opáleetˇ sa(h))
suntan lotion: mlieko na opa-
ľovanie (mlyeko(h) na(h) opa-
ľovaňye(h))
suntanned: opálený (opále-
néé(h))
superb: nádherný/úžasný (nád-
hernéé(h)/óózhasnéé(h))
supermarket: samoobsluha (sa-
mo(h)opslooha(h))
superstitious: poverčivý (po-
vercheevéé(h))
supper: večera (vechera(h))
supplement: (extra charge) do-
plnok/dodatok (doplnok / doda-
tok)
suppose: I suppose so. Pred-
pokladám, že je to tak. (pret-
pokladám, zhe(h) ye(h) to(h)
tak)
suppository: čípok (chéépok)
sure: I'm sure. Som si istý. (som
see(h) eestéé(h)); **I'm not sure.**
Nie som si istý. (ňye(h) som
see(h) eestéé(h)); **Are you
sure?** Ste si istý? (stˇe(h) see(h)
eestéé(h)?); **He's sure.** On si je
istý. (on see(h) ye(h) eestéé(h));
Sure! Určite! (oorcheetˇe(h))
surgery: chirurgia (kheeroor-
geeya(h))

surname: priezvisko (pryezvees-
ko(h)); **What's your sur-
name?** Aké je vaše priezvisko?
(aké(h) ye(h) vashe(h) prye-
zveesko(h)?)
surprise: (noun) prekvapenie
(prekvapeňye(h))
**surprising: That's not sur-
prising.** To neprekvapuje.
(to(h) ňeprekvapooye(h))
suspension: (auto) perá (perá-
(h)), perovanie (perovaňyeˇ(h))
swallow: (verb) prehltnútˇ (pre-
hltnóótˇ)
swearword: nadávka (nadáv-
ka(h))
sweat: (verb) potitˇ sa (potˇeetˇ
sa(h)); (noun) pot (pot); **I'm
sweating.** Potím sa. (potˇéém
sa(h))
sweater: sveter (sveter)
sweatshirt: tričko (treechko(h))
Sweden: Švédsko (Shvétsko(h))
sweet: (taste) sladký (slatkéé(h))
sweets: sladkosti (slatkostˇee(h))
swelling: opuch (opookh)
swerve: I had to swerve. (when
driving) Musel som náhle sto-
čitˇ volant. (moosel som ná-
hle(h) stocheetˇ volant)
swim: (verb) plávatˇ (plávatˇ);
**Do you want to go for a
swim?** Chcete si ístˇ zaplávatˇ?
(khtsetˇe(h) see(h) ééstˇ zaplá-
vatˇ?); **I can't swim.** Neviem
plávatˇ. (ňevyem plávatˇ)

swimming   **take**

swimming: plávanie (pláva-
ňye(h)); **I like swimming.** Rád
plávam. (rád plávam)
swimming pool: bazén (bazén)
swimming suit: plavky (plav-
kee(h))
Swiss: (adj) švajčiarsky (shvay-
chyarskee(h)); (man) Švajčiar
(shvaychyar); (woman) Švajčiar-
ka (shvaychyarka(h)))
switch: (noun) vypínač (vee-
péénach); **Could you switch
it on?** Mohli by ste to zapnúť˘?
(mohlee(h) bee(h) sťˇe(h) to(h)
zapnóóť˘?); **Could you switch
it off?** Mohli by ste to vyp-
núť˘? (mohlee(h) bee(h) sťˇe(h)
to(h) veepnóóť˘?)
Switzerland: Švajčiarsko (shva-
ychyarsko(h)))
swollen: opuchnutý (opookh-
nootéé(h)); **swollen elbow**
opuchnutý laket˘ (opookh-
nootéé laket˘)
swollen glands: zdurené žľ˘azy
(zdoorené(h) zhľ˘azee(h)); **My
glands are swollen.** Mám
zdurené žlázy. (mám zdoore-
né(h) zhľ˘azee(h)).
sympathy: sústrasť˘ (soo strasť˘)
/súcit (sootseet)
symphony: symfónia (seem fó-
neeya(h))
synagogue: synagóga (seena-
góga(h))
synthetic: syntetický (seentetee-
tskéé(h))
system: systém (seestém)

T

table: stôl (stwol); **a table for
two** stôl pre dvoch (stwol pre-
(h) dvokh); **Can we move to
another table?** Môžeme si
presadnúť˘ k inému stolu?
(mwozheme(h) see(h) presad-
nóóť˘ keenémoo(h) stoloo(h)?)
table tennis: stolný tenis (stol-
néé(h) tenees)
tablecloth: obrus (obroos)
tactful: (person) taktný (takt-
néé(h))
tailor: krajčír (kraychéér)
take: vziať˘ (vzyať˘); **Will you
take this to my room?** Vez-
mete to do mojej izby? (vez-
meť˘e(h) to(h) do(h) moyey
eezbee(h)?); **Do you take cre-
dit cards?** Prijímate kreditné
karty? (preeyéémaťˇe(h) kre-
deetné(h) kartee(h)?); **How
long does it take?** Koľˇko to
trvá? (koľˇko(h) to(h) trvá(h)?);
It'll take 20 minutes. Bude to
trvať˘ 20 minút. (boodˇe(h)
to(h) trvať˘ dvatsať˘ meenóót);
Is this seat taken? Je to se-
dadlo obsadené? (ye(h) to(h)
sedadlo(h) opsadˇené(h)?); · **I
can't take too much sun.**
Nemôžem byť˘ dlho na slnku.
(ňemwozhem beeť˘ dlho(h)
na(h) slnkoo(h)); **When does
the plane take off?** Kedy
odlyeta lietadlo? (kedee(h)

odlyeta(h) lyetadlo(h)?); **Can I take a picture here?** Môžem tu fotiť? (mwozhem too(h) foťeeť?); **I'd like to take a bath.** Rád by som sa okúpal. (rád bee-(h) som sa(h) okóópal); **I'd like this one.** Zoberiem si tento. (zoberyem see(h) tento(h)); **Please, take me home!** Zoberte ma, prosím, domov! (zoberťe(h) ma(h) proséém domov)

talcum powder: zásyp (záseep)

talk: (verb) hovoriť (hovoreeť)

tall: vysoký (veesokéé(h))

tampons: tampóny (tampónee-(h))

tan: I got a good tan today. Dnes som sa dobre opálil. (dňes som sa(h) dobre(h) opáleel)

tank: (auto) nádrž (nádrzh)

tap: kohútik (kohóóťeek)

tape: (cassette) magnetofónová páska (magnetofónová(h) páska-(h)); (adhesive) lepiaca páska (lepyatsa(h) páska(h))

tape recorder: magnetofón (magnetofón)

taste: (noun) chuť/vkus (khooť/fkoos); **May I taste it?** Môžem to ochutnať? (mwozhem to(h) okhootnať?); **It has a funny taste.** Má to neobvyklú chuť. (má(h) to(h) ňeobveeklóó(h) khooť); **It tastes very good.** Je to veľmi chutné. (ye(h) to(h) veľmee(h) khootné(h)); **It tastes awful.** Má to odpornú chuť. (má(h) to(h) odpornóó(h) khooť)

Tatra mountains: Tatry (ta-tree(h))

tax: daň (daň); **Is there tax?** Je tu daň? (ye(h) too(h) daň?)

taxi: taxík (takseek); **Where is the taxi stand?** Kde je stanovište taxíkov? (gdʹe(h) ye(h) stanoveeshťe(h) takséékov?)

taxi driver: taxikár (takseekár)

taxi stand: stanovište taxíkov (stanoveeshte(h) takséékov)

tea: (drink) čaj (chay); **Two cups of tea, please.** Prosím si 2 šálky čaju. (proséém see(h) dve(h) shálkee(h) chayoo(h)); **Could I have a cup of tea?** Môžem dostať šálku čaju? (mwozhem dostať shálkoo(h) chayoo(h)); **Tea with lemon, please.** Čaj s citrónom, prosím. (chay stseetrónom, proséém); **iced tea** ľadový/studený čaj (ľadovéé(h)/stoodʹenéé(h) chay)

tea bag: vrecúško čaju (vretsóóshko(h) chayoo(h)); čajové vrecko (chayové(h) vretsko(h))

teach: Could you teach me? Mohli by ste ma učiť? (moh-lee(h) bee(h) stʹe(h) ma(h) oocheeť?); **Could you teach me some Slovak phrases?** Mohli by ste ma naučiť nejaké slovenské frázy? (mohlee(h) bee(h) stʹe(h) ma(h) naoo-cheeť ňeyaké(h) slovenské(h) frázee(h)?); **Could you teach me Slovak?** Mohli by ste ma učiť po slovensky? (mohlee(h) bee(h) stʹe(h) ma(h) oocheeť po(h) slovenskee(h)?)

teacher: (male) učiteľ (oochee-teľ); (female) učiteľka (oo-cheeteľka(h)); (male, secondary) profesor (profesor); (female, secondary) profesorka (profesorka(h)); **I need a Slovak teacher.** Potrebujem učiteľa Slovenčiny. (potrebooyem oocheeteľa(h) Slovenchee-nee(h))

team: tím (téém)

teapot: čajník (chayňéék)

telegram: telegram (telegram); **I want to send a telegram.** Chcem poslať telegram. (khtsem- poslať telegram)

telephone: telefón (telefón); **Can I make a telephone call?** Môžem si zatelefonovať? (mwozhem see(h) zatelefono-vať?); **Where is the telephone?** Kde je telefón? (gďe-(h) ye(h) telefón?)

telephone booth: telefónna búdka (telefónna(h) bóótka(h))

telephone directory: telefónny zoznam (telefónnee(h) zoznam)

telephone number: telefónne číslo (telefónne(h) chééslo(h)); **What's your telephone? number?** Aké je vaše telefónne číslo? (aké(h) ye(h) vashe(h) telefónne(h) chééslo(h)?)

telephoto lens: teleobjektív (te-leobyektéév)

television: televízia (televééze-eya(h)); **I want to watch television.** Chcem pozerať televíziu. (khsem pozerať televééze-eyoo(h))

tell: Could you tell him to call me? Mohli by ste mu po-vedať aby mi zavolal? (moh-lee(h) bee(h) sťe(h) moo(h) po-vedať abee(h) mee(h) zavolal?); **I can't tell the difference.** Nevidím rozdiel. (ňeveeďéém rozďyel); **Tell me about your trip!** Povedzte mi o va-šom výlete! (povedzťe(h) mee-(h) ovashom vééleťe(h))

temperature: (weather) teplota (ťeplota(h)); (fever) horúčka (horóóchka(h)); **I have a temperature.** Mám teplotu. (mám ťeplotoo(h))

temple: chrám (khrám)

temporary: dočasný (dochas-néé(h))

tenant: nájomník (náyomňéék)

tennis: tenis (tenees); **Do you play tennis?** Hráte tenis? (hrá-ťe(h) tenees)?

tennis ball: tenisová lopta (te-neesová(h) lopta(h))

tennis court: tenisový kurt (te-neesovéé(h) koort)

tennis racket: tenisová raketa (teneesová(h) raketa(h))

tent: stan (stan)

term: (at school) semester (se-mester)

terminal: autobusová stanica (aootoboosová(h) staňeetsa(h))

terrace: terasa (terasa(h)); **on the terrace** na terase (na(h) terase(h))

terrible: hrozný (hroznéé(h)) **It was terrible.** Bolo to hrozné. (bolo(h) to(h) hrozné(h))

terrific: výborný/ohromný (véé-bornéé(h)/ohromnéé(h))

test: test (test)

than: než, ako (ňezh, ako(h)); **bigger than** väčší ako (ve-chshéé(h) ako(h)); **less than** that menej ako to (meňey ako-(h) to(h)); **other than** that iný než ten (eenéé(h) ňezh ten)

thank you: Dˇakujem, dˇaku-jem Vám. (dˇakooyem, dˇakoo-yem vám); **Thank you for everything.** Dˇakujem Vám za všetko. (dˇakooyem vám za-shetko(h)); **Thank you very much.** Dˇakujem Vám velˇmi pekne. (dˇakooyem vám velˇ-mee(h) pekňe(h)); **No, thanks.** Nie, dˇakujem. (ňye(h), dˇa-kooyem)

that that woman tá žena (tá(h) zhena(h)); **that man** ten človek (ten chlovek); **that one** ten (ten); **I hope that...** dúfam, že... (dóófam, zhe(h)...); **I did not know that.** Nevedel som to. (ňevedˇel som to(h)); **That's perfect!** To je perfektné! (to(h) ye(h) perfektné   (h)); **That's strange.** To je čudné. (to(h) ye(h) choodné   (h)); **Is that...?** Je to...? (ye(h) to(h)...?); **That's it.** (that's right) Tak je. (tak ye(h)); **Is it that expen-sive?** Je to také drahé? (ye(h) to(h) také(h) drahé(h)?)

theater: divadlo (dˇeevadlo(h))

their: ich (eekh); **their house** ich dom (eekh dom)

theirs: ich (eekh)

them: for them pre nich (pre-(h) ňeekh); **with them** s nimi (sňeemee(h)); **I gave it to them.** Dal som im to. (dal som eem to(h))

then: (at that time) vtedy (fte-dee(h)); (after that) potom (po-tom)

there: over there tam (tam); **up there** tam hore (tam ho-re(h)); **Is there...?** je tam...? (ye(h) tam?); **Are there...?** sú tam...? (sóó(h) tam...?); **Who's there?** Kto je tam? (kto(h) ye(h) tam?); **There are two of us.** Sme dvaja. (sme(h) dvay-a(h)); **There is the restau-rant.** Je tam reštaurácia. (ye(h) tam reshtawrátseeya(h)); **Is the-re any news?** Sú nejaké sprá-vy? (soo(h) ňeyaké(h) správee-(h)?)

thermal spring: termálny pra-meň (termálnee(h) prameň)

thermometer: teplomer (tˇep-lomer)

thermostat: (auto)   termostat (termostat)

these: títo (tééto(h)); **Can I have these?** Môžem dostatˇ tieto? (mwozhem dostatˇ tyeto-(h)); **What are these?** Co to je? (cho(h) to(h) ye(h))

they: oni/ony (onee(h)); **They are here.** Sú tu. (sóó(h) too-(h)); **Who are they?** Kto je to? (gdo(h) ye(h) to(h))

thick: hrubý (hroobéé(h))

thief: zlodej (zlodˇey)

thigh: stehno (stˇehno(h))

thin: (material) tenký (tˇenkéé(h)); (person) chudý (khoodéé(h))

thing: vec (vets); **Have you seen my things?** Nevideli ste moje veci? (ňeveedˇelee(h) stˇe(h) moye(h) vetşee(h)?); **What is that thing?** Co je to? (cho(h) ye(h) to(h)?); **It's the same thing.** To je to isté. (to(h) ye(h) to(h) eesté(h))

think: mysliet̆ (meeslyet̆); **I think so.** Myslím, že je to tak. (meesleem, zhe(h) ye(h) to(h) tak); **I don't think so.** Nemyslím, že je to tak. (ňemeesléém, zhe(h) ye(h) to(h) tak)

third class: tretia trieda (tretˇya(h) tryeda(h))

thirsty: I'm thirsty. Som smädný. (som smednéé(h))

this: this street táto ulica (táto-(h) ooleetsa(h)); **this one** tento, táto, toto (tento(h), táto(h), toto(h)); **This is my wife.** Toto je moja žena. (toto(h) ye(h) moya(h) zhe-na(h)); **Is this yours?** Je to vaše? (ye(h) to(h) vashe(h)?) **What is this?** Co je to? (cho(h) ye(h) to(h)?)

those: tí, tamtí (téé(h), tam-téé(h)); **Not these, those.** Nie títo, tamtí. (ňye(h) tééto(h), tamtéé(h))

thread: (noun) nit̆ (ňeet̆)

throat: hrdlo (hrdlo(h))

through: cez (tses); **Does it go through Brno?** Ide to cez Brno? (eedˇe(h) to(h) tses Brnoo(h)?); **Monday through Friday** od pondelka do piatku (otpondelka(h) dopyatkoo(h))

through train: priamy vlak (pryamee(h) vlak)

throw: (verb) hodit̆ (hodˇeet̆); **Don't throw it away!** Neodhod̆te to! (ňeodhot̆tˇe(h) to-(h)); **I'm going to throw up.** Je mi na vracanie. (ye(h) mee(h) na(h) vratsaňye(h))

thumb: palec (palets)

thumbtack: pripináčik (preepeenácheek)

thunder: hrom (hrom)

thunderstorm: búrka (bóórka(h))

Thursday: štvrtok (shtvrtok)

ticket: lístok (lééstok); **one way ticket** lístok do...(city) (lééstok do(h)); **round-trip ticket** spiatočný lístok (spyatochnéé(h) lééstok)

ticket office: pokladňa (pokladňa(h))

tie: (necktie) kravata (kravata(h))

tight: tesný (tˇesnéé(h)); **The waist is too tight.** V páse je to vel̆mi tesné. (fpáse(h) ye(h) to(h) vel̆mee(h) t̆esné(h))

tights: pančuchy (panchoo-khee(h)

time: čas (chas); **What time is it?** Koľko je hodín? (koľko(h) ye(h) hodʼéén?); **When do you close?** Kedy zatvárate? (kedee(h) zatvárat̆e(h)?); **for the time being** nateraz (nateras); **from time to time** z času na čas (schasoo(h) nachas); **this time** tentoraz (tentoras); **next time** nabudúce (naboodóótse(h)); **Have a good time!** Majte sa krásne! (mayt̆e(h) sa(h) krásňe(h)!); **It's time to go.** Je čas ísť. (ye(h) chas éést̆); **How many times?** Koľko krát? (koľko(h) krát?)

tin: (can) konzerva (konzerva(h))

tinfoil: alumíniová fólia (aloo-mééneeyová(h) fóleeya(h))

tiny: maličký/drobný (maleech-kéé(h)/drobnéé(h))

tip: sprepitné (sprepeetné(h)); **Does that include the tip?** Je v tom sprepitné? (ye(h) ftom sprepeetné(h)?)

tire: (auto) pneumatika/guma (pneoomateeka(h)/gooma(h))

tired: unavený (oonavenéé(h)); **I'm tired.** Som unavený. (som oonavenéé(h)); **She is very tired.** Je veľmi unavená. (ye(h) veľmee(h) oonavená(h))

tiring: únavný (óónavnéé(h)) **It's tiring.** Je to únavné. (ye(h) to(h) óónavné(h))

tissues: (Kleenex) papierové vreckovky (papyerové(h) vretskowkee(h))

to: **to the airport** na letisko (na(h) let̆eesko(h)); **To your health!** Na vaše zdravie! (na(h) vashe(h) zdravye(h)!); **a one-way ticket to New York** lístok do New Yorku (lééstok do(h) ňooyorkoo(h))

toast: (bread) toast (towoost); (drinking) prípitok (préépeetok); **I'd like to propose a toast.** Chcel by som predniesť prípitok. (khtsell bee(h) som predňyesť préépeetok)

tobacco: tabak (tabak)

tobacco shop: trafika (trafeeka(h))

today: dnes (dňes)

together: spolu (spoloo(h)); **We're together.** My sme spolu. (mee(h) sme(h) spoloo(h)); **Let's go together!** Poďme spolu! (poďme(h) spoloo(h))

toilet: W.C. (vé(h) tsé(h)); **Where's the toilet?** Kde je W.C.? (gd̆e(h) ye(h) vé(h) tsé(h)?)

toilet paper: toaletný papier (to(h)aletnéé(h) papyer)

toll: (for motorway) mýto (mééto(h))

tomato: paradajka (paraday-ka(h)); **tomato juice** paradajková šťava (paradayková(h) šhťava(h))

tomorrow: zajtra (zaytra(h)); **tomorrow afternoon** zajtra popoludní (zaytra(h) popoloodňéé(h)); **the day after tomor-row** pozajtra (pozaytra(h)); **See you tomorrow.** Dovidenia zajtra. (doveedˇeňya(h) zaytra(h))

ton: tona (tona(h))

tongue: jazyk (yazeek)

tonic: (water) tonik (toneek)

tonight: dnes večer (dňes vecher); **See you tonight!** Dovidenia večer! (doveedˇeňya(h) vecher!)

too: (excessively) príliš/velˇmi (prééleesh/velˇmee(h)); **It's too expensive.** Je to velˇmi drahé. (ye(h) to(h) velˇmee(h) drahé(h)); **too much** príliš velˇa (prééleesh velˇa(h)); (also) tiež (tˇyezh); **I was there too.** Aj ja som tam bol. (ay ya(h) som tam bol); **Will you go too?** Pôjdete tiež? (pwoydˇetˇe(h) tˇyezh?)

tooth: zub (zup)

toothache: bolesti zubov (bolestˇee(h) zoobow)

toothbrush: zubná kefka (zoobná(h) kefka(h))

toothpaste: zubná pasta (zoobná(h) pasta(h))

top: on top of... (direction) na vrch (+G) (navrkh); (location) navrchu...(+G) (navrkhoo(h)); **on top of the mountain** na vrchu hory (na(h) vrkhoo(h) horee(h)); **on the top floor** na hornom poschodí (na(h) hornom poskhodˇéé(h)); **top quality** najlepšia kvalita (naylepshya(h) kvaleeta(h)); **bikini**

top horný diel bikín (hornéé(h) dˇyel beekéén)

torch: baterka (baterka(h))

total: celková suma (tselková(h) sooma(h))

touch: (verb) dotýkatˇ sa (dotéékatˇ sa(h)); **Let's keep in touch!** Zostaňme v styku! (zostaňme(h) fsteekoo(h)); **Please, don't touch that!** Nedotýkajte sa toho, prosím! (ňedotéékaytˇe(h) sa(h) toho(h) proséém)

tough: (meat) žilovitý (zheeloveetéé(h)); **Tough luck!** To je smola! (to(h) ye(h) smola(h)!)

tour: (noun) výlet/túra/cesta (véélet/tóóra(h)/tsesta(h)); **Is there a tour of...?** Robí sa výlet do...(+G)? (robéé(h) sa(h) véélet do(h)...?)

tour guide: turistický sprievodca (tooreesteetskéé(h) spryevottsa(h))

tourist: turista (tooreesta(h))

tourist information office: cestovná kancelária (tsestovná(h) kantseláreeya(h)); informačná koncelá- ria (eenformachná kontseláreeya(h))

toward(s): smerom k/ku (smerom k(h)/koo(h)); **toward(s) Bratislava** smerom k Bratislave (smerom kbratˇeeslave(h))

towel: uterák (ootˇerák)

town: mesto (mesto(h)); **in the town** v meste (vmestˇe(h)); **Which bus goes into town?** Ktorý autobus ide do mesta? (ktoréé(h) aootoboos eedˇe(h)

town hall   **trouble**

do(h) mesta(h)?); **I'd like to walk around the town.** Rád by som si prešiel mesto. (rád bee(h) som see(h) preshyel mesto(h))

town hall: radnica (radňeetsa(h))

toy: hračka (hrachka(h))

track suit: tepláky (tˇeplákee(h))

traditional: tradičný (tradeechnéé(h))

traffic: premávka (premávka(h))

traffic jam: dopravná zápcha (dopravná(h) zápkha(h))

traffic light: semafor (semafor)

train: vlak (vlak); **When's the next train to...?** Kedy odchádza dˇalší vlak do...(+G)? (kedee(h) odkhádza(h) dˇalshéé(h) vlak do...?); **by train** vlakom (vlakom); **Is this train late?** Meška ten vlak? (meshká(h) ten vlak)

train station: železničná stanica (zhelezňeechná(h) staňeetsa(h))

tram: električka (elektreechka(h))

tranquilizers: utišujúce prostriedky (ootˇeeshooyóótse(h) prostryedkee(h))

transformer: (elec) transformator (transformátor)

translate: preložitˇ (prelozheetˇ); **Could you translate that?** Mohli by ste to preložitˇ? (mohlee(h) bee(h) stˇe(h) to(h) prelozheetˇ?)

translation: preklad (preklad)

translator: prekladatelˇ /tlmočník/(prekladatˇelˇ/tlmochňéék)

transmission: (auto) prevod /prevodovka(prevod/prevodovka(h))

travel: cestovatˇ (tsestovatˇ); **I'm traveling alone** cestujem sám (tsestooyem sám)

travel agent: cestovný agent (tsestovnéé(h) agent)

travel agency: cestovná kancelária (tsestovná kantseláreeya(h))

traveler: cestujúci/cestovatelˇ (tsestooyóótsee(h)/tsestovatˇelˇ)

traveler's check: cestovný šek (tsestovnéé(h) shek)

tray: podnos (podnos)

tree: strom (strom)

tremendous: obrovský/ohromný (obrovskéé(h)/ohromnéé(h))

trendy: módny (módnee(h))

trim: Just a trim please. (hairdresser) Iba podstrihnútˇ, prosím. (eeba(h) potstreehnóótˇ, proséém)

trip: (journey) cesta/výlet (tsesta(h)/véélet); **I'd like to go on a trip to...** Chcel by som ístˇ na výlet do... (khtsel bee(h) som ééstˇ navéélet do(h)...); **Have a good trip.** Šťastnú cestu. (shtˇastnóó(h) tsestoo(h))

tripod: (camera) statív (statéév)

tropical: (heat) tropický (tropeetskéé(h))

trouble: tˇažkosti (tˇazhkostˇee(h)); **I'm having trouble with...** Mám tˇažkosti s...(+I)

(mám tˇazhkostˇee(h)   s...);
Sorry to trouble you. Pre-
páčte, že vás obtˇažujem. (pre-
páchtˇe(h), zhe(h) vas optˇaz-
hooyem); **I'm in trouble.**
Mám problém. (mám problém)
trousers: nohavice (nohavee-
tse(h))

trout: pstruh (pstrookh)

truck: nákladné auto (nákla-
dné(h) aooto(h))

truck driver: vodič nákladného
auta (vodˇeech nákladného(h)
aoota(h))

true: pravdivý (pravdeevee(h));
That's not true! To nie je
pravda! (to(h) ňye(h) ye(h)
pravda(h)); **Is that a true
story?** Je to skutočný príbeh?
(ye(h) to(h) skootochnéé(h)
préébekh)

trunk: (car) kufor auta (koofor
aoota(h)); (big case) velˇký
kufor (velˇkéé(h) koofor)

trunks: (swimming) plavky (pla-
wkee(h))

truth: pravda (pravda(h))

try: skúšatˇ/skúsitˇ (skóóshatˇ
/skóóseetˇ); **Can I try it on?**
Môžem to vyskúšatˇ? (mwo-
zhem to(h) veeskooshatˇ?);
I´ve never tried it. Nikdy
som to neskúsil. (ňeegdee(h)
som to(h) ňeskóóseel); **Can I
have a try?** Môžem to skúsitˇ?
(wmozhem to(h) skóóseetˇ?)

T-shirt: tričko (treechko(h))

Tuesday: utorok (ootorok)

tulip: tulipán (tooleepán)

tuna fish: tuniak (tooňyak)

tune: melódia (melódeeya(h))

tunnel: tunel (toonel)

turn: It's my turn. Som na ra-
de. (som na(h) radˇe(h)); **Turn
left!** Zabočte dolˇava! (zaboch-
tˇe(h) dolˇava(h)); **Where do
we turn off?** Kde odbočíme?
(gdˇe(h) odbochééme(h)?); **Can
you turn the heat on?** Môže-
te zapnútˇ kúrenie? (mwozhe-
tˇe(h) zapnóótˇ kóóreňye(h)?)

TV: televízia (televéézeeya(h))

tweezers: klieštiky (klyeshtˇee-
kee(h))

twice: dvakrát (dvakrát)

twin beds: dvojpostelˇ (dvoy-
postelˇ)

twins: dvojčatá (dvoychatá(h))

twist: I've twisted my ankle.
Vytkol som si členok. (veetkol
som see(h) chlenok)

type: (noun) typ (teep); **a dif-
ferent type of...** iný typ...(+G)
(eenéé(h) teep...)

typewriter: písací stroj (péésat-
séé(h) stroy)

typical: typický (teepeetskéé-
(h)); **That's typical!** To je
typické! (to(h) ye(h) teepeet-
ské(h)!)

tire: pneumatika (pneoomatee-
ka(h))

U

ugly: škaredý (shkaredéé(h))

Ukraine: Ukrajina (ookrayeena(h)); **(man)** Ukrajinec (ookrayeeňets); **(woman)** Ukrajinka (ookrayeenka(h)); (adj) ukrajinský (ookrayeenskéé(h))

ulcer: vred (vred); **stomach ulcer** žalúdočný vred (zhalóódochnéé(h) vred)

umbrella: dáždnik (dázhdňeek)

uncle: **my uncle** (mother's brother) môj ujo (mwoy ooyo-(h)); (father's brother) môj stýko (mwoy strééko(h))

uncomfortable: (chair etc) nepohodlný (ňepohodlnéé(h))

unconscious: bez vedomia (bez vedomya(h)); **She is unconscious.** Je v bezvedomí. (ye(h) vbezvedoméé)

under: pod (pod)

undercooked: (meat) nedovarený/nedopečený (ňedovarenéé(h)/ňedopechenéé(h))

underpants: spodky (spotkee-(h))

undershirt: tielko (tˇyelko(h))

understand: **I don't understand.** Nerozumiem. (ňerozoomyem); **I understand.** Rozumiem. (rozoomyem); **Do you understand?** Rozumiete? (rozoomyetˇe(h)?)

underwear: spodné prádlo (spodné(h) prádlo(h))

undo: (untie) rozopnúť (rozopnóóťˇ)

unemployed: nezamestnaný (ňezamestnanéé(h))

unfair: **That's unfair.** To je nefér. (to(h) ye(h) ňefér)

unforgettable: **It was an unforgettable experience.** Bol to nezabudnuteľný zážitok. (bol to(h) ňezaboodnootˇelˇ-néé(h) zázheetok)

unfortunately: žiaľ (zhyalˇ)

unfriendly: nepríjemný/nepriateľský (ňeprééyemnéé(h) /nepryatˇelˇskéé(h))

unhappy: nešťastný (ňeshtˇast-néé(h)); **Don't be unhappy!** Nebuď nešťastný! (ňebootˇ ňeshtˇastnéé(h)!)

unhealthy: nezdravý (ňezdravee(h)) **He looks unhealthy.** Vyzerá nezdravó. (veezerá ňezdravo(h))

United States: Spojené štáty (spoyené(h) shtátee(h)); **in the United States** v Spojených štátoch (fspoyeneekh shtátokh)

university: univerzita (ooneeverzeeta(h))

unlimited: unlimited mileage (for rental car) neobmedzená kilometráž (ňeobmedzená(h) keelometrázh)

unlock: odomknúť (odomknóóťˇ); **The door was unlocked.** Dvere boli odomknuté. (dvere(h) bolee(h) odomknooté(h))

unpack: vybaliť (veebaleeť); **I have to unpack my suitcase.** Musím si vybaliť kufor. (mooséém see(h) veebaleeť koofor)

unpleasant: nepríjemný (ňeprééyemnéé(h))

untie: odviazať (odvyazať)

until: pokiaľ (pokyaľ); kým (kéém); **Until we meet again.** (said as parting words) Do najbližšieho stretnutia. (do(h) naybleezhshyeho(h) stretnooťya(h)); **not until Wednesday** nie skôr ako v stredu (ňye(h) skwor ako(h) fstredoo(h)); **Until he returns** kým sa ne vráti (kéém sa(h) ňevráťee(h))

unusual: neobvyklý (ňeobveekléé(h)); **It's unusual.** To je nezvyklé. (to(h) ye(h) ňezveeklé(h))

up: hore (hore(h)); **I'm fed up!** Mám toho dosť! (mám toho(h) dosť); **He's not up yet.** (not out of bed) Ešte nevstal. (eshťe(h) ňefstal); **What's up?** Čo sa deje/Čo je nové? (cho(h) sa(h) ďeye(h)/cho ye(h) nové(h)?); **We'll leave it up to you.** Necháme to na vás. (ňekháme(h) to(h) na(h) vás); **The price went up.** Cena šla hore. (tsena(h) shla(h) hore(h))

upset: **I'm upset.** Som nahnevaný. (som nahňevanéé(h)); **I have an upset stomach.** Mám pokazený žalúdok. (mám pokazenéé(h) zhalóódok)

upside down: naopak (naopak); **Everything is upside down.** Všetko je hore nohami. (fshetko(h) ye(h) hore(h) nohamee(h)).

upstairs: hore (hore(h))

urgent: súrny (sóórnee(h)); **It's very urgent.** Je to veľmi súrne. (ye(h) to(h) veľmee(h) sóórne(h))

us: nás (nás); **Both of us will come.** Prídeme obaja. (préédeme(h) obaya(h)); **Please, call us.** Zavolajte nám, prosím. (zavolayťe(h) nám, proséém); **for us** pre nás (pre(h) nás); **with us** s nami (snamee(h))

use: (verb) použiť (po(h)oozheeť); **May I use...?** Môžem použiť...(+A)? (mwozhem po(h)oozheeť...?)

used: **I used to swim a lot.** Voľakedy som veľa plával. (voľakedee(h) som veľa(h) plával); **I am not used to this kind of food.** Nie som zvyknutý na takúto stravu. (ňye(h) som zveeknootéé(h) na(h) takóóto(h) stravoo(h)); **I'd like to buy some used furniture.** Chcel by som kúpiť starší nábytok. (khtsel bee(h) som kóópeeť starshéé(h) nábeetok)

useful: užitočný (oozheetochnéé(h)); **This book is useful.** Táto kniha je užitočná. (táto kňeeha(h) ye(h) oozheetochná(h))

usual: obvyklý (obveekléé(h))
usually: obyčajne (obeechay-ňe(h))

V

vacancy: Do you have any vacancies? (hotel) Máte nejaké vol̆né miesta? (mát̆e(h) ňeyaké(h) vol̆né(h) myesta(h)?)
vacation: dovolenka (dovolenka(h)); **I'm on vacation.** Som na dovolenke. (som na(h) dovolenke(h))
vaccination: očkovanie (ochkovaňye(h); **compulsory vaccination** povinné očkovanie (poveené(h) ochkovaňye(h))
vaccuum cleaner: vysávač (veesávach)
valid: platný (platnéé(h)); **Is this ticket still valid?** Je tento lístok ešte platný? (ye(h) tento(h) lééstok esht̆e(h) platnéé(h)?)
valley: údolie/dolina (óódolye(h)/doleena(h))
valuable: (adj) cenný/hodnotný (tsennéé(h)/hodnotnéé(h)); **My ring is very valuable.** Môj prsteň je vel̆mi cenný. (mwoy prst̆eň ye(h) vel̆mee(h) tsennéé(h)); **Can I leave my valuables here?** Môžem tu nechat̆ svoje cennosti? (mwozhem too(h) ňekhat̆ svoye(h) tsennost̆ee(h)?)

value: (noun) hodnota (hodnota(h))
van: dodávka (dodávka(h))
vanilla: vanilka (vaneelka(h)); vanilla ice cream vanilková zmrzlina (vaneelková(h) zmrzleena(h))
variety show: varieté (vareeyeté(h))
vary: It varies. Mení sa to. (meňéé(h) sa(h) to(h))
vase: váza (váza(h))
VD: pohlavná choroba (pohlavná(h) khoroba(h))
veal: tel̆acina (tel̆atseena(h)); tel̆acie mäso (t̆el̆atsye(h) meso(h)
vegetables: zelenina (zeleňeena(h))
vegetarian: I'm a vegetarian. Som vegetarián. (som) vegetareeyán); **I look for vegetarian restaurants.** Hl̆adám vegetariánske reštaurácie (hl̆adám vegetareeyánske(h) reshtawrátseeye(h))
velvet: zamat (zamat)
vending machine: automat (aootomat)
very: vel̆mi (vel̆mee(h)); **Thank you very much.** D̆akujem vel̆mi pekne. (d̆akooyem vel̆mee(h) pekňe(h)); **Slovak is very difficult.** Slovenčina je vel̆mi t̆ažká. (slovencheena(h) ye(h) vel̆mee(h) t̆ashká(h))

vest: vesta (vesta(h))

via: cez (tsez); **via Prague** cez Prahu (tsez prahoo(h))

video: (film) video (veedeo); (recorder) videorekordér (veedeorekordér)

view: výhľad (vééhľad); **What a great view!** Aký nádherný výhľad (akéé(h) nádhernéé(h) vééhľad!)

viewfinder: hľadáčik (hľadácheek)

village: dedina (dˇedˇeena(h)); **Slovak village** Slovenská dedina (slovenská(h) dˇedˇeena(h)).

vine: vinič (veeňeech)

vinegar: ocot (otsot); **May I have vinegar?** Môžem dostať ocot? (mwozhem dostať otsot?)

vineyard: vinohrad (veenohrad)

vintage: (wine) ročník (rochňéék)

visa: vízum (véézoom)

visibility: viditeľnosť (veedˇeeteľnosť)

visit: (verb) navštíviť (nafshtˇééveeť); **I'd like to visit...** Chcel by som navštíviť...(+A) (khtsel bee(h) som nafshtˇééveeť...); **Come and visit us!** Prídˇte nás navštíviť! (préédˇtˇe(h) nás nafshtˇééveeť); **This is my first visit.** Toto je moja prvá návšteva. (toto(h) ye(h) moya(h) prvá(h) náfshtˇeva(h))

vital: **It's vital that...** Je nevyhnutné, aby... (ye(h) ňeveehnootné(h), abee(h)...)

vitamins: vitamíny (veetaméénee(h))

vodka: vodka (votka(h))

volleyball: volejbal (voleybal)

voice: hlas (hlas)

voltage: voltáž (voltázh)

vomit: vracať (vratsat); **I think I'm going to vomit.** Asi budem vracať. (asee(h) boodˇem vratsať)

W

wafer: oplátka (oplátka(h))

waist: pás (pás)

wait: čakať (chakať); **Wait for me!** Počkajte na mňa! (pochkaytˇe(h) na(h) mňa(h)); **Just wait a minute!** Počkajte chvíľku!(pochkaytˇe(h) khveééľkoo(h)); **It was worth waiting for.** Oplatilo sa čakať. (oplatˇeelo(h) sa(h) chakať); **I'm waiting for my friend.** Čakám na môjho priateľa. (chakám na(h) mwoyho(h) pryatˇela(h)); **I'll wait a little longer.** Počkám trochu dlhšie. (pochkám trokhoo(h) dlhshye(h))

waiter: čašník (chashňéék); **Waiter!** Pán vrchný! (pán vrkhnéé(h)!)

waiting room: čakáreň (chaká-reň)

waitress: čašníčka (chashňééchka(h)); **Waitress!** Slečna! (slechna(h)!); Prosím Vás! (proséém vás!)

wake: Will you wake me up at 9:00? Zobudíte ma o deviatej? (zobood˘ééte(h) ma(h) o(h) d˘evyatey)?

Wales: Wales (veylz)

walk: Let's walk there! Pod˘-me tam pešo! (pod˘me(h) tam pesho(h)); **I'll walk back.** Vrátim sa pešo. (vrát˘eem sa(h) pesho(h)); **Is it too far to walk?** Je to pešo d˘aleko? (ye(h) to(h) pesho(h) d˘aleko-(h)?); **It's only a short walk.** Je to blízko. (ye(h) to(h) bleesko(h)); **Let's take a walk around town!** Prejdime sa po meste! (preyd˘eeme(h) sa(h) po(h) mest˘e(h))

walking stick: palička (paleechka(h))

walkman: walkman (volkmen)

wall: stena (st˘ena(h))

wallet: peňaženka (peňazhenka-(h)); **I lost my wallet.** Stratil som peňaženku. (strat˘eel som peňazhenkoo(h))

walnut: lieskový orech (lyeskovee(h) orekh)

want: I want to learn Slovak. Chcem sa učit˘ po Slovensky. (khtsem sa(h) oocheet˘ poslovenskee(h)); **I don't want**

any... Nechcem žiadny... (ňekhtsem zhyadnee(h)...); **She wants some information.** Chce nejaké informácie. (khtse-(h) ňeyaké(h) eenformátseeye-(h)); **I want to make an appointment.** Chcem si dohodnút˘ schôdzku. (khtsem see(h) dohodnóót˘ skhwodzˌkoo(h)); **What do you want?** Čo chcete? (cho(h) khtset˘e(h)?)

war: vojna (voyna(h))

ward: (in hospital) opatrovanie (opatrovaňye(h))

warm: teplý (tepléé(h)); **It's so warm.** Je tak teplo. (ye(h) tak t˘eplo(h)); **I feel warm.** Je mi teplo. (ye(h) mee(h) tepl˘o(h))

warning: upozornenie (oopozorňeňye(h))

was: It was... bolo to... (bolo(h) to(h)); I was bol som (bolsom)

wash: (verb) umyt˘ (hands)/ oprat˘ (laundry) (oomeet˘/ oprat˘); **Where can I do my wash?** Kde si môžem oprat˘? (gd˘e(h) see(h) mwozhem oprat˘?); **Could you wash these clothes?** Môžete oprat˘ tieto šaty? (mwozhet˘e(h) oprat˘ tyeto(h) shatee(h)?); **I'd like to wash my hands.** Rád by som si umyl ruky. (rád bee(h) som see(h) oomeel rookee(h))

washcloth: rúško na umývanie (róóshko(h) na(h) oomeevaňye(h))

142

washer   **wedding**

washer: (for bolt etc.) podložka
pod maticu (podloshka(h) pod
mat̆eetsoo(h))
washing machine: práčka
(práchka(h))
wasp: osa (osa(h))
wasteful: That's wasteful! To
je plytvanie! (to(h) ye(h) pleet-
vaňye(h))
wastepaper basket: kôš na
papiere (kwosh na(h) papyere-
(h)))
watch: (wrist) náramkové hodi-
nky (náramkové(h) hod̆een-
kee(h)); **Will you watch my
things for me?** Dáte pozor na
moje veci? (dát̆e(h) pozor
na(h) moye(h) vetsee(h)?); **I'd
like to watch TV.** Rád by
som pozeral televíziu. (rád
bee(h) som pozeral televéézee-
yoo(h)); **Watch out!** Pozor!
(pozor!)
water: voda (voda(h)); **May I
have some water?** Prosím si
trochu vody? (proséém see(h)
trokhoo(h) vodee(h)); **A glass
of water.** Pohár vody. (pohár
vodee(h)); **Is this water drin-
kable?** Je tá voda pitná? (ye(h)
tá(h) voda(h) peetná(h))
watercolor: akvarel (akvarel)
waterproof: (adj.) nepremokavý
/vodotesný (ňepremokavéé(h)
/vodot̆esnéé(h))
waterskiing: vodné lyžovanie
(vodné(h) leezhovaňye(h));
Let's go waterskiing! Pod̆-

me si zalyžovat̆ na vode. (po-
d̆me(h) see(h) zaleezhovat̆
na(h) vod̆e(h))
water sports: vodné športy
(vodné(h) shportee(h))
wave: (in sea) vlna (vlna(h))
**way: Could you tell me the
way to...?** Mohli by ste mi
ukázat̆ cestu do...(+G)? (moh-
lee(h) bee(h) st̆e(h) mee(h)
ookázat̆ tsestoo(h) do(h)...?); **Is
it on the way to Košice?** Je
to na ceste do Košíc? (ye(h)
to(h) na(h) tseste(h) doko-
shééts?); **Is it a long way?** Je
to d̆aleko? (ye(h) to(h) d̆ale-
ko(h)?); **You are in my way.**
Stojíte mi v ceste. (stoyéét̆e(h)
me(h) ftsest̆e(h))
we: my (mee(h))
weak: (person, drink) slabý
(slabéé(h))
wealthy: bohatý (bohatéé(h))
weather: počasie (pochasye(h));
What bad weather! Aké ška-
redé počasie! (aké(h) shkaredé-
(h) pochasye(h)!); **What beau-
tiful weather!** Ake krásne
počasie! (aké(h) krásne(h) po-
chasye(h)!)
weather forecast predpoved̆
počasia (pretpovet̆ pochasya-
(h)); **What is the weather
forecast?** Aká je predpoved̆
počasia? (aká(h) ye(h) pretpo-
vet̆ pochasya(h)?)
wedding: svadba (svadba(h));
wedding anniversary výro-

čie svadby (véérochye(h) svad-bee(h)); **wedding ring** sva-dobný prsteň (svadobnéé(h) prst˘eň)

Wednesday: streda (streda(h))

week: týždeň (téézhd˘eň); **a week from today** oddnes za týždeň (oddnes zatéézhd˘eň); **a week from tomorrow** od zajtra za týždeň (odzaytra(h) zatéézhd˘eň); **next week** na budúci týždeň (na(h) boodóót-see(h) téézhd˘eň); **last week** minulý týždeň (meenooléé(h) téézhd˘eň); **in 3 weeks** o 3 týždne (otree(h) téézhdňe(h))

weekend: víkend (wéékend); **at the weekend** cez víkend (tsez wéékend); a weekend trip víke-ndový výlet (wéékendovéé(h) véélet)

weight: váha (váha(h)); **I want to lose weight.** Chcem schu-dnút˘. (khtsem skhoodnóót˘); **I've gained weight here.** Pri-bral som tu. (preebral som too(h))

weight limit: váhový limit (váhovéé(h) leemeet)

weird: čudný (choodnéé(h))

welcome: Welcome to... vi-tajte v...(+L) (veetayt˘e(h) v...); **Thank you — You're wel-come.** D˘akujem — Niet za čo. (d˘akooyem - ňyet zacho(h))

well: Well, I don't know. Nuž, neviem. (noozh, ňevyem); **I don't feel well.** Necítim sa

dobre. (ňetséét˘eem sa(h) dob-re(h)); **She's not well.** Necíti sa dobre. (ňetséét˘ee(h) sa(h) dobre(h)); **How are you? — Very well, thanks.** Ako sa máte? — D˘akujem, vel˘mi dobre. (ako(h) sa(h) mát˘e(h) - d˘akooyem, vel˘mee(h) dobre-(h)); **Well done!** Dobrá práca! (dobrá(h) prátsa(h))

well done: (meat) dobre upečené (dobre(h) oopeche-né(h))

were: You were right. Mali ste pravdu. (malee(h) st˘e(h) prav-doo(h)); **They were here.** Boli tu. (bolee(h) too(h))

west: západ (západ); **to the west of...** západne od...(+G) (západňe(h) od...); **in the west** na západe (nazápad˘e(h))

wet: mokrý (mokréé(h)); **It's all wet.** Všetko je mokré. (fshet-ko(h) ye(h) mokré(h))

whale: vel˘ryba (vel˘reeba(h))

what? čo? (cho(h)?); **What is she saying?** Čo hovorí? (cho-(h) hovoréé(h))?); **I don't know what to do.** Neviem čo robit˘. (ňevyem, cho(h) robe-et˘); **What do you think?** Čo myslíte? (cho(h) meesléét˘e(h))); **What a view!** Aký výhl˘ad! (akéé(h) vééhl˘ad!)

wheel: koleso (koleso(h))

wheelchair: invalidný vozík (eenvaleednéé(h) vozéék)

when: kedy, kedˇ (kedee(h), kedˇ); **When we got back.** Kedˇ sme sa vrátili. (kedˇ sme-(h) sa(h) vrátˇeelee(h)); **When will you be available?** Kedy Vás môžeme nájstˇ? (kedee(h) vás mwozheme(h) náystˇ?); **When does it open?** Kedy sa otvára? (kedee(h) sa(h) otvára-(h)?); **Correct me if I make a mistake!** Opravte ma, kedˇ urobím chybu! (opravtˇe(h) ma(h) ketˇ oorobéém kheeboo-(h))

where: kde (gdˇe(h)); **Where is...?** Kde je...? (gdˇe(h) ye-(h)...?); **I don't know where he is.** Neviem, kde je. (ňevy-em, gdˇe(h) ye(h)); **That's where I left it.** Tam som to nechal. (tam som to(h) ňekhal); **Where are you going?** Kam idete? (kam eedˇetˇe(h)?)

which: **Which bus?** Ktorý autobus? (ktoréé(h) aooto-boos?); **Which is yours?** Ktorý je váš? (ktoréé(h) ye(h) vásh?); **Which street?** Ktorá ulica? (ktorá(h) ooleetsa(h)?); **Which way is it?** Ktorým smerom je to? (ktoréém sme-rom ye(h) to(h)?)

while: (conjunction) kým (kéém); **While I'm here.** Kým som tu. (kéém som too(h))

whipped cream: šlˇahačka (shlˇahachka(h))

whisky: whisky (f) (whees-kee(h))

whisper: (verb) šeptatˇ (shep-tatˇ); šepkatˇ (shepkatˇ)

white: biely (byelee(h)); **white bread** biely chlieb (byelee(h) khlyeb); **white wine** biele víno (byele(h) vééno(h))

who?: kto? (kto(h)); **The man who...** Človek, ktorý... (chlovek, ktoréé(h)...); **Who is it?** Kto je to? (kto(h) ye(h) to(h)?); **Who is the person in charge?** Kto je tu zodpovedný? (kto(h) ye(h) too(h) zotpovednéé(h)?); **Who won?** Kto vyhral? (kto(h) veeh-ral?)

whole: **the whole week** celý týždeň (tseléé(h) téézhdˇeň); **the whole piece** celý kus (tseléé(h) koos)

whose: **Whose is this?** Čie je to? (chye(h) ye(h) to(h)?)

why?: prečo? (precho(h)?); **Why not?** Prečo nie? (pre-cho(h) ňye(h)?); **I don't know why we are going.** Neviem prečo ideme. (ňevyem pre-cho(h) eedˇeme(h)))

wide: široký (sheerokéé(h)); **wide-angled lens** širokouhlý objektív (sheeroko(h)oohléé(h) obyektééw)

widow: vdova (vdova(h))

widower: vdovec (vdovets)

wife   **woman**

wife: **my wife** moja žena (mo-
ya(h) zhena(h)); moja manželka
(moya(h) manzhelka(h))

wig: parochňa (parokhňa(h))

will: Will you ask him? Spýta-
te sa ho? (spéétat˘e(h) sa(h)
ho(h)?)

win: (verb) vyhrat˘ (veehrat˘);
Who won? Kto vyhral? (kto(h)
veehral?)

wind: (noun) vietor (vyetor)

window: okno (okno(h)); **by
the window** pri okne (pree(h)
okne(h)); **in the window** (of
shop) vo výklade (vo(h) véékla-
d˘e(h))

window seat: sedadlo pri okne
(sedadlo(h) pree(h) okňe(h))

windshield: predné sklo (pred-
né(h) sklo(h))

windshield wipers: stierače
(st˘yerache(h))

windy: veterný (vet˘ernéé(h));
It's so windy! Je taký vietor!
(ye(h) takéé(h) vyetor)

wine: víno (vééno(h)); **Can I
have some more wine?**
Prosím si ešte trochu vína.
(proséém see(h) esht˘e(h) trok-
hoo(h) vééna(h)); **I'd like a
glass of wine.** Prosím si pohár
vína. (proséém see(h) pohár
vééna(h))

wine glass: vínový pohár (véé-
novéé(h) pohár)

wine list: zoznam vín (zoznam
véén); **May we see the wine

list?** Môžeme si pozriet˘ aké
máte vína? (mwozheme(h) see-
(h) pozryet˘ aké(h) mát˘e(h)
vééna(h))?

wine-tasting: ochutnávka vína
(okhootnávka(h) vééna(h))

wing: krídlo (kréédlo(h))

winter: zima (zeema(h)); **in the
winter** v zime (vzeeme(h))

wire: drôt (drwot)

wiring: elektrická inštalácia
(elektreetská(h) eenshtalátsee-
ya(h))

wish: želanie/prianie (zhelaňye-
(h)/pryaňye(h)); **Best wishes!**
Všetko najlepšie! (fshetko(h)
naylepshye(h))

with: s, so (s, so(h)); **I'm stay-
ing with...** Bývam u...(+I)
(béévam oo(h)...); **tea with
lemon** čaj s citronóm (chay
stseetrónom); **coffee with
milk** káva s mliekom (káva(h)
zmlyekom); **Please come with
us!** Poď te s nami, prosím!
(poť t˘e(h) snamee(h), pro-
séém)

without: bez (bes)

witness: svedok (svedok)

witty: vtipný (ft˘eepnéé(h))

wobble: It wobbles. Kýve sa.
(kééve(h) sa(h))

woman: žena (zhena(h)); **that
woman** tá žena (tá(h) zhena-
(h)); **business woman** podni-
kateľka (podňeekat˘elka(h))

women

women: ženy (zhenee(h))

wonderful: úžasný, obdivuhodný (óózhasnéé(h), obdˇeevoohodnéé(h))

wood: (material) drevo (drevo(h))

woods: lesy (lesee(h))

wool: vlna (vlna(h)); **wool sweater** vlnený sveter (vlňenéé(h) sweter)

word: slovo (slovo(h)); **What does this word mean?** Čo znamená to slovo? (cho(h) znamená(h) to(h) slovo(h)?)

word processor: word processor (word protsesor)

work: (verb) pracovatˇ (pratsovatˇ); (noun) práca (prátsa(h)); **How does it work?** Ako to funguje? (ako(h) to(h) foongooye(h)?); **It's not working.** Nefunguje to. (ňefoongooye(h) to(h)); **I work in...** Pracujem v... (pratsooyem v...); **work hard** pracovatˇ usilovne (pratsovatˇ ooseelovňe(h)); **When do you finish work?** Kedy končíte? (kedee(h) konchéétˇe(h))?

world: svet (svett)

worn-out: (person) vetchý (vetkhéé(h)); (shoes, clothes) zodratý (zodratéé(h))

worry: **I'm worried about her.** Trápim sa o ňu. (trápeem sa(h) oňoo(h)); **Don't worry!** Netrápte sa! (ňetráptˇe(h) sa(h))

worse: **It's worse.** Je to horšie. (ye(h) to(h) horshye(h))

worst: najhorší (nayhorshéé(h))

worth: **It's not worth...** Nie je to hodné... (ňye(h) ye(h) to(h) hodné(h)); **It's worth more than that.** Je hodné to viac. (ye(h) to(h) hodné(h) vyats); **It's worth seeing.** Oplatí sa to vidietˇ. (oplatˇéé(h) sa(h) to(h) veedˇyetˇ)

would: **Would you give this to...?** Dali by ste to...? (dalee(h) bee(h) stˇe(h) to(h)...?); **What would you do?** Čo by ste robili? (cho(h) bee(h) stˇe(h) robeelee(h)?)

wrap: **Could you wrap it up?** Mohli by ste to zabalitˇ? (mohlee(h) bee(h) stˇe(h) to(h) zabaleetˇ?)

wrapping paper: baliaci papier (balyatsee(h) papyer)

wrench: (tool) klˇúč (klˇóóch)

wrist: zápästie (zápestˇye(h))

write: písatˇ (péésatˇ); **Could you write it down?** Mohli by ste to napísatˇ? (mohlee(h) bee(h) stˇe(h) to(h) napéésatˇ?); **Please write!** Píšte, prosím! (pééshtˇe(h) proséém); **Who wrote that book?** Kto napísal tú knihu? (kto(h) napéésal tóó(h) kňeehoo(h)?); **I'll write to you.** Napíšem Vám. (napééshem vám)

writer   **youth hotel**

writer: spisovateľ (speesovat-
eľ)
writing paper: písací papier
(péésatséé(h) papyer)
wrong: You are wrong.
Nemáte pravdu. (ňemáťe(h)
pravdoo(h)); **wrong number**
zlé číslo (zlé(h) chééslo(h)); **I'm
on the wrong train.** Idem
zlým vlakom. (eeďem zléém
vlakom); **That's the wrong
key.** To je zlý klúč. (to(h)
ye(h) zléé(h) klóóch); **There's
something wrong with...**
Niečo nie je v poriadku... (ňye-
cho(h) ňye(h) ye(h) fporyatkoo-
(h)); **What's wrong?** Čo je zlé?
(cho(h)ye(h) zlé(h)?)

X

x-ray: röntgen (rengen)

Y

yacht: jachta (yakhta(h))
yard: in the yard na dvore
(na(h) dvore(h))
year: rok (rok); **Happy New
Year!** Šťastný Nový Rok
(shťastnéé(h) novéé(h) rok);
I'm 24 years old. Mám 24
rokov. (mám dvatsať shteeree-
(h) rokow); **last year** minulý
rok (meenooléé(h) rok); **next
year** budúci rok (boodóótsee-

(h) rok); **in 10 years** o 10
rokov (o(h) ďesať rokow)
yellow: žltý (zhltéé(h))
yes: áno (áno(h))
yesterday: včera (fchera(h));
yesterday afternoon včera
popoludní (fchera(h) popolood-
ňéé(h)); **the day before yes-
terday** predvčerom (predfche-
rom)
yet: Has it arrived yet? Už to
prišlo? (oozh to(h) preeshlo-
(h)?); **not yet** ešte nie (eshťe-
(h) ňye(h))
yogurt: jogurt (yogoort)
you: (familiar, singular) Ty
(tee(h)); (polite, singular, plu-
ral) Vy (vee(h)); **This is for
you.** Toto je pre vás. (toto(h)
ye(h) pre(h) vás); **with you** s
vami (svamee(h))
young: mladý (mladéé(h))
young people: mládež (mláď-
ezh)
your: (familiar, singular) Tvoj
(tvoy); (polite singular, plural)
Váš (vásh)
yours: Is this yours? Je to
Vaše? (ye(h) to(h) vashe(h)?)
youth hostel: mládežnícka
ubytovňa (mláďezhnéétska(h)
oobeetovňa(h))); **youth hostel**
(yoozhostel); **I'm staying at a
youth hostel.** Bývam v mláde-
níckej ubytovni. (beevam v mlá-
ďeneetskey oobeetovňee(h))

Z

zero: nula (noola(h))

zipper: zips (zeeps)

zoo: zoologická záhrada (zolo-geetská(h) záhrada(h))

zoom lens: približovací objektív (preebleezhovatséé(h) obyek-tééw)

zucchini: zucchini (tsookee-nee(h))

SLOVAK - ENGLISH DICTIONARY

A

a: (a(h)) and, plus; **a vy?** (a(h) vee(h)) and you?; **A vy ako?** (a(h) vee(h) ako(h)?) And what about you?

aby: (abee(h)) in order to, so that

aerolínie: (aerolééneeye(h)) airlines; **Československé Aerolínie:** (ČSA) (cheskoslovenské(h) aerolééneeye(h)) Czecho-Slovak Airlines

aerotaxík: (aerotakséék) aerotaxi

ahoj!: (ahoy!) hi!, hello!

aj: (ay) also, too, as well

ak: (ak) if, in case; **ak nie** (ak ňye(h)) if not

ako: (ako(h)) how; **Ako sa máte?** (ako(h) sa(h) mát˘e(h)?) how are you?; **tak...ako...** (tak-...ako(h)...) as...as...; **nie tak...-ako...** (ňye(h) tak...ako(h)) not so...as...

akoby: (akobee(h)) as if, as though

aktovka: (aktowka(h)) briefcase

aký: (akéé(h)) what (kind of); **Aký deň je dnes?** (akéé(h) d˘eň ye(h) dňes?) What day is today?

ale: (ale(h)) but, still; **ale áno** (ale(h) áno(h)) oh yes

alebo: (alebo(h)) or; alebo...-alebo... either...or...

alkohol: (alkohol) alcohol

alkoholické nápoje: (alkoholeetské(h) nápoye(h)) wines and spirits

ambulancia: (amboolantseeya(h)) doctor˘s office

ananás: (ananás) pineapple

anglicky: (adverb) (angleetskee(h)) English; **hovorit˘ anglicky** (hovoreet˘ angleetskee(h)) to speak English

anglický: (adj) English; **anglický kráľ** (angleetskéé(h) kráľ) English king; **anglická kráľovná** (angleetská kráľovná(h)) English queen

ani: not even, neither... nor; **ani...ani...** (aňee(h)...aňee(h)...)

animovaný film: (aneemovanéé(h) feelm) animated film

áno: (áno(h)) yes; **áno, d˘akujem** (áno(h), d˘akooyem) yes, thank you

apartmán: (apartmán) suite

apríl: (apréél) April

asfaltka: (asfaltka(h)) asphalt road .

asi: (asee(h)) about, around, approximately

aspoň: (aspoň) at least

atd'. (a tak d'alej): (a(h) tak d'al˘ey) etc. (etcetera)

august: (aoogoost) August

auto: (aooto(h)) automobile, motor car; **autom** (aootom) by car

autobus: (aootoboos) bus, coach

autobusový: (adj.) **autobusová stanica** (aootoboosová(h) staňeetsa(h)) bus station; **autobusový cestovný poriadok** (aootoboosovéé(h)tsestovnéé(h) poryadok) bus timetable; **autobusová zastávka** (aootoboosová(h) zastávka(h)) bus stop

autonehoda: (aootoňehoda(h)) car accident

autostop: (aootostop) (noun) hitchhike; **Autostop zakázaný!** (aootostop zakázanéé(h)) No hitchhiking, hitchhiking forbidden!

autostráda: (aootostráda(h)) highway, motorway

autor: (aootor) author

azda: (azda(h)) maybe, perhaps, possibly

až: (azh) (distance) to, up to, as far as; (time) till, until; **až do zajtra** (azh do(h) zaytra(h)) until tomorrow

B

ba: (ba(h)) even, yet, nevertheless

balet: (balet) ballet

balík: (baléék) parcel

balkón: (balkón) (building) balcony; (theatre) **prvý balkón** (prvéé(h) balkón) dress circle; **druhý balkón** (droohéé(h) balkón) upper circle

banán: (banán) banana

banka: (banka(h)) bank

bankovka: (bankowka(h)) bank note

bankový kurz: (bankovéé(h) koorz) exchange rate; **predajný kurz** (predaynéé(h) koorz) bank sells; **nákupný kurz** (nákoopnéé(h) koorz) bank buys

baranina: (baraňeena(h)) mutton

barokový: (barokovéé(h)) Baroque

bát˘ sa: (bát˘ sa(h)) to fear, to be afraid of

bavlna: (bavlna(h)) cotton

bazén: (bazén) swimming pool

bažant: (bazhant) pheasant

benzín: (benzéén) petrol, gasoline; **vysokooktánový benzín** (veesoko(h) - oktánovéé(h) benzéén) 4-star petrol; **obyčajný benzín:** (obeechaynéé(h) benzéén) 2-star petrol

benzínová pumpa: (benzéénová(h) poompa(h)) gas station, petrol pump

bez: (bez) without; (math) mínus (meenoos)

bezpečný: (bespechnéé(h)) safe

bezpečnostný pás: (bespech-nostnee(h) pás) safety belt

bežať˘: (bezhat˘) to run; **čas beží** (chas bezhéé(h)) time flies

bežný účet: (bezhnéé(h) óóch-et) current account

biely: (byelee(h)) white; **biely deň** (byelee(h) deň) broad day-light; **biely chlieb** (byelee(h) khlyep) white bread

biela: káva (byela(h) káva(h)) coffee with milk

biele: mäso (byele(h) meso(h)) (poultry) breast

biele: víno (byele(h) vééno(h)) white wine

bielok: (white) (byelok) egg

biftek: (beeftek) beef steak

bit˘: (beet˘) to hit, to beat, to strike, to throb; bit˘ sa (beet˘ sa(h)) to fight

bižutéria: (beezhootéreeya(h)) jewelry except precious metals

blázon: (blázon) fool

blízko: (bléésko(h)) close, near

bod: point **bod mrazu** (bod mrazoo(h)) freezing point; **bod varu** (bod varoo(h)) boiling point; (sports) body (bodee(h)) score; **kritický bod** (kreetee-tskee(h) bod) turning point

bohatý: (bohatéé(h)) wealthy, rich

bojovať˘: (boyovat˘) to fight, to struggle

borovička: (boroveechka(h)) (local variety) juniper brandy

bosniak: (bosňyak) Bosnian roll

brandy: (brandee(h)) brandy

brániť˘: (bráňeet˘) to defend, to protect

brat: (brat) brother

brat˘: (brat˘) to take, to remove

bravčové mäso, bravčovina: (brawchové(h) meso(h), brav-choveena(h)) pork; **bravčové pečené** (bravchovéé(h) pe-chené(h)) roast pork; **bravčový rebierko** (bravchovéé(h) reb-yerko(h)) pork spare rib; **bra-včové rezne** (bravchové(h) rezňe(h)) pork chops; **bra-včový rezeň na cibuľke a paprike** (bravchovee(h) rezeň na(h) tseebooľke(h) a(h)pap-reeke(h)) pork with onions and pepper

breh: (brekh) **breh rieky** (brekh ryekee(h)) river bank

broskyňa: (broskeeňa(h)) peach

brusnice: (broosňeetse(h)) cran-berries

brutto: brutto váha (brootto(h) váha(h)) gross weight

bryndzové halušky: (breend-zové(h) halooshkee(h)) drip noodles with Liptauer cheese

budúcnosť˘: (n.) (boodóóts-nosť˘) future; (adj.) budúci (boodóótsee(h)) future, next

bufet: (boofet) snack bar, cafete-ria

bunda: (boonda(h)) anorak

búrka: (bóórka(h)) storm, thunderstorm

bydlisko: (beedleesko(h)) home address, residence

byt: (beet) apartment, flat; **byt a strava** (beeta(h)strava(h)) board and lodging; **byt do prenájmu** (beet do(h) prenáymoo(h)) apartment or flat to let/rent

bytˇ: (beetˇ) to be, to exist

bývatˇ: (béévatˇ) to reside, to live; (in hotel) to stay

C

celkom: (tselkom) entirely, fully, completely, quite; **celkom dobre:** (tselkom dobre(h)) quite well

celok: (tselok) whole, gross

celý: (tseléé(h)) all, whole, entire; **celý rok** (tseléé(h) rok) all the year round

cena: (tsena(h)) price, cost

cenník: (tseňňéék) price list

centimeter: (tsenteemeter) centimeter

centrum mesta: (tsentroom mesta(h)) center of town, city center, downtown

ceruzka: (tseroozka(h)) pencil

cesnak: (tsesnak) garlic

cesta: (tsesta(h)) road, way; **cesta uzatvorená** (tsesta(h) oozatvorená(h)) road closed

cestné mýto: (tsestné(h) méé-to(h)) road toll

cestovné: (tsestovné(h)) fare

cestovná kancelária: (tsestovná(h)kantseláreeya(h))travel agency

cestovný: (adj.) (tsestovnéé(h)); **cestovný lístok** (tsestovnéé(h) lééstok) ticket; **cestovný poriadok** (tsestovnéé(h) poryadok) time table, schedule; **cestovné potreby** (tsestovné(h) potrebee(h)) travel goods; **cestovný šek** (tsestovnéé(h) shek) traveler's check

cestujúci: (tsestooyóótsee(h)) passenger, traveler

cez: (direction) via, through, across, over; **cez Prahu** (tses prahoo(h)) via Prague; (time) **cez deň** (tsez dˇeň) during the day

cibulˇa: (tseeboolˇa(h)) onion

cielˇ: (tsyelˇ) aim, goal, purpose

cigarety: (tseegaretee(h)) cigarettes

cigary: (tseegaree(h)) cigars

cintorín: (tseentoréén) cemetery

cit: (tseet) feeling, emotion

cítitˇ (sa): (tséétˇeetˇ (sa(h)) to feel

citrón: (tseetrón) lemon

citronóvý juice: (tseetrónovéé-(h) dzhoos) lemon juice

clo: (tslo(h)) duty, customs;

dovozné clo (dovozné(h) tslo(h)) import duty; **vývozné clo** (veevozné(h) tslo(h)) export duty; **bez cla** (bez tsla(h)) duty free

colný: (adj.) **colná kontrola** (tsolná(h) kontrola(h)) customs control; **colné prehlásenie** (tsolné(h) prehláseňye(h)) customs declaration

colnica: (tsolňeetsa(h)) customs

cudzí: (tsoodzéé(h)) strange, foreign

cukor: (tsookor) sugar

cukráreň: (tsookráreň) confectionery, cake shop

cvikla: (tsveekla(h)) red beet, beetroot; **cvikla s chrenom** (tsveekla(h) skhrenom) red beet with horseradish

Č

čaj: (chay) tea; **čaj s citrónom** (chay stseetrónom) tea with lemon; **čaj s mliekom** (chay zmlyekom) tea with milk; **čaj s rumom** (chay zroomom) tea with rum

čakáreň: (chakáreň) waiting room

čakať: (chakať) to wait, to expect; **čakám pol hodiny** (chakám pol hod˘eenee(h)) I'm waiting half an hour; **počkajte!** (pochkayt˘e(h)) please wait!

čapica: (chapeetsa(h)) cap; **mal pod čapicou** (mal potchapeetsow) he was drunk

čas: (chas) time; **najvyšší čas** (nayveeshéé(h) chas) high time; **vol˘ný čas** (vol˘néé(h) chas) free time; **čas príchodu** (chas préékhodoo(h)) time of arrival; **čas odchodu** (chas otkhodoo(h)) time of departure

čašník: (chashňéék) waiter; **čašníčka** (chashňééchka(h)) waitress

časopis: (chasopees) journal, periodical; **obrázkový časopis** (obráskovéé(h) chasopees) magazine

časť: (chast˘) part, portion, share

často: (chasto(h)) often, frequently

častý: (chastéé(h)) frequent

Čech: (chekh) (man) Czech; **Čechy** (chekhee(h)) Bohemia; **Češka** (cheshka(h)) (woman) Czech

českobudějovické pivo: (cheskobood˘eyoveetské(h) peevo(h)) Budweiser beer

čelo: (chelo(h)) forehead, front, brow; (music) violoncello

čerešne: (chereshňe(h)) cherries

černice: (cherňeetse(h)) blackberries

čerstvý: (adj.) (cherstvéé(h)) fresh; **čerstvo natreté** (cher

stvo(h) natreté(h)) wet paint;
čerstvé pečivo (cherstvé(h)
pecheevo(h)) fresh pastry
červený: (adj) (chervenéé(h))
red; **červené víno** (cher-
vené(h) vééno(h)) red wine;
červená paprika (spice) (che-
rvená(h) papreeka(h)) red pep-
per
Červený Kríž: (chervenéé(h)
kréézh) Red Cross
Česká republika: (cheeská(h)
repoobleeka(h))Czech Republic
český: (adj) (cheskéé(h)) Czech
čierny: (adj.) (chyernee(h))
black; **čierna káva** (chyer-
na(h) káva(h)) black coffee;
čierne korenie (chyerne(h)
koreňye(h)) pepper; **čierny
chlieb** (chyernee(h) khlyeb)
brown bread
činnosť: (cheennosť) activity,
function
číslo: (chééslo(h)) number; **číslo
topánok** (chééslo(h) topánok)
size of shoes; **číslo izby**
(chééslo(h) eezbee(h)) room
number; **číslo letu:**
(chééslo(h) letoo(h)) flight num-
ber; **číslo pasu** (chééslo(h)
pasoo(h)) passport number
čistý: (adj.) (cheestéé(h)) clean,
neat, pure; **čistá váha** (chees-
tá(h) váha(h)) net weight; **čistý
hodváb** (cheestéé(h) hodváb)
pure silk

čistiareň: (cheesťyareň) clean-
ers
čítať: (chéétať) to read
čižmy: (cheezhmee(h)) high
boots
člny (na zapožičanie): (chlne-
e(h) na(h) zapozheechaňye(h)))
boats to rent
človek: (chlovek) man, person;
(irregular plural) **ľudia** (ľoo-
ďya(h)) people, men, persons
čo: (cho(h)) what; **Čo je s vami?**
(cho(h) ye(h) svamee(h)) What's
the matter with you?; **Čo sa
toho týka.** (cho(h) sa(h) toh-
o(h) tééka(h)) in the matter of;
Čo ešte? (cho(h) eshťe(h))
What else?; **Čo sa bude
páčiť?** (cho(h) sa(h) boo-
ďe(h) pácheeť) What can I do
for you?
ČSA: see aerolínie
čučoriedky: (choochoryetkee(h))
bilberries

D-Ď

ďakovať: (ďakovať) to thank;
Ďakujem! (ďakooyem) Thank
you!; **Ďakujem pekne!** (ďa-
kooyem pekňe(h)!)/ **Ďakujem
vám veľmi pekne!** (ďakoo-
yem vám veľmee(h) pekňe(h))
thank you so much!
ďalej: (ďaley) further, farther

d'aleko: (adverb) (d'aleko(h))
far; (adj) **d'aleký** (d'alekéé(h))
distant, far

d'alší: (d'alshéé(h)) next, fur-
ther, another, following; **d'a-
lšie predstavenie** (d'alshye(h)
predstaveňye(h)) next perfor-
mance

dámsky: (adj.); **dámska kabelka**
(dámska(h) kabelka(h)) purse,
handbag; **dámske odevy** dam-
ske(h) odevee(h)) ladies' wear

dámy/ženy: (signs) (dámee(h)
/zhenee(h)) ladies/women

dátum (dátoom) date; **dátum
expirácie** (dátoom expeerá-
tseeye(h)) date of expiration;
dátum narodenia (dátoom
narodeňya(h)) date of birth;
dátum príchodu (dátoom
préékhodoo(h)) date of arrival

dat': to give, to put, to place;
dat' si niečo urobit' (dat'-
see(h) ňyecho(h) oorobeet') get
something done; **dat' si pozor**
(dat' see(h) pozor) beware, look
out

dávka: (dávka(h)) dose; **dávka
na deň** (dávka(h) na(h) d'eň)
daily dosage; **dávka pre deti**
(dávka(h) pre(h) d'et'ee(h))
dosage for children

dávno: (dávno(h)) long ago

dážd': rain, shower; **daždivý
deň** (dazhd'eevéé(h) deň) rainy
day

dedina: (d'ed'eena(h)) village

dejiny: (d'eyeenee(h)) history

deka: (deka(h)) blanket

deň: (deň) day; **cez deň** (cez deň)
during the day; **na deň** (na(h)
deň) per day

denný: (adj.) (d'ennéé(h)) daily;
denná tlač (d'enná(h) tlach)
daily press

dentista: (denteesta(h)) dentist

deravý: (d'eravéé(h)) leaky/
perforated, holey

detský: (adj.) childrens'; **detská
porcia** (d'etská(h) portseeya-
(h)) children's portion; **detský
bazén** (d'etskéé(h) bazén) pad-
dling pool; **detské odevy** (d'e-
tske(h) odevee(h)) children's
wear

dezert: (dezert) dessert

dial'nica: (d'yalňeetsa(h)) high-
way

dial'kový hovor: (d'yal'ko-
véé(h) hovor) long distance call

dielo: (d'yelo(h)) work, master-
piece

diera: (d'yera(h)) hole, punc-
ture, perforation

diet'a: (d'yet'a(h)) child; **deti**
(d'et'ee(h)) children

dievča: (d'yewcha(h)) (n) girl

disketa: (deesketa(h)) diskette

divadelné predstavenie: (d'e-
evad'elné(h) pretstaveňye(h))
theatrical performance

divadlo: (d'eevadlo(h)) theater

dívat' sa: (d'éévat' sa(h)) to
look at, to gaze

dívat˅ sa   **domáce výrobky**

dívat˅ sa: (d˅éévat˅ sa(h)) to look at, to gaze

divina: (d˅eeveena(h)) (meat) venison

dlaň: (dlaň) palm

dlážka: (dlázhka(h)) floor

dlhý: (dlhéé(h)) long; (person) tall

dnes: (dňes) today; **dnes dopoludnia** (10-12a.m.) (dňes dopoloodňya(h)) this morning; **popoludní**(dňespopoloodňéé(h)) this afternoon; **dnes ráno** (dňes ráno(h)) this morning; **dnes večer** (dňes vecher) tonight

dnešný: (adj) (dňeshnéé(h)) present-day; **dnešný dátum** (dneshnéé(h) dátoom) today's date

dno: (dno(h)) (bottle etc) bottom; **dno rieky** (dno(h) ryekee(h)) river bed

do: (do(h)) to, into, up to; (time) till, until; **Do čerta!** (do(h) cherta(h)) Damn!; **Dovidenia!** (doveed˅eňya(h)) See you again!, So long!

dobrý: (dobréé(h)) good; **Dobrý deň!** (dobréé(h) d˅eň) Good morning! Good afternoon!; **Dobrú chut˅!** (dobróó(h) khoot˅) Enjoy your meal!; **Dobré ráno!** (dobré(h) ráno(h)) Good morning!; **Dobrý večer!:** (dobréé(h) vecher) Good evening!;

Dobrú noc! (dobróó(h) nots) Good night!

doba: (doba(h)) time, age, period

dobre: (adverb) (dobre(h)) good, well; **dobre upečené** (dobre(h) oopechené(h)) well done (meat)

dobrý: (adj.) (dobréé(h)) good; **Dobrý nápad!** (dobréé(h) nápad) Good idea!

dodržujte odstup: (dodrzhooyt˅e(h) odstoop) keep your distance

dojčenské oblečenie: (doychenské(h) oblecheňye(h)) babywear

dokázat˅: (dokázat˅) to prove, to demonstrate

dokonca: (dokontsa(h)) even

dolár: (dolár) dollar

dole: (dole(h)) down, below; (in house) downstairs; **dole kopcom** (dole(h) koptsom) downhill

dolina, údolie: (doleena(h)), óódolye(h)) valley

dolu: (doloo(h)) down

dom: house; **v dome** (vdome(h)) indoors

doma: (doma(h)) at home; **íst˅ domov** (eest˅ domow) to go home

domáca klobása: (domátsa(h) klobása(h)) homemade sausage;

domáce výrobky: (domátse(h) veerobkee(h)) homemade products

dopis: (dopees) letter

doporučený list: (doporoochenéé(h) leest) registered letter

dopravná nehoda: (dopravná(h) ňehoda(h)) traffic accident

dorozumietˇ sa: (dorozoomyetˇ sa(h)) to understand, to make oneself understood

dosiahnutˇ: (dosyahnootˇ) to reach, to achieve

dosialˇ: (dosyalˇ) so far

dostˇ: (dostˇ) enough; celkovo dostˇ (tselkovo(h) dostˇ) quite enough

dostatˇ: (dostatˇ) to get

dovolitˇ: (dovoleetˇ) to allow, to permit

dôležitý: (dwolezheetéé(h)) important

dozvedietˇ sa: (dozvedˇyetˇ sa(h)) to find out, to learn

drahý: (drahéé(h)) (person) dear; (merchandise) expensive, costly

drevo: (drevo(h)) wood

drobný: (drobnéé(h)) tiny, small, little

drogéria: (drogéreeya(h)) drugstore

druh: (drookh) kind, sort; companion

druhý: (droohéé(h)) second, the other, the latter; **druhá trieda** (droohá(h) tryeda(h)) second class; **druhé poschodie** (droohé(h) poskhodˇye(h)) (UK) 2nd floor; (US) 3rd floor

družstvo: (droozhstvo(h)) cooperative

držatˇ: (drzhatˇ) to keep, to hold; **držte linku** (drzhte(h) leenkoo(h)) hold the line

duch: (dookh) spirit, ghost

Dunaj: (doonay) (river) Danube

dusený: (adj.) (doosenéé(h)) stewed; **dusená zelenina** (doosená(h) zeleňeena(h)) stewed vegetables; **dusené mäso** (doosené(h) meso(h)) stewed meat

dusitˇ: (doosetˇ) (meat) to stew

duša: (doosha(h)) soul; (tire) inner tube

dva: (dva(h)) (m) **dve** (dve(h)) (f) two

dvere: (dvere(h)) door

dvojlôžková izba: (dvoylwozhková(h) eezba(h)) double room

dvojsmerná premávka: (dvoysmerná(h) premávka(h)) two-way traffic

dvor: (dvor) courtyard

dyňa: (deeňya(h)) melon

džem: (jam) jam; **broskyňový džem** (broskeeňovéé(h) jam) peach jam; **jahodový džem** (yahodovéé(h) jam) strawberry jam; **marhulˇový džem** (marhoolˇovéé(h) jam) apricot jam; **ríbezlˇový džem** (réébezlˇovéé(h) jam) red currant jam;

šípkový džem (shéépkovéé(h) jam) rose-hip jam

džin: (gin) gin

džús: (juice) juice

E

egreše: (egreshe(h)) gooseberries

elegantný: (elegantnéé(h)) elegant, smart

električka: (elektreechka(h)) tram, streetcar

elektrikár: (elektreekár) electrician

elektrina: (elektreena(h)) electricity

elektrospotrebiče: (elektrospotrebeeche(h)) electrical appliances

energia: (energeeya(h)) energy, power

eskalátor: (eskalátor) escalator

espresso, espreso: (espreso(h)) espresso coffee

ešte: (esht˘e(h)) still, more; **ešte raz** (esht˘e(h) raz) once more, once again; **ešte trochu** (esht˘e(h) trokhoo(h)) a little bit more; **ešte nie** (esht˘e(h) ňye(h)) not yet; **ešte lepší** (esht˘e(h) lepshéé(h)) even better; **Čo ešte?** (cho(h) esht˘e?) what else?; **Ešte raz tol˘ko?** (esht˘e(h) raz tol˘ko(h)) as much again

evanjelík: (evaňyeléék) Lutheran; evanjelícky kostol (evaňyeléétskee(h) kostol) Lutheran church

exkurzia: (exkoorzeeya(h)) excursion

expres: (train) fast train; **expres list** (expres leest) express letter

F

fajčit˘: fajčit˘ zakázané (faycheet˘ zakázané(h)) no smoking

fajka: (fayka(h)) pipe; **fajkový tabak** (faykovéé(h) tabak) pipe tobacco

fakt: (fakt) fact, proof

fakticky: (fakteetskee(h)) in fact

farba: (farba(h)) color, paint; **farby a laky** (farbee(h) a(h) lakee(h)) paints and varnishes

fašírka: (fashéérka(h)), beefburger style steak, hamburger

fazul˘a: (fazoola(h)) beans

fazul˘ový: (adj.) bean; **fazul˘ová polievka** (fazool˘ová polyevka(h)) bean soup; **fazul˘ový prívarok** (fazool˘ovéé(h) préévarok) beans as side dish to sausage or meat

fánky: (fánkee(h)) fritters

fén: (fén) hairdryer

figy: (feegee(h)) figs

filé: (feelé(h)) fillet; **rybie filé** (reebye(h) feelé(h) fish fillet

filiálka: (feeleeyálka(h)) branch
film: (film) film (camera)
folklór: (folklór) folklore
forma: (forma(h)) form, shape
formulár: (formoolár) form
fotoaparát: (foto(h)aparát) camera
fotografia: (fotografeeya(h)) photograph, photo
fotografovatˇ: (fotografovatˇ) to photograph; **fotografovanie zakázané:** (fotografovaňye(h) zakázané(h)) no photographs allowed
fotokópie (služba): (fotokópeeye(h) (sloozhba(h)) photocopying service
francúzsky: (adj.); **francúzsky klˇúč** (frantsóóskee(h) klˇóóch) monkey wrench; **francúzske zemiaky** (frantsóóske(h) zemyakee(h)) casserole of potatoes, eggs etc.
fresky: (freskee(h)) frescoes
Fridex: (freedex) antifreeze

G

galéria: (galéreeya(h)) gallery; (theatre) upper gallery
galoše: (galoshe(h)) galoshes
garáž: (garázh) garage
gaštany: (gashtanee(h)) chestnuts
gotický: (goteetskéé(h)) Gothic
grilovaný: (adj.) (greelovanéé(h)) grilled; **grilované**

kurčatá (greelované(h) koorchatá(h)) grilled chicken
gramofónová platňa: (gramofónová(h) platňa(h)) record
grapefruit: (grepfrooeet) grapefruit
grékokatolík: (grékokatoléék) Greek Catholic
gréckokatolícky kostol: (grétskokatoléétskee(h) kostol) Greek Catholic church
guláš: (goolásh) goulash; **szegedínsky guláš** (segedˇééenskee(h) goolásh) pork and sauerkraut goulash

H

hádam: (hádam) perhaps, maybe
halier: (halyer) heller; one Slovak crown = 100 hellers
haring: (hareeng) herring
hasiaci prístroj: (hasyatsee(h) prééstroy) fire extinguisher
hej!: (hey) eh, what, hey, yes, well, fine
ham and eggs: (hemendegz) ham and eggs
historická pamiatka: (heestoreetská(h) pamyatka(h)) historic memorial
hlˇadatˇ: (hlˇadatˇ) to look for, to search
hlˇadietˇ (na): (hlˇadˇyetˇ (na(h))) to look at, to stare at, to observe

hlas: (hlas) voice

hlava: (hlava(h)) head

hlavný: (adj.) (hlavnéé(h)) main, principal; **hlavné jedlo** (hlavné(h) yedlo(h)) main course; **hlavné mesto** (hlavné(h) mesto(h)) capital; **hlavná pošta** (hlavná(h) poshta(h)) main post office; **hlavná ulica** (hlavná(h) ooleetsa(h)) main street

hlávkový šalát: (hlávkovéé(h) shalát) lettuce

hlboký: (hlbokéé(h)) deep, profound

hneď: (hneť) at once, instantly; **hneď za vami** (hneť zavamee(h)) right behind you

hnedý: (hňedéé(h)) brown; (tanned) **opálený** (opálenéé(h))

hoci: (hotsee(h)) although, though

hodina: (hoďeena(h)) (time) hour; (tuition) lesson

hodiny: (hoďeenee(h)) clock

hodinky: (hoďeenkee(h)) watch

hodnosť: (hodnosť) rank

hodnota: (hodnota(h)) value, worth

hody: (hodee(h)) feast, dinner

holenie: (holeňye(h)) shaving

holiaci: (adj.); **holiaci krém** (holyatsee(h) krém) shaving cream; **holiaci strojček** (holyatsee(h) stroychek) shaver

holič: (holeech) barber; **holičstvo** (holeechstvo(h)) barber shop

horský: (adj.) (horskéé(h)) mountain; **horská chata** (horská(h) khata(h)) chalet; **horské slnko** (horské(h) slnko(h)) sunlamp; **horský prameň** (horskéé(h) prameň) mountain spring; **horský bycikel** (horskéé beetseekel) mountain bike

hora: (hora(h)) mountain; forest, wood

horčica: (horcheetsa(h)) mustard

hore: hore nohami (hore(h) nohamee(h)) upside down; **hore kopcom** (hore(h) koptsom) uphill; **hore schodami** (hore(h) skhodamee(h)) upstairs (direction)

hosť: (hosť) guest, visitor; (pl) **hostia** (hosťya(h)) guests, visitors

hostinec: (hosťeenets) inn, tavern, bar

hotel: (hotel) hotel

hotový: (adj.) (hotovéé(h)) ready, prepared; **hotové jedlá** (hotové(h) yedlá(h)) set dishes

hovädzí: (adj.) (hovedzéé(h)); **hovädzia polievka** (hovedzya(h) polyevka(h)) beef broth; **hovädzie mäso** (hovedzye(h) meso(h))/**hovädzina** (hovedzee na(h) beef; **hovädzie na cibuľke** (hovedzye(h) na(h) tseebooľke(h)) beef steak with onion; **hovädzie pečené:** (hovedzye(h) pechené(h)) roast beef; **hovädzie s chrenom** (hovedzye(h) skhrenom) beef with horseradish; **hovädzí bujón:** (hovedzéé(h) booyón) beef boullion; **hovädzí guláš** (hovedzéé(h) goolásh) beef goulash; **hovädzi perkelt** (hovedzee(h) perkelt) stewed beef

hovoriť: (hovoreeť) to talk, to speak

hra: (hra(h)) game, play

hračky: (hrachkee(h)) toys

hrach: (hrakh) peas

hrachový prívarok: (hrakhovéé(h) préévarok) peas as side dish (with meat or sausage)

hrášok: (hráshok) green peas

hrad: (hrad) mountain castle

hranica: (hraňeetsa(h)) border, frontier, limit

hraný film: (hranéé(h) feelm) feature film; movie

hrať (sa): (hrať sa(h)) to play

hrdina: (hrdʼeena(h)) hero

hríby: (hréébee(h)) mushrooms

hrozienka: (hrozyenka(h)) raisins

hrozno: (hrozno(h)) grape(s)

hruška: (hrooshka(h)) pear

hruškovica: (hrooshkoveetsa(h)) pear brandy

hubová polievka: (hoobová(h) polyevka(h)) mushroom soup

husacia pečienka: (hoosatsya(h) pechyenka(h)) goose liver

husacie hody: (hoosatsye(h) hodee(h)) eating spree

husacina: (hoosatseena(h)) goose meat

huspenina: (hoospeňeena(h)) jelly, aspic

hviezda: (hvyezda(h)) star

CH

chápať: (khápať) to understand, to grasp

chcieť: (khtsyeť) to want, to wish; **Chcem, aby ste to urobili.** (khtsem, abee(h) stʼe(h) to(h) oorobeelee(h)) I want you to do it.

chemická čistiareň: (khemeetská(h) cheestʼyareň) dry cleaners

chladnička: (khladňeechka(h)) refrigerator, fridge

chlap: (khlap) man, fellow, guy

chlapec: (khlapets) boy, lad

chlieb: (khlyeb) bread; **opekaný chlieb** (opekanéé(h) khlyeb) toast; **chlieb s maslom** (khlyeb zmaslom) bread-and-butter

chodci: (n) (khottsee(h)) pedestrians; **Chodci choďte vľavo!** (khodtsee(h) khod˘t˘e(h) vl˘avo(h)) **Pedestrians, please, walk along the left side of the road!**; Chodci prejdite na druhú stranu! (khodtsee(h) preyd˘eet˘e-(h) na(h) droohóó(h) stranoo-(h)) Pedestrians, please, cross to the other side!

chodit˘: (khod˘eet˘) to go, to walk; **chodit˘ na prechádzku** (khod˘eet˘ na(h) prekhátskoo(h)) to go for a walk; **Chod˘ do čerta!** (khod˘ do(h) cherta(h)!) Get lost!

chorý: (khoree(h)) ill, sick

chrbát: (khrbát) (body) back

chren: (khren) horseradish

chut˘: (khoot˘) taste, appetite

chvíl˘a: (khvéél˘a(h)) moment, while

chyba: (kheeba(h)) mistake, error

chytit˘: (kheet˘eet˘) to catch, to capture; **chytit˘ sa** (kheet˘eet˘ sa(h)) to catch fire

chytl˘avý: (kheetl˘avéé(h)) infectious

chýbat˘: (khéébat˘) to lack, to miss

I

i: (ee(h)) and, also, too

iba: (eeba(h)) only, just, merely

íst˘: (éést˘) to go; **idem** (eed˘em) I'm going; **idete** (eed˘et˘e(h)) you are going

idiot: (eedeeyot) idiot

ináč, inak: (eenách, eenak) otherwise, else, differently

informácie: (eenformátseeye-(h)) information (plural)

informátor: (eenformátor) information clerk

inštalatér: (eenshtalatér) plumber

inzerát: (eenzerát) advertisement

iný: (eenéé(h)) other, another

islam: (eeslam) Islam

íst˘: (éést˘) to go; **pôjdem** (pwoyd˘em) I shall go

iste: (eest˘e(h)) certainly, surely

istý: (eestéé(h)) sure, certain, secure; **ten istý** (ten eestéé(h)) the same

izba: (eezba(h)) room; **izby do prenájmu** (eezbee(h) do(h) prenáymoo(h)) rooms to let/to rent; **izba s balkónom** (eezba-(h) zbalkónom) room with balcony; **izba s kúpel˘ňou** (eezba(h) skóópel˘ňow) room with bath (room); **izba so sprchou** (eezba(h) zosprkhow) room with shower

J

ja: (ya(h)) I, self; **ja sám** (ya(h) sám) myself

jablko: (yablko(h)) apple

jablčný: (adj.) apple; **jablčná št˘ava** (yablchná(h) sht˘ava(h)) apple juice; **jablčná štrúdl˘a** (yablchná(h) shtróódl˘a(h))

apple strudel; **jablčník** (yabl-
chňéék) apple pie

jahňacina: (yahňatseena(h))
lamb; **pečená jahňacina** (pe-
chená(h) yahňatseena(h)) roast
lamb

jahňací: (adj.); jahňací perkelt
(yahňatséé(h) perkelt) lamb
stew

jahody: (yahodee(h)) strawber-
ries

jar: (yar) spring (season)

jarabica: (yarabeetsa(h)) par-
tridge

jaskyňa: (yaskeeňa(h)) cave,
cavern

jasle: (yasle(h)) crib, manger,
creche

jasné: (yasné(h)) OK, that˘s
clear

jasný: (yasnéé(h)) bright, clear,
evident

jaternica: (yat˘erňeetsa(h))
blood sausage

javisko: (yaveesko(h)) stage

jazdiť: (yazd˘eet˘) drive; **jaz-
dite opatrne** (yazd˘eet˘e(h)
opatrňe(h)) drive carefully;
jazdite pomaly (yazd˘ee-
t˘e(h) pomalee(h)) drive slowly;
jazdite vpravo (yazd˘eet˘e(h)
fpravo(h)) drive on the right

jazero: (yazero(h)) lake

jazyk: (yazeek) language,
tongue

je: (ye(h)) is; **Je zamračené**
(ye(h) zamrachené(h)) it's

cloudy; **Dnes je pekné poča-
sie.** (dňes ye(h) pekné(h) po-
chasye(h)) Nice weather today.;
Je vietor (ye(h) vyetor) It's
windy; **Dnes je slnečný deň.**
(dňes ye(h) slňechnéé(h) deň) It
is a sunny day today.

jedáleň: (yedáleň) dining room

jedálny: (adj.) **jedálny lístok**
(yedálnee(h) lééstok) menu;
jedálny vozeň: (yedálnee(h)
vozeň) dining car

jeden: (m), jedna (f), jedno (n)
(yeden, yedna(h), yedno(h)) one

jediný: (yed˘eenéé(h)) the only
one, sole

jedlá na objednávku: (yedlá(h)
na(h) obyednávkoo(h)) dishes
made to order

jedlo: (yedloh) dish

jednoduchý: (yednodoo-
khéé(h)) simple

jednopostel˘ová izba: (yedno-
post˘el˘ová(h) eezba(h)) single
room

jednosmerná premávka: (yed-
nosmerná(h) premávka(h)) one-
way traffic

jednotka: (yednotka(h)) unit,
troop

jednotlivý: (yednotleevéé(h))
single, individual

jelenica: (yeleňeetsa(h)) deer-
skin, buck-skin

jelenina: (yeleňeena(h)) venison
(of stag, red deer)

jeseň: (f) (yeseň) autumn, fall

jogurt: (yogoort) yoghurt
jubileum: (yoobeele(h)oom) anniversary
junior: (yoonee(h)or) junior
juh: (yooh) south
justičný: (yoosteechnéé(h)) (adj.) of justice (**omyl** - miscarriage)

K

k, ku: (k(h), koo(h)) to, towards
kabaret: (kabaret) cabaret, music-hall
kabelka: (kabelka(h)) purse, handbag
kabína na skúšanie: (kabééna-(h) na(h) skóóshaňye(h)) fitting room
kačacia pečienka: (kachatsya-(h) pechyenka(h)) duck liver
kačacina: (kachatseena(h)) duck (meat)
kaderníctvo: (kaderňéétstvo(h)) hairdresser's shop
kaderníčka: (f), **kaderník:** (m) (kadˇerňééchka(h), kaderňéék) hairdresser
kajak: (kayack) kayak
kakao: (kakao(h)) cocoa, hot chocolate
kalíšok, kalištek: (kalééshok, kaleeshtˇek) goblet, glass
kalkulačka: (kalkoolachka(h)) calculator
kam?: (kam) where (to)?

kameň: (kameň) stone; **kameň úrazu** (kameň óórazoo(h)) stumbling block; **obrubný kameň** (obroobnéé(h) kameň) curb stone
Kanada: (kanada(h)) Canada; **Kanadˇan** (kanadˇan) (man) Canadian; **Kanadˇanka** (kanadˇanka(h)) (woman) Canadian; **kanadský** (kanatskéé(h)) (adj.) Canadian
kanoe: (kanoe(h)) canoe
kapesník: (kapesňéék) handkerchief
kapor: (kapor) carp
kapsa: (kapsa(h)) bag, satchel
kapusta: (kapoosta(h)) cabbage
kapustnica: (kapoostňeetsa(h)) sour cabbage soup
karfiol: (karfeeyol) cauliflower
karlovarské oplátky: (karlovarské(h) oplátkee(h)) fine wafers made at Karlovy Vary
kasárne: (kasárňe(h)) barracks
kašelˇ: (kashelˇ) cough; **čierny kašelˇ** (chyernee(h) kashelˇ) whooping cough
katedrála: (katedrála(h)) cathedral
katolík: (katoleek) Catholic; (adj.) **katolícky** (katoléétskee(h)) Catholic; **katolícky kňaz** (katoléétskee(h) kňaz) Catholic priest
káva: (káva(h)) coffee; **káva so šlˇahačkou** (káva(h) so(h) shlˇahatchkow) coffee with

cream; **biela káva** (byela(h) ká-va(h)) coffee with milk

kaviareň: (kavyareň) café

kazeta: (kazeta(h) cassette (video, audio)

každý: (kazhdéé(h)) each, every, everybody

kde: (gd⌄e(h)) where; **Kde inde?** (gde(h) eend⌄e(h)) Where else?

keby: (kebee(h)) if, when; **keby aj** (kebee(h) ay) even if, even though; **keby nie** (kebee(h) ňye(h)) if not, unless

kečup: (kechoop) ketchup

kedy: (kedee(h)) when, at what time

keď⌄: (ked⌄) when, if

keks: (keks) biscuit, cookie

kel: (kel) Savoy cabbage

kilo: (keelo(h)) kilo, kilogram

kino: (keeno(h)) cinema, movie theater

klapka, telefónna klapka: (tel) (klapka(h), telefónna(h) klapka(h)) extension

klást⌄: (klást⌄) to put, to lay; **klást⌄ dôraz na...** (klást⌄ dworaz na(h)...) to emphasize...

kláštor: (kláshtor) monastery

klenoty: (klenotee(h)) jewelry

klobása: (klobása(h)) sausage; **klobása s fazul⌄ou** (klobása(h) sfazool⌄ow) bean stew with sausage

klobúk: (klobóók) hat; **slamený klobúk** (slamenéé(h) klobóók) straw hat

klopat⌄!: (klopat⌄!) knock before entering

knedle: (knedle(h)) dumplings

kniha: (kňeeha(h)) book

kníhkupectvo: (kňééhkoopetstvo(h)) bookstore

knižnica: (kňeezhňeetsa(h)) library

koberec: (koberets) carpet, rug

koktail: (koktayl) milkshake, cocktail

koláč: (kolách) cake; **ovocný koláč** (ovotsnéé(h) kolách) (fruit) pie; **jablkový koláč** (yablkovéé(h) kolách) apple pie; **tvarohový koláč** (tvarohovéé(h) kolách) cheese cake; **makový koláč:** (makovéé(h) kolách) poppy seed cake; **orechový koláč** (orekhovéé(h) kolách) nut cake

kol⌄ko: (kol⌄ko(h)) how much, how many; **kol⌄ko krát** (kol⌄ko(h) krát) how many times; **Kol⌄ko je hodín?** (kol⌄ko(h) ye(h) hod⌄één?) What time is it?

kompót: (kompót) stewed fruit

kôň: (kwoň) horse

koňak: (koňak) cognac

konat⌄: (konat⌄) to do, to act

koncert: (kontsert) concert

koncertná sála: (kontsertná(h) sála(h)) concert hall

konečne: (koňechňe(h)) at last

konfekcia: (konfektseeya(h)) ready-to-wear clothes

konferencia: (konferentsee-ya(h)) conference

kongres: (kongres) congress

koniec: (koňyets) end

kontrola: (kontrola(h)) check up, inspection; **kontrola cestovných lístkov** (kontrola(h) tsestovnéékh lééstkow) ticket check

konzerva: (konzerva(h)) can, tin

konzervované potraviny: (konzervované(h) potravee-nee(h)) canned food

konzulát: (konzoolát) consulate

kopec: (kopets) hill

korčule: (korchoole(h)) skates; **kolieskové korčule** (kolyeskové(h) korchoole(h)) rollerskates, roller blades

korčuliar: (korchoolyar) skater

korčuľovanie: (korchooľova-ňye(h)) skating

koreň: (koreň) root

koruna: (koroona(h)) crown; **slovenská koruna** (Sk) (slovenská(h) koroona(h)) (money) Slovak crown

korzo: (korzo(h)) promenade

kostol: (kostol) church

košeľa: (košeľa(h)) shirt

kotleta: (kotleta(h)) chop,cutlet

koža: (kozha(h)) leather, skin

kožený tovar: (kozhenéé(h) tovar) leather goods

kozmetika: (kozmeteeka(h)) cosmetics

kozmetický salón: (kozmetee-tskéé(h) salón) beauty parlor

kožuch: (kozhookh) fur coat

kožušina: (kozhoosheena(h)) fur

kožušníctvo: (kozhooshňéétst-vo(h)) furs (shop)

kožušník: (kozhooshňéék) furrier

kráčať: (kráchať) to walk, to march

kraj: (kray) region, county

krajčír: (kraychéér) tailor

krajina: (krayeena(h)) landscape; country

kráľ: (kráľ) king; **anglická kráľovná** (angleetská(h) kráľovná(h)) The Queen of England

krásny: (krásnee(h)) beautiful, fair, lovely

krátky: (krátkee(h)) short; **krátke nohavice** (krátke(h) nohaveetse(h)) shorts

kravata: (kravata(h)) necktie, tie

kreditná karta: (kredeetná(h) karta(h)) credit card

kričať: (kreechať) to cry out, to shout

krídlo: (kréédlo(h)) wing

kríž: (kréézh) cross; crucifix

krištáľové sklo: (kreeshtá-ľové(h) sklo(h)) crystal glass

križovatka: (kreezhovatka(h)) crossing

krok: (krok) step, footstep, pace

krst: (krst) baptism

krstné meno: (krstné(h) me-no(h)) first name

kruhový objazd: (kroohovéé(h) obyazd) roundabout
krupičná kaša: (kroopeechná(h) kasha(h)) semolina pudding
krv: (krv) blood
krytý bazén: (kreetéé(h) bazén) indoor swimming pool
kŕč: (kŕch) cramp, spasm
kto?: (kto(h)) who?
ktorý: (ktoréé(h)) which, who, that; **Ktorého je dnes?** (ktorého(h) ye(h) dňes?) What is the date today?
kuchyňa: (kookheeňa(h)) kitchen; **kuchynské potreby** (kookheenské(h) potrebee(h)) kitchen utensils; **slovenská kuchyňa** (slovenská(h) kookheeňa(h)) Slovak cuisine
kufor: (koofor) suit case, trunk
kúpanie zakázané: (kóópaňye(h) zakázané(h)) no bathing, no swimming
kupé: (koopé(h)) compartment (train)
kúpeľ: (kóópeľ) bath
kúpele: (kóópele(h)) spa, health resort
kúpiť: (kóópeeť) to buy
kurací: (adj.) (kooratséé(h)) chicken; **kuracia polievka** (kooratsya(h) polyevka(h)) chicken soup; **kurací paprikáš** (kooratséé(h) papreekásh) chicken pepper stew; **kurací perkelt** (kooratséé(h) perkelt) stewed chicken; **kuracie stehno** (koo-

ratsye(h) sťehno(h)) chicken leg; **kuracie prsia** (kooratsye(h) prsya(h)) chicken breast
kurča: (koorcha(h)) chicken; **kura na rošte** (koora(h) na(h) roshťe(h)) barbecued chicken
kus: (koos) piece
kvalita: (kvaleeta(h)) quality
kvapky: (kvapkee(h)) drops (medicine)
kvetinárstvo: (kveťeenárstvo(h)) florist
kvety: (kvetee(h)) flowers
kyslý: (adj.) (keesléé(h)) sour; **kyslá kapusta** (keeslá(h) kapoosta(h)) sauerkraut; **kyslé mlieko** (keeslé(h) mlyeko(h)) sour milk; **k. smotana** (smotana(h)) sour cream; **kyslé uhorky** (keeslé(h) oohorkee(h)) pickled cucumbers

L-Lˇ

Labe: (labe(h)) Elbe
ľadviny, ľadvinky: (ľadveenee(h), ľadveenkee(h)) kidneys
ľahký: (ľakhkéé(h)) light, easy
lahôdky: (lahwotkee(h)) delicacies, delicatessen
láska: (láska(h)) love
látky: (látkee(h)) fabrics, textiles
lebo: (lebo(h)) because, since
lekár: (lekár) physician, doctor
lekáreň: (lekáreň) pharmacy
lekárnik: (lekárňeek) pharmacist

lekárske potvrdenie   **ľudský**

lekárske potvrdenie: (lekárske(h) potvrdˇeňye(h)) doctor's note

len: (len) only, just; **len na lekársky predpis** (len na(h) lekárskee(h) pretpees) available only with a prescription; **len pre chodcov** (len pre(h) khodtsov) pedestrians only; **len na vonkajšie použitie** (len na(h) pre(h) vonkayshye(h) pooozheetˇye(h)) for external use only

lektor: (lektor) lecture

lenže: (lenzhe(h)) but, only

lekvár: (lekvár) jam; (orange) marmalade

lep: (lep) glue

les: (les) wood, forest

letecky: (letˇetskee(h)) by air (adv.); **letecká doprava** (adj.) (letˇetská(h) doprava(h)) air transportation; **letecká pošta** (letˇetská(h) poshta(h)) air mail

letenka: (letˇenka(h)) plane ticket

letisko: (letˇeesko(h)) airport

letný: (adj.) (letnéé(h)) summer; **letný dopredaj** (letnéé(h) dopreday) summer sale

leto: (leto(h)) summer

letový poriadok: (letovéé(h) poryadok) flight schedule

ležaťˇ: (lezhatˇ) to lie, to be in bed during illness

libra šterlingov: (leebra(h) shterleengov) pound sterling

lieskové oriešky: (lyeskové(h) oryeshkee(h)) hazelnuts

lietadlo: (lyetadlo(h)) aircraft, airplane

likér: (leekéér) liqueur

limonáda: (leemonáda(h)) lemonade

linka: (tel.) (leenka(h)) line; **volˇná linka** (volˇná(h) leenka(h)) free line; **linka je obsadená** (leenka(h) ye(h) opsadˇená(h)) line is busy

list: (leest) letter, leaf

lístok: (lééstok) ticket, note, petal; **lístok do divadla** (lééstok do(h) dˇeevadla(h)) theater ticket; **lístok od šatne** (lééstok od shatňe(h)) cloakroom ticket; **lístok z úschovne** (lééstok zóóskhovňe(h)) baggage slip; **lístok na električku** (lééstok na(h) elektreechkoo(h)) tram (streetcar) ticket; **lístok na koncert:** (lééstok na(h) kontsert) concert ticket

liter: (leeter) litre, liter

lokálka: (lokálka(h)) local train, shuttle

lokše: (lokshe(h)) hot pita

lóža: (lózha(h)) box (in theatre)·

lôžkový vozeň: (lwozhkovéé(h) vozeň) sleeping car

ľud: (lˇood) (sg) people; **ľudové tance** (lˇoodové(h) tantse(h)) folklore dances

ľudský: (adj.) (lˇootskee(h)) human; **ľudský prístup**

lúka   **medzi**

(l̆ootskéé prééstoop) human
attitude
lúka: (lóóka(h)) meadow
lušteniny: (loosht̆ eňeenee(h))
legumes
luster: (looster) chandelier,
lustre
lyže: (leezhe(h)) a pair of skis
lyžiar: (leezhyar) skier
lyžiarky: (leezhyarkee(h)) ski
boots
lyžiarsky: (adj.); **lyžiarska
čapica** (leezhyarska(h) chapee-
tsa(h)) skier's cap; **lyžiarske
palice** (leezhyarske(h) palee-
tse(h)) ski poles; **lyžiarsky
vlek** (leezhyarskee(h) vlek) ski
lift
lyžovanie: (leezhovaňye(h))
skiing

M

magazín: (magazéén) magazine,
periodical
magnetofón: (magnetofón) tape
recorder
majonéza: (mayonéza(h)) may-
onnaise
mak: (mak) poppy, poppy seeds
makový: (adj.); **makový koláč**
(makovee(h) kolách) poppy
seed cake; **makové rezance**
(makové(h) rezantse(h)) pasta
with sweetened ground poppy
seeds; **makové štrúdl̆ a** (ma-

ková(h) shtroodl̆ a(h)) poppy
seed strudel; **makový závin**
(makovéé záveen) poppy seed
cake
makrela: (makrela(h)) mackerel
maliny: (maleenee(h)) raspber-
ries
málo: (málo(h)) few, little
malý: (maléé(h)) little, small
mandle: (mandle(h)) almonds
mapa: (mapa(h)) street plan
marhule: (marhoole(h)) apricots
marhul̆ ovica: (marhool̆ ovee-
tsa(h)) apricot brandy
marmeláda: (marmeláda(h))
marmalade
maslo: (maslo(h)) butter
mäso: (meso(h)) meat
mäsiar: (mesyar) butcher
mäsiarstvo: (mesyarstvo(h))
butcher's shop
mast̆ : (mast̆) (food) lard, fat;
(med) ointment
mat̆ : (mat̆) to have; **mám**
(mám) I have; **máš** (másh) you
have (sing.); **máte** (mát̆ e(h))
you have (pl.)
máte pravdu: (mát̆ e(h) prav-
doo(h)) you are right
matka: (matka(h)) mother
mazanie: (mazaňye(h)) lubrica-
tion
med: (med) honey
medovníky: (medovňéékee(h))
honey biscuits
medzi: (medzee(h)) between,
among

medzinárodný   **mliečny**

medzinárodný: (adj.) international; **medzinárodný let** (medzeenárodnéé(h) let) international flight; **medzinárodná linka** (medzeenárodná(h) leenka(h)) international line; **medzinárodná dialʼnica** (medzeenárodná(h) dʼyalʼňeetsa(h)) international motorway

medzištátny hovor: (medzishtátnee(h) hovor) international call

melón: (melón) water melon

melta: (melta(h)) chicory

mena: (mena(h)) currency, **tvrdá mena** (tvrdá(h) mena(h)) hard currency

meniny: (meňeenee(h)) name day

menitʼ, zmenitʼ: (meňeetʼ, zmeňeetʼ) to alter, to change

meno: (meno(h)) name

mesačný lístok: (mesachnéé(h) lééstok) season ticket

mesiac: (mesyats) month, moon

meškanie: (meshkaňeeye(h)) delay

mesto: (mesto(h)) town

mestský: (adj.) city; **mestská nemocnica** (meská(h) ňemotsňeetsa(h)) municipal hospital; **mestská radnica** (meská(h) radňeetsa(h)) town hall, city hall

mier: (myer) peace

miery: (myeree(h)) measures, dimensions, measurements

miešaný: (adj.) mixed; **miešaná zelenina** (myeshaná(h) zeleňeena(h)) mixed vegetables; **miešané vajcia/praženica** (myeshané(h)vaytsya(h)/prazheňeetsa(h)) scrambled eggs; **miešaný šalát** (myeshanéé(h) shalát) mixed salad

miesto: (myesto(h)) place, seat, spot; **miesto narodenia** (myesto(h) narodʼeňya(h)) place of birth

miestny čas: (myestnee(h) chas) local time

milý: (meeléé(h)) dear

mimo prevádzky: (meemo(h) prevátskee(h)) out of order

mimosezónne ceny: (meemosezónne(h) tsenee(h)) low season rates

minerálny: (adj.); **minerálna voda** (meenerálna(h) voda(h)) mineral water; **minerálny prameň** (meenerálnee(h) prameň) mineral spring

minimálny poplatok: (meeneemálnee(h) poplatok) minimum charge

minulostʼ: (meenoolostʼ) past

mladý: (mladéé(h)) young

mlčatʼ: (mlchatʼ) to be silent

mleté mäso: (mleté(h) meso(h)) ground/minced meat

mliečny: (adj.) dairy; **mliečne výrobky** (mlyechne(h) véérobkee(h)) dairy products; **mliečny koktail** (mlyechnee(h) koktayl) milk shake

mlieko: (mlyeko(h)) milk

mnohí: (mnohéé(h)) many, several; **mnohí l῾udia** (mnohéé l῾ood˅ya(h))

mnoho: (mnoho(h)) much, a lot of; **mnoho priatel῾ov** (mnoho(h) pryat˅el˅ow) a lot of friends

množstvo: (mnoshstvo(h)) quantity, number, a lot of; **vel῾ké množstvo** (vel˅ké(h) mnoshstvo(h)) + G large quantity of...;

môct˅: (mwotst) to be able to, **nemôžem** (ňemwozhem) I am not able to...

móda pre mladých: (móda(h) pre(h) mladéékh) young fashions

mohamedán: (mohamedán) (n) Mohammedan; **mohamedánsky** (adj) (mohamedánskee(h)) Islamic

môj: (mwoy) (m) my, mine; **moja** (moya(h)) (f) my; **moje** (moye(h)) (n) my

moment: (moment) moment, minute; **Moment, prosím!** (moment, proséém) Just a minute, please!

momentka: (momentka(h)) (photo) snap

Morava: (morava(h)) Moravia; (man) **Moravan** (moravan) Moravian; (woman) **Moravanka** (moravanka(h)) Moravian; **moravský** (adj) (moravskéé(h)) Moravian

morčacie mäso: (morchatsye(h) meso(h)) turkey meat

moriak: (moryak) turkey

motel: (motel) hotel for motorists off the road/motorway

možné: (adj.) (mozhné(h)) possible; **možno** (mozhno(h)) (adverb) perhaps; **Je to možné** (ye(h) to(h) mozhné(h) It's possible.

možnost˅: (mozhnost˅) possibility, chance, opportunity

možný: (mozhnéé(h)) (adj.) possible; **možný dátum** (mozhnéé(h) dátoom) possible date

mozog: (mozok) brain

mrazený: (adj.) (mrazenéé(h)) frozen; **mrazené mäso** (mrazené(h) meso(h)) frozen meat

mraznička: (mrazňeechka(h)) deep freezer

mrkva: (mrkva(h)) carrots

mŕtvy: (mŕtvee(h)) dead

muž: (moozh) man, guy; **muži:** (moozhee(h)) gents, men's room

múzeum: (móóze(h)oom) museum

mužský: (adj.) (mooshskéé(h)) for man; **mužské odevy** (mooshské(h) od˅evee(h)) menswear; **mužský oblek** (mooshskee(h) oblek) suit

my: (mee(h)) we; **my sme** (mee(h)) sme(h)) we are, **my nie sme** (mee(h) ňye(h) sme(h)) we are not

mydlo: (meedlo(h)) soap; **toa-letné mydlo** (to(h)aletné(h) meedlo(h)) toilet soap

mýlite sa: (mééleet˘e(h) sa(h)) you are wrong

mysel˘: (meesel˘) mind

mysliet˘: (meeslyet˘) to think

myšlienka: (meeshlyenka(h)) idea, thought

mýto: cestné mýto (tsestné(h) mééto(h)) road toll

N

na: (na(h)) on, onto; **na stole** (na(h)stole(h)) on the table; **na hodinu, deň, týždeň, mesiac, rok** (na(h) hod˘eenoo(h), d˘eň, téézhd˘eň, mesyats, rok) per hour, day, week, month, year; **na masle:** (namasle(h)) with butter; **na oleji** (na(h) oleyee(h)) with oil; **na osobu** (na(h) osoboo(h)) per person; **Na zdravie!** (na(h) zdravye(h)) (toast) To your health!

nábytok: (nábeetok) furniture

načo: (nacho(h)) why, what for

nádej: (nád˘ey) hope

nafta: (nafta(h)) diesel-oil

náhoda: (náhoda(h)) chance; **náhodou** (náhodow) by chance

náhradné súčiastky: (náhradné(h) sóóchyastkee(h)) spare parts

najmä: (nayme(h)) above all, especially

najvšší: (adj.) (nayveeshshéé(h)) the highest, maximum; **najvy-ššia povolená rýchlost˘** (nayveeshya(h) povolená(h) réékhlost˘) speed limit; **naj-vyššia povolená váha** (nay-veeshya(h) povolená(h) váha(h)) weight limit; **najvyššia povo-lená výška** (nayveeshya(h) povolená(h) veeshka(h)) maxi-mum height

nákladné auto: (nákladné(h) aooto(h)) truck

nákladný vlak: (nákladnéé(h) vlak) freight train

nakoniec: (nakoňyets) finally, at last

námestie: (city, town) (náme-st˘ye(h)) square

namiesto: (namyesto(h)) instead of

naopak: (naopak) on the contrary

naozaj: (naozay) really, indeed

nápoj: (nápoy) drink; **nápoje** (nápoye(h)) drinks, beverages

napríklad/napr.: (naprééklad/ napr.) for example/ e.g.

narodeniny: (narod˘eňee-nee(h)) birthday; **Všetko naj-lepšie k narodeninám!** (fshet-ko(h) naylepshye(h) k narod˘e-ňeenám!) Happy Birthday!

národ: nation, people; **národný** (národnéé(h)) nation-al, ethnic; Národné (l˘ootsdiva-dlo (národné(h) dˇeevadlo(h)) National Theatre

národnosť: (národnosť) nationality; **Akej ste národnosti?** (akey stˇe(h)) národnosťee(h)?) What is your nationality?

národný kroj: (národnéé(h) kroy) ethnic/national costume

náš: (násh) our

nástroje: (nástroye(h)) tools, instruments

nástupište: (nástoopeeshtˇe(h) platform, track

návod: (návot) instructions; **návod na pranie** (návod na(h) praňye(h)) washing instructions; **návod na použitie** (návod na(h) pooozheetˇye(h)) instructions for use

návštevné hodiny: (náfshtˇevné(h) hodˇeenee(h)) visiting hours

nazývať: (nazéévatˇ) to call, to name

nebezpečenstvo: (ňebespechenstvo(h)) danger; **nebezpečenstvo ohňa** (ňebespechenstvo(h) ohňa(h)) fire risk; **nebezpečenstvo padania kameňov** (ňebespechenstvo(h) padaňya(h) kameňow) rockslide, danger of falling rocks

nebezpečná zákruta: (ňebespechná(h) zákroota(h)) dangerous bend

nebo, obloha: (ňebo(h), obloha(h)) sky

nedeľa: (ňedˇeľa(h)) Sunday

nedotýkajte sa tovaru!: (ňedotéékaytˇe(h) sa(h) tovaroo(h)!) Don't touch the merchandise!

nehoda: (ňehoda(h)) accident

nehovorte s vodičom!: (ňehovortˇe zvodˇeechom) Do not speak to the driver!

nechať: (ňekhatˇ) to let, to leave

ňechoďte po tráve!: (ňekhotˇtˇe(h) po(h) tráve(h)) Keep off the grass!

nejaký: (ňeyakéé(h)) some, any

nekŕmte zvieratá!: (ňekŕmtˇe(h) zvyeratá(h)) Don't feed animals!

nemáte pravdu: (ňemátˇe(h) pravdoo(h)) you are wrong

nemocnica: (ňemotsňeetsa(h)) hospital

neobsahuje: (ňeopsahooye(h)...) doesn't contain...

neodhadzujte odpadky!: (ňeodhadzooytˇe(h) otpatkee(h)) Don't litter!

neopierajte sa o dvere!: (ňeopyeraytˇe(h) sa(h) odvere(h)) Do not lean against the door!

nepodlieha clu: (ňepodlyeha(h) tsloo(h)) duty free

nepredajný: (ňepredaynéé(h)) not for sale

neprekračujte predpísanú dávku!: (ňeprekrachooytˇe(h) predpéésanóó(h) dávkoo(h)) Do not exceed the stated dose!

nepremokavý: (ňepremoka-véé(h)) waterproof

neskoro: (ňeskoro(h)) (adv) late

nesladený: (ňesladˇenéé(h)) unsweetened

neužívatˇ na lačno!: (ňeoozhéévatˇ na(h) lachno(h)) Not to be taken on an empty stomach!

neviem: (ňevyem) I don't know

nevykláňajte sa z okien!: (ňeveekláňaytˇe(h) sa(h) zokyen) Don't lean out of the windows!

nevyrušujte!: (ňeveerooshooytˇe(h)) Do not disturb!

než: (ňezh) than

nežehlitˇ!: (ňezhehleetˇ) Do not iron!

nič: (ňeech) nothing; **Nič sa nestalo.** (ňeech sa(h) ňestalo(h)) (response to apology) That's all right.

nie: (ňye(h)) no; **Nie, ďakujem.** (ňye(h), ďakooyem) No, thanks.; **Nie je na predaj.** (ňye(h) ye(h) na(h) preday) It's not for sale.

nielen...ale aj...: (ňyelen...ale(h) ay...) not only...but also

noc (nots) night; **v noci** (vnotsee(h)) at night; **cez noc** (tsez nots) overnight

noclˇaháreň: (notslaháreň) hostel

nočný: (adj.) (nochnéé(h)) night; **nočná služba** (nochná(h) sloozhba(h)) night service, night duty; **nočná lekárenská služba** (nochná(h) lekárenská(h) sloozhba(h)) emergency pharmacy; **nočný bar, nočný lokál, nočný podnik** (nochnéé(h) bar, nochnéé(h) lokál, nochnéé(h) podňeek) night club; **nočný vrátnik** (nochnéé(h) vrátňeek) night watchman

nohavice: (nohaveetse(h)) pants

nos: (nos) nose

noviny: (noveenee(h)) newspaper; **novinový stánok** (noveenovéé(h) stánok) newsstand, news vendor

nový: (novéé(h)) new

núdzový východ: (nóódzovéé(h) véékhod) emergency exit, fire exit

nula: (noola(h) zero, nil

nuž: (noozh) well

O

obálka: (obálka(h)) envelope

obar, obarová polievka: (obar, obarová(h) polyevka(h)) pork broth

obchádzka: (obkhádzka(h)) detour, diversion

obec: (obets) community, village

obed: (obed) lunch

obedňajšia prestávka: (obedňayshya(h) prestávka(h)) lunch hour

obchod: (obkhod) shop, store; **obchod s potravinami** (opkhot spotraveenamee(h)) supermarket, food store; **obchod s topánkami** (opkhot stopánkamee(h)) shoe store; **obchod s nábytkom** (opkhot znábeetkom) furniture store; **obchod s ovocím a zeleninou** (opkhot zovotséém a(h) zeleňeenow) green-grocer's store

obchodný: (adj.); **obchodná značka** (opkhodná(h) znachka(h)) trade mark; **obchodný dom** (opkhodnéé(h) dom) department store

obdobie: (obdobye(h)) period, season

obidvaja, obaja, oba: (obeedvaya(h), obaya(h), oba(h)) both

obmedzitˇ (v) (obmezeetˇ) to restrict; **obmedzený** (adj.) restricted; **obmedzená rýchlostˇ** (obmedzená(h) réékhlostˇ) speed limit; **obmedzené parkovanie** (obmedzené(h) parkovaňye(h)) restricted parking

obrátitˇ: (obrátˇeetˇ) to turn

obraz: (obraz) picture; **obrázok** (obrázok) (photo) snap

obrus: (obroos) tablecloth

obsadený: (opsadenéé(h)) engaged, occupied

obsah: (opsah) content, capacity

obsluha: (opslooha(h)) attendance, service

obuv: (oboov) footwear

obuvník: (oboovňéék) shoemaker

obvodný lekár: (obvodnéé(h) lekár) general practitioner

obyčajne: (obeechayňe(h)) usually

ocot: (otsot) vinegar

od...do...: (od...do(h)...) from...to...

odborná služba: (odborná(h) sloozhba(h)) professional service

odborník: (odborňéék) specialist, expert, consultant

odpovedatˇ: (otpovedatˇ) to answer, to reply

odpustˇte, prosím: (otpoostˇte(h), proséém) forgive me, please

odvolatˇ: (odvolatˇ) to cancel; **odvolaný** (odvolanéé(h)) cancelled

oheň: (oheň) fire

okno: (okno(h)) window

oko: (oko(h)) eye

okolo: (okolo(h)) round, around

okrem: (okrem) besides, except, except for; **okrem nedielˇ** (okrem ňedyelˇ) Sundays excepted; **okrem vozidiel...** (okrem vozeedˇyel...) except vehicles...

okružná cesta: (okroozhná(h) tsesta(h)) cruise, round trip

okuliare: (okoolyare(h)) spectacles, glasses

olej: (oley) oil; **olivový olej** (oleevovéé(h) oley) olive oil

omáčka: (omáchka(h)) sauce, gravy

omeleta: (omeleta(h)) omelette

opakovať: (opakovať) to repeat

opäť: (opeť) again

opekaný: (adj.) (opekanéé(h)); **opekaný chlieb** (opekanéé(h) khlyeb) toast; **topinky** (topeenkee(h)) fried bread; **opekané zemiaky** (opekané(h) zemyakee(h)) home fries

oprava: (oprava(h)) repair; **oprava hodín** (oprava(h) hodéén) watch repair; **oprava obuvi** (oprava(h) oboovee(h)) shoe repair

opravár: (opravár) repairman

optik: (opteek) optician

optika: (opteeka(h)) optics

oranžáda: (oranzháda(h)) fizzy, diluted orange juice

orechy: (orekhee(h)) nuts

orechový: (adj.) (koláč) (orekhovéé(h) (kolách)) walnut (cake)

osobný: (adj.) (osobnéé(h)) personal; **osobné auto** (osobné(h) aooto(h)) passenger car; **osobný vlak** (osobnéé(h) vlak) passenger train

ospravedlňte ma, prosím!: (ospravedlňťe(h) ma(h), proséém) Excuse me, please!

ostať: (ostať) to stay, remain

oštiepok: (oshťyepok) smoked sheep cheese

osviežujúci nápoj: (osvyezhooyóótsee(h) nápoy) soft drink

otváracie hodiny: (otváratsye(h) hoďeenee(h)) opening hours

otvárač konzerv: (otvárach konzerw) can opener

otvorené: (otvorené(h)) open

otvoriť: (otvoreeť) to open; **tu otvoriť** (too(h) otvoreeť) open here; **otvoriť v prípade núdze** (otvoreeť fpréépaďe(h) nóódze(h)) open in case of emergency

ovčí syr: (owchéé(h) seer) sheep cheese

ovocie: (ovotsye(h)) fruit

ovocný: (adj.) (ovotsnéé(h)) fruit; **ovocná šťava** (ovotsná(h) shťava(h)) fruit juice; **ovocný šalát** (ovotsnéé(h) shalát) fruit salad

ovsená kaša: (ovsená(h) kasha(h)) oatmeal

P

páčiť sa: (pácheeť sa(h)) to like; **Páči sa mi to.** (páchee(h) sa(h) mee(h) to(h)) I like it.

pagáče: (pagáche(h)) savory, flat and round bread buns

palacinky: (palatseenkee(h)) fine, thin pancake rolls filled with cottage cheese or jam and topped with chocolate and whipped cream

pani: (paňee(h)) Mrs, lady

pán: (pán) Mr, gentleman; **páni** (pánee(h)) gents, gentlemen, men; **pán hlavny!, pán vrchný!** (pán hlavnee(h)!, pán vrkhnee(h)!) waiter!

pančuchy: (panchookhee(h)) stockings

papier: (papyer) paper

papiernictvo: (papyerňeetstvo-(h)) stationery

paprika: (papreeka(h)) green pepper

paprikáš: (papreekásh) stew with peppers

paradajky: (paradaykee(h)) tomatoes; **paradajková** (adj.) **omáčka** (paradayková(h) omáchka(h)) tomato sauce; **paradajková šťava** (paradayková(h) shťava(h)) tomato juice

pardon: (pardon) excuse me

parížsky rezeň: (parééshskee-(h) rezeň) veal or pork escalope in batter

park zábavy a oddychu: (park zábavee(h) a(h) oddeekhoo(h)) amusement park

parkovanie: (parkovaňye(h)) parking; **parkovanie pre hotelových hosti:** (parkova-ňye(h) pre(h) hotelovéékh hosťéé(h)) parking for hotel guests only; **parkovanie obmedzené** (parkovaňye(h)

obmedzené(h)) restricted parking area; **parkovanie zakázané** (parkovaňye(h) zakázané(h)) no parking

parkovisko (parkoveesko(h)) parking place, parking lot

pas: (pas) passport

pasová kontrola: (pasová(h) kontrola(h)) passport control

párky: (párkee(h)) frankfurters, hot dogs

pečený: (adj.) (pechenéé(h)) roast; **pečené jedlá** (pechené-(h) yedlá(h)) roast and baked dishes; **pečená klobása** (pe-chená(h) klobása(h)) grilled/fried sausage; **pečená ryba** (pechená(h) reeba(h)) roast fish; **pečené zemiaky** (pechené(h) zemyakee(h)) baked potatoes

pečeň: (pecheň) liver

pečeňová paštéta: (pecheňo-vá(h) pashtéta(h)) liver pâté

pečienka: (pechyenka(h)) liver; roast meat

pečivo: (pecheevo(h)) rolls, croissants, buns, etc.

pekárstvo, pekáreň: (pekárst-vo(h), pekáreň) bakery

pekne: (adv.) (pekňe(h)) nicely; **pekný** (adv.) (peknéé(h)) pretty, nice, fair

peniaze: (peňyaze(h)) money; **peňažná poukážka** (peňazh-ná(h) po(h)ookázhka(h)) money order

penzión: (penzeeyón) boarding house

petržlen: (petrzhlen) parsley

pevný: (pevnéé(h)) firm, strong

piatok: (pyatok) Friday

pilulka/tabletka: (sg), **pilulky /tabletky** (pl) (peeloolka(h)/tabletka(h), peeloolkee(h)/tabletkee(h)) pill, pills; **pilulky/tabletky na spanie** (peeloolkee(h) /tabletkee(h) na(h) spaňye(h)) sleeping pills; **pilulky /tabletky od bolesti** (peeloolkee(h)/tabletkee(h) odbolestˇee-(h)) painkillers

pirohy: (peerohee(h)) pasta filled with jam or cottage cheese, usually sweet

pitˇ: (peetˇ) to drink

pitná voda: (peetná(h) voda(h)) drinking water

pivnica, vináreň: (peevňeetsa(h), veenáreň) winery

pivo: (peevo(h)) beer; **svetlé pivo** (svetlé(h) peevo(h)) light beer; **čierne pivo** (chyerne(h) peevo(h)) dark beer

plachetnica: (plakhetňeetsa(h)) sailing boat; **plachetnice na zapožičanie:** (plakhetňeetse(h) na(h) zapozheechaňye(h)) sailing boats to rent

plán mesta: (plán mesta(h)) street map, town plan

platiťˇ: (platˇeetˇ) to pay; **platím!** (platˇéém!) Bill, please!; Môžem zaplatiťˇ? (mwozhem

zaplatˇeetˇ?) Could I have the bill, please?

plavky: (plavkee(h)) swimwear

ples: (ples) ball; **maškarný ples** (mashkarnéé(h) ples) fancy-dress ball

pleso: (pleso(h)) mountain lake

plienky: (plyenkee(h)) diapers, nappies

plná penzia: (plná(h) penzeeya(h)) full board, American plan

plnený: (adj.) (plňenéé(h)) filled, stuffed; **plnené v...** (plňené(h) v(h)...) bottled in...; **plnená kapusta** (plňená(h) kapoosta(h)) meat-stuffed cabbage leaves; **plnená paprika** (plňená(h) papreeka(h)) green peppers stuffed with ground meat in tomato sauce

Plzeň: (plzeň) Pilsen; original home of Pilsner beer with over 800 years of brewing tradition

plzeňské pivo: (plzeňské(h) peevo(h)) Pilsner beer

plocha: (plokha(h)) area, surface

plot: (plot) fence

pneumatika: (pneoomateeka(h)) tire

po: (po(h)) after; **po jedle** (po-(h) yedle(h)) after meals; **po obede** (po(h) obedˇe(h)) after lunch; **po večeri** (po(h) vecheree(h)) after supper/dinner; **po raňajkách** (po(h) raňaykákh) after breakfast

počasie

polpenzia

počasie: (pochasye(h)) weather; **predpoveď počasia** (pretpoveď pochasya(h)) weather forecast

počet: (pochet) number

pocit: (potseet) feeling, sensation

počítač: (pochéétach) computer

počuť, počúvať: (pochooť, pochóóvať) to hear, to listen

pod: (pod) under, below

podariť sa: (podareeť sa(h)) to succeed

podávať na studeno: (podávať na(h) stoodˇeno(h)) serve cold

podchod, podjazd: (podkhot, podyazd) underpass

podľa: (podľa(h)) according to

predmety podliehajúce clu: (predmetee(h) podlyehayóótse(h) tsloo(h)) dutiable articles (customs)

podmienka: (podmyenka(h)) condition

podoba: (podoba(h)) shape, form

podobne: (podobňe(h)) similarly; a podobne (a(h) podobňe(h)) and so on

podpis: (potpees) signature

pohár: (pohár) glass, tumbler

pohľad: (pohľad) look, view

pohľadnica: (pohľadňeetsa(h)) picture postcard

pohnúť: (pohnóóť) to move, to stir

pohotovosť: (pohotovosť) emergency service, **pohotový** (pohotovéé(h)) ready, prepared, prompt

pohyb: (poheeb) motion, movement

pokiaľ: (pokyaľ) as long as, as far as

pokladať: (pokladať) to consider, to regard

pokladňa: (pokladňa(h)) ticket office, cash desk

pokoj: (pokoy) peace, quiet

pokračovať: (pokrachovať) to continue, to go on

pokus: (pokoos) attempt

pole: (pole(h)) field

polievka: (polyevka(h)) soup; **šošovicová polievka** (shoshoveetsová(h) polyevka(h)) lentil soup; **paradajková polievka** (paradayková(h) polyevka(h)) tomato soup; **hrachová polievka** (hrakhová(h) polyevka(h)) pea soup; **hrášková polievka** (hráshková(h) polyevka(h)) green pea soup

poliklinika: (poleekleeneeka(h)) clinic with doctorˇs offices including specialists

polovica, polovička: (poloveetsa(h), poloveechka(h)) half

polovičná cena: (poloveechná(h) tsena(h)) half price

položiť: (polozheeť) to put, to lay

polpenzia: (polpenzeeya(h)) half board

pol̆adovica: (pol̆adoveetsa(h)) sleet

pomáhať̆: (pomáhať̆) to help, to assist

pomaly: (pomalee(h)) slowly

pomaranč: (pomaranch) orange

pomarančová šťava: (pomaranchová(h) shťava(h)) orange juice

pomfritky: (pomfreetkee(h)) French fries

pomoc: (n.) (pomots) help; **pomôcť̆** (v.) (pomwotsť̆) to help, to assist

poplach: (poplakh) alarm

poplašný zvonec: (poplashnéé(h) zvonets) alarm bell

pór: (pór) pore, leek

poradňa: (poradňa(h)) consultation office

porcelán: (portselán) china, porcelain

porcia: (portseeya(h)) (dish) helping

poriadok: (poryadok) order, discipline

poschodie: (poskhoď̆ye(h)) story, floor

posledný: (poslednéé(h)) last, latest; **posledné predstavenie** (posledné(h) predstaveňye(h)) last showing

postava: (postava(h)) figure

postaviť̆ sa: (postaveeť̆ sa(h)) to stand up

posteľ̆: (posteľ̆) bed; **posteľ̆né prádlo** (posteľ̆né(h) prádlo(h)) bed linen

pošta, poštový úrad: (poshta(h), poshtovéé(h) óórad) post office

poste restante: (poste(h) restante(h)) general delivery

poštovné pre...: (poshtovné(h) pre(h)...) postage rates for...

poštová schránka: (poshtová(h) skhránka(h)) mailbox, postbox

PSČ: (poštové smerovacie číslo) (poshtové(h) smerovatsye(h) chééslo(h)) zip code in Czechoslovakia

potiahnuť̆ v prípade núdze: (poť̆yahnooť̆ fpréépaď̆e(h) nóódze(h)) pull in case of emergency

potom: (potom) then, later

potraviny: (potraveenee(h)) foodstuffs

potreba: (potreba(h)) need, necessity; **potrebný** (potrebnéé(h)) necessary

potrebovať̆: (potrebovať̆) to need

potvrdenka: (potvrď̆enka(h)) receipt

použit: (po(h)oozheeť̆) use; **použiť̆ podľ̆a priloženého návodu** (pooozheeť̆ podľ̆a(h) preelozhenného(h) návodoo(h)) to be used according to the enclosed instructions

používať̆: (pooozhéévať̆) to use more often

povedať̆: (povedať̆) to say, to tell

pozerat˅: (pozerat˅) to look at, to watch

požiar: (pozhyar) fire

požiarna stanica: (pozhyarna(h) staňeetsa(h)) fire station

poznat˅: (poznat˅) to know, to recognize; **poznáte?** (poznát˅e(h)?) Do you recognize? Do you know?

pozor!: (pozor) take care!; **Pozor vlak!** (pozor vlak!) Stop, look and listen! (train); **Pozor zlý pes!** (pozor zléé(h) pes!) Beware of the dog!

pozriet˅sa: (pozryet˅sa(h)) to look, to see

požičovňa: (pozheechovňa(h) áoot) cars for hire, cars to rent

práca: (prátsa(h)) work; **práca na ceste** (prátsa(h) na(h) tseste(h)) roadwork(s)

pracovný: (adj.); **pracovné hodiny** (pratsovné(h) hod˅eenee(h)) working hours; **pracovný deň** (pratsovnéé(h) d˅eň) working day

pracovník: (pratsovňéék) worker, employee

prac sa!: (prats sa(h)!) Get lost! Go away!

práčka: (práchka(h)) washing machine

prádlo: (prádlo(h)) laundry, linen

prameň: (prameň) spring; **minerálne pramene** (meenerálne(h) prameňe(h)) mineral springs; **termálne prame-**

ne/žriedla (termálne(h) prameňe(h)/zhryedla(h)) thermal springs

prat˅: (prat˅) wash; **prat˅ osobitne** (prat˅ osobeetňe(h)) wash separately; **prat˅ ručne** (prat˅ roochňe(h)) wash by hand

pravdaže: (pravdazhe(h)) of course, naturally

práve: (práve(h)) just

právo: (právo(h)) right, claim

pravoslávny kostol: (pravoslávnee(h) kostol) Orthodox church

pravý: (pravéé(h)) right, right-hand

prázdny: (prázdnee(h)) empty

pražený: (prazhenéé(h)) fried; **pražené vajcia** (prazhené(h) vaytsya(h)) fried eggs

praženica: (prazheňeetsa(h)) scrambled eggs; **na cibul˅ke** (na(h) tseebool˅ke(h)) with onion; **so slaninkou** (so slaňeenkow) with bacon; **s klobásou** (sklobásow) with sliced sausage

pražská šunka: (prazhská(h) shoonka(h)) Prague ham

pre: (pre(h)) for; **pre teba** (pre(h) t˅eba(h)) for you; **pre Vás** (pre(h) vás) for you (pl. & polite form)

prechod: (prekhot) crossing; **prechod pre chodcov** (prekhod pre(h) khodtsow) pedestrian crossing; **prechod zaká**

zaný (prekhod zakázanéé(h)) keep out
prečo?: (precho(h)) why?
pred: (pred) before, in front of; **pred použitím potriasť** (pred po(h)oozheeťéém potraysť) shake before using
predaj lístkov: (preday lééstkow) ticket office/counter; **predaj známok:** (preday znamok) sale of stamps
predať: (predať) to sell
predjedlo: (predyedlo(h)) starters, appetizer
predmet: (predmet) object
predovšetkým: (predofshetkéém) above all, first of all
predsa: (predsa(h)) yet, still, nevertheless
predseda: (predseda(h)) chairman
predstava: (predstava(h)) idea, notion
predtým: (predtéém) before
prechádzať sa: (prekhádzať sa(h)) to walk, to go for a walk
prejav: (preyav) display, speech
prejsť: (preysť) to pass, to cross, to go over
prenájom: (prenáyom) hire, lease; **prenajme sa** (prenayme(h) sa(h)) for hire, to rent
prepáčte!: (prepácht'e(h)!) Excuse me!, Pardon me, please!
prepelica: (prepeleetsa(h)) quail
presne: (presňe(h)) precisely, punctually, accurately
presný: (adj.) (presnéé(h)) punctual, exact, accurate; **presne** (adj.) **presne o jednej** (presňe(h) oyedney) at 1 o'clock sharp
prestať: (prestať) to stop, to cease
prestávka: (prestávka(h)) break, interval
prestupovať: (prestoopovať) to step over, to change; prestúpiť v... (prestóópeeť v...) change at... (train)
presvedčiť sa: (presvedcheeť sa(h)) to convince oneself
preto: (preto(h)) therefore; **preto, lebo** (preto(h) lebo(h)) because of
pretože: (pretozhe(h)) because, since, as
pri: (pree(h)) at, near, by, close to
príbor: (adj.) (préébor) cutlery (spoons, forks etc.)
priamo: (pryamo(h)) directly
priamy vlak: (pryamee(h) vlak) through train
priateľ: (pryateľ) friend; **môj najlepší priateľ** (mwoy naylepshéé(h) pryaťeľ) my best friend
príchod: (préékhod) arrival; **príchody a odchody** (préékhodee(h) a(h) odkhodee(h)) arrivals and departures
príčina: (préécheena(h)) cause, reason

pridat˘: (preedat˘) to add

prichádzat˘: (preekhádzat˘) to come, to arrive

priestor: (pryestor) space, room

priezvisko: (pryezveesko(h)) surname, last name; **Aké je Vaše priezvisko?:** (aké(h) ye(h) vashe(h) pryezveesko(h)?) What is your surname?

prihláška: (preehláshka(h)) application form

prihlasovanie: (preehlasovaňye(h)) check-in

prijat˘: (preeyat˘) to receive, to accept; **To nemôžem prijat˘.** (to(h) ňemwozhem preeyat˘) I cannot accept it.

príloha: (prééloha(h)) side dish

príklad: (prééklad) example; napríklad (naprééklad) for example

príliš: (prééleesh) too much

priniest˘: (preeňyest˘) to bring

pripináčik: (preepeenácheek) thumbtack

príplatok: (prééplatok) cover charge; additional payment

príroda: (prééroda(h)) nature

príst˘: (préést˘) to come; **Prídem za hodinu.** (prééd˘em za(h) hod˘eenoo(h)) I will be back in one hour.

prístav: (prééstav) port, harbor

pritom: (preetom) at the same time

prítomnost˘: (préétomnost˘) presence

prízemie: (préézemye(h)) 1st floor

propeler: (propeler) passenger boat across Danube river

prosím!: (proséém!) Please!; **Prosím?** (proséém!) (when not understanding) Sorry?, I beg your pardon?; **Prosím si...** (proséém see(h)) Please, can I have...; **Prosím, otvorte okno!** (proséém, otvort˘e(h) Okno(h)!) Open the window, please!; **Prosím, zatvorte dvere!:** (proséém, zatvort˘e(h) dvere(h)!) Close the door, please!; **Prosím vás, počkajte!** (proséém vás, pochkayt˘e(h)) Please, wait!

proso: (proso(h)) millet

prostriedok: (prostryedok) means, middle, centre, way

proti: (prot˘ee(h)) against; **oproti** (oprot˘ee(h)) opposite

pršat˘: (prshat˘) to rain; **prší** (prshéé(h)) it˘s raining

prst: (prst) finger

prúd: (próód) flow, stream, current, jet

prvý: (prvéé(h)) the first; **prv** (prv) before, first, formerly; **prvá pomoc:** (prvá(h) pomots) first aid; prvé predstavenie (prvé(h) predstaveňye(h)) first showing

pšeničný chlieb: (psheňeechnéé(h) khlyeb) wheat bread

pstruh: (pstrookh) trout

puding: (poodeeng) pudding

pýtat˘ sa: (péétat˘ sa(h)) to ask
(a question); **Nepýtajte sa!**
(ňepéétayt˘te(h) sa(h)!) Don't
ask!

pyré: (peeré(h)) purée

pyžamo: (peezhamo(h)) pajamas

R

rad: (rad) row, line, queue

rád: (rád) glad; **mat˘ rád** (mat˘
rád) to like; **Rado sa stalo!**
(rado(h) sa(h) stalo(h)!) With
pleasure!, You are welcome!;
Som rád, že vás stretávam.
(som rád zhevás stretávam)
Pleased to meet you.

rada: (rada(h)) advice; **Daj na
moju radu!** (day na(h) mo-
yoo(h) radoo(h)!) Take my
advice!

radarová kontrola rýchlosti:
(radarová(h) kontrola(h) réékh-
lost˘ee(h)) radar speed checks

radost˘: (radost˘) joy, delight,
pleasure; **S radost˘ow.** (sra-
dost˘ow) With pleasure.

rameno: (rameno(h)) arm

rampa/železničný prejazd:
(rampa(h)/zhelezňeechnéé(h)
preyazd) level crossing

ráno: (ráno(h)) morning

raňajky: (raňaykee(h)) breakfast;
ubytovanie s raňajkami (oo-
beetovaňye(h) sravňaykamee(h))
bed & breakfast

rást˘: (rást˘) to grow, to get
bigger

rastlina: (rastleena(h)) plant;
rastlinný olej (rastleennéé(h)
oley) vegetable oil

raz: (raz) once, one day

ražný chlieb: (razhnéé(h) khl-
yeb) rye bread

rebierko: (rebyerko(h)) rib of
beef

recepcia: (retseptseeya(h)) re-
ception

recept: (retsept) recipe, pre-
scription

red˘kovka: (red˘kovka(h))
radish

registrácia: (regeestrátseeya(h))
registration; **registračná kar-
ta:** (regeestrachná(h) karta(h))
registration card

reklama: (reklama(h)) commer-
cial

reklamácia: (reklamátseeya(h))
complain, claim

rekomando: (rekomando(h))
registered letter

renesancia: (renesantseeya(h))
Renaissance

restovaná pečeň: (restovaná(h)
pecheň) liver fried with onions

reštaurácia: (reshtawrátsee-
ya(h)) restaurant

reštauračný vozeň: (reshtaw-
rachnéé(h) vozeň) restaurant
car

rezance: (rezantse(h)) noodles;
rezance do polievky (rezan-

tse(h) do(h) polyevkee(h)) soup noodles; **rezance s makom** (smakom) pasta with ground poppy seeds; **rezance s orechami** (zorekhamee(h)) pasta with ground nuts; **rezance s tvarohom** (stvarohom) pasta with cottage cheese

rezeň: (rezeň) chop, cutlet, steak

rezervácia: (n) (rezervátseeya-(h)) advance booking; **prírodná rezervácia:** (préérodná(h) rezervátseeya(h)) national reservation park.

rezervovať: (v.) (rezervovať) to book in advance

riaditeľ: (ryadˇeetelˇ) director

ríbezle: (réébezle(h)) currants; **ríbezľový lekvár** (réébezlˇo-véé(h) lekvár) red currant jam; **ríbezľové víno** (réébezlˇov-é(h) vééno(h)) red currant wine

rímskokatolícky kostol: (rémskokatoléétskee(h) kostol) Roman Catholic church

rizoto: (reezoto(h)) risotto

robiť: (robeeť) to do, to work, to make

robotník: (robootňéék) worker, laborer

ročne: (adv) (rochňe(h)) per annum

rok: (rok) year; **rok narodenia** (rok narodˇeňya(h)) year of birth; **rok výroby** (rok véérobee(h)) year of production, vintage

rokfort: (rokfort) (cheese) Roquefort

rokoko: (rokoko(h)) (adj.) Rococo

román: (román) novel

roštenka: (roshtˇenka(h)) beef

rovina: (roveena(h)) plain, level

rovnaký: (rovnakéé(h)) equal, the same

rozdiel: (rozdˇyel) difference

rozhodnúť (sa): (rozhodnóóť (sa(h))) to decide (for oneself)

rozličný/rôzny: (rozleechnéé(h)/rôznee(h)) various

rozprávať: (rosprávať) to speak, to chat

rozpustiť (vo vode): (rospoosťeeť vo(h) vodˇe(h)) to dissolve (in water)

rozsvietiť (svetlá): (rossvyeťeeť svetlá(h)) to turn on the lights

roztok: (rostok) solution

rozumieť: (rozoomyeť) to understand

rožok/rožtek: (sing) (rozhok/roshtˇek) crescent roll; **rožky** (roshkee(h)) (pl) rolls

ruka: (rooka(h)) hand

ručný: (adj.) (roochnéé(h)) hand; **ručná brzda** (roochná-(h) brzda(h)) hand brake; **ručné pranie** (roochné(h) praňye(h)) hand wash; **ručne žmýkať** (roochňe(h) zhméékať) wring by hand

rum: (room) rum

rus: (roos) Russian; **ruský** (roo-skéé(h)) (adj.) Russian; **Ruské vajce:** (rooské(h) vayt se(h)) hard-boiled egg with a special salad and dressing

ružičkový kel: (roozheechko-véé(h) kel) Brussel sprouts

rýchly: (réékhlee(h)) (adj.) fast; **rýchle** (réékhle(h)) (adverb) fast, quickly

rýchlik: (réékhleek) fast train

rýchlosť obmedzená: (reekh-losť obmedzená(h)) speed limits apply

ryba: (reeba(h)) fish; **ryby** (ree-bee(h)) (pl.) fish

rybací/rybí: (adj.) (reebatséé(h)-/reebéé(h)) made of fish; **rybací šalát** (shalát) fish salad; **rybacia polievka** (reebatsya(h) polyewka(h)) fish soup

rybár: (reebár) fisherman; (amateur) angler

rybárske náčinie: (reebárske(h) nácheeňye(h)) fishing-/angling tackle

ryža: (reezha(h)) rice; **ryžový nákyp** (reezhovee(h) nákeep) rice pudding

S

s, so: (s, so(h)) with

sadnúť (si): (sadnóóť see(h)) to sit down; **Sadnite si!** (sad-ňeeťe(h) see(h)!) Sit down!

safaládka: (safalátka(h)) knock-wurst

saláma: (saláma(h)) salami

sám: (sám) alone, oneself; **Balili ste si batožinu sám?** (baleeleh) sťe(h) see(h) bato-zheenoo(h) sám?) Did you pack your luggage yourself?

samoobsluha: (samoopsloo-ha(h)) self-service; supermarket

samozrejme: (samozreyme(h)) of course, naturally

sanitka: (saňeetka(h)) ambulance

sánky: (sánkee(h)) sled, sleigh, toboggan

sánkovať sa: (sánkovať sa(h)) to sled-ride

sardely: (sardelee(h)) anchovies

sardinky: (sardeenkee(h)) sardines; **s. v oleji** (s. voleyee(h)) s. in oil

sedadlo: (sedadlo(h)) seat

sedatívum: (sedatéévoom) sedative

sedem: (seďem) seven

sekaná: (sekaná(h)) beefburger style steaks

sem: (sem) here

servis: (servees) service, maintenance

servus!/ahoj!: (servoos, ahoy) hi!, hello!

sestra: (sestra(h)) sister; nurse; nun

sever: (sever) north

sezóna: (sezóna(h)) season

síce: (séétse(h)) though, on the one hand

sila: (seela(h)) strength; **silný** (seelnéé(h)) strong

sirup (na kašeľ): (seeroop na(h) kashel)) (cough) medicine

skladba: (skladba(h)) composition

sklo: (sklo(h)) glass

skupina: (skoopeena(h)) group

skupinový zájazd: (skoopeenovéé(h) záyazd) group tour

skúsenosť: (skóósenosť) experience

slabý: (slabéé(h)) weak, infirm

sladký: (slatkéé(h)) sweet

slalom: (slalom) slalom

slaný: (slanéé(h)) salted; **slané tyčinky** (slané(h) teecheenkee(h)) savory sticks

slanina: (slaňeena(h)) bacon

slepý: (slepéé(h)) blind; **slepá ulica** (slepá(h) ooleetsa(h)) dead-end street

slivky: (sleevkee(h)) plums; **sušené slivky** (sooshené(h) sleevkee(h)) prunes

slivkový kompot: (sleevkovéé(h) kompót) plum compote

slivovica: (sleevoveetsa(h)) slivovitz/plum brandy

slnečnicový olej: (slňechňeetsovéé(h) oley) sunflower oil

slnečný deň: (slňechnéé(h) ďeň) sunny day

slnko: (slnko(h)) sun

Slovensko: (slovensko(h)) Slovakia; **slovenský** (adj) (slovenskéé(h)) **Slovák;** (man) (slovák) Slovak; (woman) **Slovenka** (slovenka(h)) Slovak

služba: (sloozhba(h)) service, office, duty

slúžiť: (slóózheeť) to serve

smer: (smer) direction, course

smiať sa: (smyať sa(h)) to laugh; **smiech** (smyekh) laughter

smieť: (smyeť) to be allowed, may

smotana: (smotana(h)) cream

sneh: (sňekh) snow

snežiť: (sňezheeť) to snow; **sneží** (snezhéé(h)) it snows, it's snowing

sobota: (sobota(h)) Saturday

sójová omáčka: (sóyová(h) omáchka(h)) soy sauce

soľ: (soľ) salt

spací vozeň: (spatséé(h) vozeň) sleeping car

spať: (spať) to sleep

spievať: (spyevať) to sing

splniť: (splňeeť) to fulfil

spodné prádlo: (spodné(h) prádlo(h)) underwear

spojenie: (spoyeňye(h)) connection

Spojené štáty: (spoyené(h) shtátee(h)) United States of America

spoločnosť: (spolochnosť) society, company

spoločenský: (spolochens-kéé(h)) sociable

spoločný: (spolochnéé(h)) common, mutual

spolu: (spoloo(h)) together

spomenúťˇ: (spomenóótˇ) to mention

spôsob: (spwosob) way, method, manners

spotrebovaťˇ do...: (spotrebo-vaťˇ do...) to be used by...

spraviťˇ: (spraveetˇ) to do, to make

správa: (správa(h)) news, report

správny: (adj.) (správnee(h)) right, correct

spýtaťˇ sa: (v.) ask **Môžem sa niečo spýtaťˇ?** (mwozhem sa ňyecho(h) spýtaťˇ?) May I ask you a question?

srdce: (srttse(h)) heart

srňacina/srnčie mäso: (srňat-seena(h)/srnchye(h) meso(h)) venison; **srnčí chrbát** (srnc-héé(h) khrbát) saddle of veni-son; **srnčie na divoko** (srnch-ye(h) na(h) dˇeevoko(h)) sa-vory-style venison; **srnčie me-dailónky** (srnchye(h) meday-lónkee(h)) venison nuggets

stačiťˇ: (stacheetˇ) to suffice, to be enough

stála adresa: (stála(h) adresa(h)) permanent address

stále: (stále(h)) always

stanica: (staňeetsa(h)) station; **stanica prvej pomoci** (staň-eetsa(h) prvey pomotsee(h)) first aid post

stanovište taxíkov: (stanovee-shtˇe(h) taxéékov) taxi stand

stanový tábor: (stanovéé(h) tábor) tent camp; **stanová výstroj** (stanová(h) vééstroy) camping equipment

starý: (adj.) (staréé(h)) old; **stará matka** (stará(h) mat-ka(h)) grandmother; **starý otec** (staréé(h) oťˇets) grandfather

staťˇ sa: (staťˇ sa(h)) to become, to happen

stát: (státˇ) to stand, to cost

stav: (stav) state, condition

stavaťˇ: (stavaťˇ) to build, to construct;

stavba: (stavba(h)) building, construction

sťˇažnosťˇ: (sťˇazhnosťˇ) com-plaint

sťˇažovaťˇ sa: (v.) complain; **Chcem sa sťˇažovaťˇ.** (kht-sem sa(h) sťˇzhovaťˇ) I want to complain.

stehno: (sťˇehno(h)) (poultry) leg

stena: (sťˇena(h)) wall

stôl: (stwol) table, desk

storočie: (storochye(h)) century

strach: (strakh) fear

strana: (strana(h)) side, page

stránka: (stránka(h)) aspect, point of view

strašný: (strashnee(h)) awful, terrible, dreadful

stratiť: (strat῭eet῭) to loose; **straty a nálezy** (stratee(h) a(h) nálezee(h)) lost property

streda: (streda(h)) Wednesday

stretnúť: (stretnoot῭) to meet; **Kedy sa môžeme stretnúť?** (Kedee(h) sa(h) mwozheme(h) stretnóóť?) When can we meet?

stroj: (stroy) machine, engine

strom: (strom) tree

stupeň: (stoopeň) degree

suchý: (sookhéé(h)) dry; **suché víno** (sookhé(h) vééno(h)) dry wine; **suchá saláma:** (sookhá-(h) saláma(h)) dry salami

súd: (sood) court

suterén: (sooterén) basement

súvislosť: (sóóveeslost῭) connection, context

svadba: (svadba(h)) wedding; **Svadba bude na slovensku.** (svadba(h) bood῭e(h) na(h) slovenskoo(h)) The wedding ceremony will be in Slovakia.

svedčiť: (svecheeť) to testify

svet: (svet) world

sveter: (sveter) sweater

svetlo: (svetlo(h)) light; **Zapni svetlo!** (zapňee(h) svetlo(h)!) Turn the light on! **Vypni s.!** (veepňee(h)!) Turn off!

sviatok: (svyatok) feast, holiday

sviečková: (svyechková(h)) (meat) sirloin; **sviečková na smotane:** (svyechková(h) na(h) smotaňe(h)) sirloin steak with cream sauce; **sviečková s ci-**

buľkou (svyechková(h) stseebooľkow) sirloin steak with onion

svietiť: (svyet῭eeť) to shine, to light

svoj: (svoy) own (my...)

synagóga: (seenagóga(h)) synagogue

syr: (seer) cheese

sympózium: (seempózeeyoom) symposium

Š

šál: (shál) scarf, shawl

šalát: (shalát) salad; **uhorkový šalát** (oohorkovéé(h)) cucumber salad; **hlávkový šalát** (hlávkovéé(h))lettuce;**paradajkový šalát** (paradaykovéé(h)) tomato salad; **miešaný šalát** (myeshanéé(h)) mixed salad

šampanské: (shampanské(h)) champagne

šampón: (shampón) shampoo

šatňa: (shatňa(h)) cloak-room

šek: (shek) check

široký: (sheerokéé(h)) wide

šišky: (sheeshkee(h)) doughnuts

škoda: (shkoda(h)) damage

škola: (shkola(h)) school; **základná škola** (základná(h) shkola(h)) primary school; **stredná škola** (stredná(h) shkola(h)) high school; **vysoká škola** (veesoka(h) shkola(h)) college, university

škôlka: (shkwolka(h)) kindergarden

škvarkové pagáčiky: (shkvarkové(h) pagácheekee(h)) savory bread buns baked with bacon crumbs

šľahačka: (shlˇahachka(h)) whipped cream

šmykľavá cesta: (shmeeklˇavá(h) tsesta(h)) slippery road

šošovica: (shoshoveetsa(h)) lentils; **šošovicový prívarok** (shoshoveetsovéé(h) préévarok) lentils as side dish (to meat or eggs)

špagety: (shpagetee(h)) spaghetti

špargľa: (shparglˇa(h)) asparagus

špenát: (shpenát) spinach

šponovky: (shponovkee(h)) ski-pants

športové potreby: (shportové(h) potrebee(h)) sports goods

štadión: (shtadeeyón) stadium

štatny: (shtátnee(h)) state; **štátna príslušnosť** (shtátna(h) prééslooshnostˇ) citizenship; **štátna rezervácia** (shtátna(h) rezervátseeya(h)) national park; **štátny sviatok** (shtátnee(h) svyatok) national holiday

šťastie: (shtˇastˇye(h)) luck, fortune, happiness

šťastný: (shtˇastnee(h)) happy; **Šťastnú cestu!** (shtˇastnóó-(h) tsestoo(h)) Have a good journey!, Happy journey!

štipľava paprika: (shtˇeep-lˇavá(h) papreeka(h)) hot peppers

štrúdľa: (shtróódlˇa(h)) strudel; **jablková/orechová/maková štrúdľa** (yablková(h)/o-rekhová(h)/maková(h) shtróódl-ˇa(h)) apple/walnut/poppy seed strudel

štvorcovýkilometer/stvorcová míľa: (shtvortsovéé(h)) keelometer/shtvortsová(h) mééľa(h)) square kilometer/square mile

štvrtok: (shtvrtok) Thursday

šumivé víno: (shoomeevé(h) vééno(h)) sparkling wine

šunka: (shoonka(h)) ham; **šunka s vajcom**/ham and eggs (shoonka(h) zvaytsom/hem end egz) ham and eggs; **šunkový chlebík** (shoonkovéé(h) khlebéék) ham sandwich

T

tabak: (tabak) tobacco; (shop) tobacconist

tabuľa: (taboolˇa(h)) notice board

tak: (tak) so, thus; **takže** (takzhe(h)) so, thus

takmer: (takmer) almost, nearly, practically

takto: (takto(h)) so, like this, in this way

taký: (takéé(h)) such

tanec: (taňets) dance

tapeta: (tapeta(h)) wall paper

taštičky: (tasht˘eechkee(h)) ravioli

tatárska omáčka: (tatárska(h) omáchka(h)) Tatar sauce

Tatry: (tatree(h)) (mountains); **Vysoké Tatry, Nízke Tatry** (veesoké(h) tatree(h), ñéézke(h) tatree(h)) the High Tatras, the Low Tatras

Tatranský národný park: (tatranskéé(h) národnéé(h) park) Tatra National Park

taxík: (takséék) taxi

taxikár: (takseekár) taxi driver

tekvica: (t˘ekveetsa(h)) pumpkin

tel˘acina: (tel˘atseena(h)) veal

tel˘ací: (t˘el˘atséé(h)) (adj.) veal; **tel˘acie medailónky** (tel˘atsye(h) medaylónkee(h)) veal nuggets; **tel˘ací paprikáš** (tel˘atséé(h) papreekásh) veal stewed with peppers; **tel˘ací perkelt** (tel˘atséé(h) perkelt) veal stew; **tel˘acie ragú** (n) (tel˘atsye(h) ragóó(h)) veal ragout; **tel˘ací rezeň** (tel˘atsee(h) rezeň) escalope of veal

telefón: (telefón) telephone; **telefón a telegraf** (telefón a(h) telegraf) telephone plus telegraph service at the post office

telefónny: (adj.) (telefónnee-(h)); **telefónna búdka** (telefónna bóódka(h)) telephone booth; **telefónne číslo** (telefónne(h) chééslo(h)) telephone number; **telefónny hovor** (telefónnee(h) hovor) telephone call; **telefónne hovory cez ústredňu** (telefónne(h) hovoree(h) tsez óóstredňoo(h)) operator assisted telephone calls; **telefonický hovor na účet volaného** (telefonnetskee(h) hovor na(h) óóchet volaného(h)) collect call, reverse charge call; **telefónna výzva** (telefónna(h) véézva(h)) advance telephone call

televízor: (televéézor) television set

telo: (t˘elo(h)) body

ten, ten istý: (ten, ten eestéé(h)) the same; tento (tento(h)) this one

tenis: (tenees) tennis

tenisový kurt: (teneessovéé(h) koort) tennis court

teplý: (tepléé(h)) warm

terasa: (terasa(h)) terrace

teraz: (teraz) now

terkelica: (terkeleetsa(h)) white grape brandy

termálna voda: (termálna(h) voda(h)) thermal water; **termálne kúpele** (termálne(h) kóópele(h)) thermal spa

tešit˘ sa: (t˘esheet˘ sa(h)) to look forward to

tlačivo: (tlacheevo(h)) printed matter

tma: (tma(h)) darkness, dark

toaleta: (toaleta(h)) morning-cosmetics

toilet; **toaletné potreby** (toaletné(h) potrebee(h)) toilet articles; **toaletný papier** (toaletnéé(h) papyer) tissue

to: (to(h)) it; **to je všetko?** (to(h) ye(h) fshetko(h)?) is that all?

tol᷉ko: (tol᷉ko(h)) so many, so much

topinky: (topeenkee(h)) toasts

torta: (torta(h)) gâteai, **mocca torta** (mokka(h)) torta(h)) coffee gâteau

totiž: (tot᷉eezh) namely

tranzit: (tranzeet) transit

tráva: (tráva(h)) grass

treska: (treska(h)) cod, codfish

trh: (trh) market; **tržnica** (trzhňeetsa(h)) market-hall

trieda: (tryeda(h)) classroom

trvat᷉: (trvat᷉) to last; **trvalá adresa** (trvalá(h) adresa(h)) permanent address

tu: (too(h)) here; **tu otvorit᷉** (too(h) otvoreet᷉) open here

tuk: (took) fat; **kačací tuk** (kachatséé(h) took) fat from ducks; **husací tuk** (hoosatséé(h) took) fat from geese

tuniak: (tooňyak) tuna fish

turecká káva: (tooretská(h) káva(h)) Turkish coffee

turistický: (adj.) (tooreesteetskéé(h)) tourist; **turistická kancelária** (tooreesteetská(h) kantseláreeya(h)) tourist office; **turistická príručka** (prééroochka(h)) tourist manual; **turistický sprievodca:** (toorees-teetskéé(h) spryevottsa(h)) tourist guide

tvar: (tvar) form, shape

tvár: (tvár) face

tvaroh: (tvarokh) cottage cheese

tvarožník: (tvarozhňéék) cheese cake

tvrdý: (tvrdéé(h)) hard

týždeň: (teezhd᷉eň) week; **týždne** (pl.) (téézhdňe(h)) weeks

U

u: (oo(h)) at, by, near

účet: (óóchet) account, bill, invoice

učit᷉: (oocheet᷉) to teach; **učit᷉ sa** (oocheet᷉ sa(h)) to learn, to study

učitel᷉: (oocheetel᷉) teacher

údenáč: (óód᷉enách) kipper, smoked fish

údený: (óód᷉enéé(h)) smoked; **údená šunka** (óód᷉ená(h) shoonka(h)) smoked ham; **údená klobása** (óód᷉ená(h) klobása(h)) smoked sausage; **údené mäso** (óód᷉ené(h) meso(h)) smoked meat; **údené rebierko** (óód᷉ené(h) rebyerko(h)) smoked spare rib; **údená slanina** (óód᷉ená(h) slaňeena(h)) smoked bacon

údržbár: (oodrzhbár) handyman

umelecká galéria: (oomeletská(h) galéreeya(h)) art gallery

umývanie áut: (ooméévaňye(h) áoot) car wash

úrad: (óórad) office, bureau

úradné hodiny: (óóradné(h) hod˘eenee(h)) office hours

úschovňa: (óóskhovňa(h)) left luggage office, baggage checkroom

uskladňiť: (ooskladňeet˘) to store; **uskladňovať na chladnom a suchom mieste** (ooskladňovať na(h) khladnom a(h) sookhom myest˘e(h)) to store in a cool, dry place

úsmev: (n.) (oosmev) smile

usmievať sa: (oosmyevat˘ sa(h)) to smile; **Usmievajte sa!** (oosmyevayt˘e(h) sa(h)!) Keep smiling!

ústa: (oosta(h)) mouth

uterák: (oot˘erák) towel

utorok: (ootorok) Tuesday

urieť: (ootryet˘) wipe out; **Utrite si nohy!** (ootreet˘e(h) see(h) nohee(h)) Wipe your shoes!

územie: (óózemye(h)) territory

úzky: (óózkee(h)) narrow

už: (oozh) already

užívať: (oozhéévat˘) to take; to eat; to use; **užívať denne** (oozhéévat˘ d˘eňňe(h)) to use daily; to eat daily

V

v, vo: (v, vo(h)) in

v poriadku: (fporyatkoo(h)) all right, OK

v prípade: (fpréépad˘e(h)) in case; **v prípade núdze** (fpréépad˘e(h) nóódze(h)) in case of emergerncy; **v prípade núdze potiahnite rukovät** (pot˘yahňeet˘e(h) rookovet˘) pull handle in case of emergency; **v prípade poplachu** (fpréépad˘e(h) poplakhoo(h)) in case of alarm

vajce: (vaytse(h)) egg; **vajce na mäkko** (vaytse(h) na(h) mekko(h)) soft-boiled egg; **vajce na tvrdo** (- na(h) tvrdo(h)) hard-boiled egg

valuta: (valoota(h)) currency

vanilka: (vaneelka(h)) vanilla; **vanilková zmrzlina** (vaneelková(h) zmrzleena(h)) vanilla ice cream

varený: (varenéé(h)) boiled, cooked

včera: (fchera) yesterday; **včera večer** (fchera(h) vecher) yesterday evening; **včera ráno** (fchera(h) ráno(h)) yesterday morning

večerník: (vecherňéék) evening newspaper

vedenie: (ved˘enye(h)) leadership; (business) management

vedieť: (ved˘yet˘) to know; **Viete?** (vyet˘e(h)?) Do you know? **Neviem.** (ňevyem) I don't know.

vedľa: (vedľa(h)) next to, alongside of

vedomie: (vedomye(h)) consciousness

vedúci: (vedóótsee(h)) manager, director

veľkosť: (veľkosť) size; **Aká veľkosť?** (aká(h) veľkosť?) What size?

veľký: (veľkéé(h)) large, big, great

veľmi: (veľmee(h)) very; **veľmi dobre** (veľmee(h) dobre(h)) very well; **veľmi dobre upečené** (oopechené(h)) well done (meat)

ventilátor: (venteelátor) electric fan

veranda: (veranda(h)) porch

verejný: (vereynéé(h)) public; **verejné záchody** (vereyné(h) zákhodee(h)) public convenience

veta: (veta(h)) sentence, statement

veterinár: (vetereenár) veterinary

vziať: (vzyať) to take; **Vezmite si košík!** (vezmeeťe(h) see(h) koshéék) Take a basket, please!

veža: (vezha(h)) tower, spire

vhodiť: (vhodeeť) insert; **Vhoďte mincu!** (vhoďťe(h) meentsoo(h)) Insert coin!

vchod: (fkhot) entrance

video: (veedeo(h)) video recorder

vidiek: (veeďyek) countryside

vidieť: (veeďyeť) to see; **Vidíte?** (veeďééťe(h)) Can you see?

viedenský rezeň: (vyeďenskee(h) rezeň) Wiener Schnitzel

viesť: (vyesť) to lead, to conduct

vietor: (vyetor) wind

vináreň: (veenáreň) wine-shop, wine-tavern, winery

vínovica: (véénoveetsa(h)) grape brandy

višne: (veeshňe(h)) morello cherries/soir cherries

višňovica: (veeshňoveetsa(h)) kirsch(wasser)

vitaj! vitajte!: (veetay! (sg)/veetayťe(h))! (pl)) Welcome!

vízum: (véézoom) visa

vlak: (vlak) train

vlastný: (vlastnéé(h)) own, proper

vlasy: (vlasee(h)) hair

vlna: (vlna(h)) wool

vnútroštátny: (vnóótroshtátnee(h))domestic; **vnútroštátne linky** (vnóótroshtátne(h) leenkee(h)) domestic airlines; **vnútroštátne lety:** (vnóótroshtátne(h) letee(h)) domestic flights

vodopád: (vodopád) waterfalls

volať, zavolať: (volať, zavolať) to call

voľný: (voľnéé(h)) free

volské oko: (volské(h) oko(h)) fried egg sunny side up

voňavka: (voňavka(h)) perfume

voz: (voz) car, vehicle, van,

vodotesný

caravan

vodotesný: (vodotᵛesnéé(h)) waterproof

voltáž: (voltázh) voltage

vonku: (sneží) (vonkoo(h) (sňezhéé(h))) (it's snowing) outside

vozeň: 1. triedy/vozeň 2. triedy (vozeň 1./2. tryedee(h)) 1st/2nd class car

vôbec: (wobets) at all

vrátiť sa: (vrátᵛeetᵛ sa(h)) to come back, to return

vrch: (vrkh) mountain, peak

všade: (fshadᵛe(h)) everywhere, throughout

všeobecný: (fsheobetsnéé(h)) general, common

všetci: (fshettsee(h)) all, everybody

všetky smery: (fshetkee(h) smeree(h)) all directions

všimnúť si: (fsheemnóótᵛ see(h)) to notice

vstať: (fstatᵛ) to stand up, to get up

vstup: (fstoop) admittance; **vstup len s členským preukazom** (fstoop len schlenskéém preookazom) admittance with member I.D. only; **vstup dovolený len zamestnaným osobám** (fstoop dovolenéé(h) len zamestnanéém osobám) no admittance except for staff;

vyjadrovaťᵛ sa

vstup zakázaný (fstoop zakázanéé(h)) no admittance, no entry

vstupenka: (fstoopenka(h)) admittance ticket

vstúpte!: (fstóópte(h)) Come in!

výber: (vééber) choice

výborne: (adj.) (vééborňe(h)) excellent

vybraťᵛ: (veebratᵛ) to choose

výdaj: (vééday) issue, release; **výdaj batožín** (vééday batozhéén) luggage claim; baggage claim; **výdaj cestovných lístkov** (vééday tsestovnéékh lééstkow) ticket office

vydaťᵛ sa: (na cestu) (veedatᵛ sa(h)) (na(h) tsestoo(h)) to set out (for a journey)

výhľad: (vééhľad) sight, view

vyhradené pre...: (veehradᵛ ené(h) pre(h)...) reserved for...; **vyhradené pre autobusy** (veehradᵛené(h) pre(h) aootoboosee(h)) buses only; **vyhradené pre vozidlá verejnej dopravy** (vozeedlá(h) vereyney dopravee(h)) public transport vehicles only

vychádzaťᵛ: (veekhádzatᵛ) to go out

východ: (véékhot) exit, gate; **východ slnka** (véékhot slnka-(h)) sunrise

vyjadrovaťᵛ sa: (veeyadrovaᵗ

sa(h)) to express (oneself)

výlet do...: (véélet do(h)...) trip to...

vymeniť: (veemeňeeť) change, exchange; **výmena oleja** (véémena(h) oleya(h)) oil change

vypracovať: (veepratsovať) to elaborate

vyprážaný: (veeprázhanéé(h)) fried; **vyprážaný rezeň** (veeprázhanéé(h) rezeň) pork escalope prepared in batter or breadcrumbs and fried; **vyprážané kurence** (veeprázhané(h) koorentse(h)) chicken prepared in breadcrumbs and fried

výpredaj: (véépreday) sale

vypredané: (veepredané(h)) sold out

výroba: (vééroba(h)) production, manufacture

vyslanectvo: (veeslaňetstvo(h)) embassy

vysloviť: (veesloveeť) to pronounce; **Ako sa to vyslovuje?** (ako(h) sa(h) to(h) veeslovooye(h)?) How do you pronounce it?

výšivky: (véésheevkee(h)) embroidery

výstava: (vééstava(h)) exposition, exhibition

výstavná hala: (vééstavná(h) hala(h)) exhibition hall

vyzerať: (veezerať) to look; **Ako vyzerá?** (ako(h) veezerá(h)?) How does it (he, she) look like?

význam: (vééznam) importance, significance

vzduch: (vzdookh) air

vziať, brať: (vzyať, brať) to take

vzťah: (fsťakh) relation, relationship

vždy: (vzhdee(h)) always, ever

W

whisky: (wheesky) whisky

W.C.: (vé(h) tsé(h)) W.C. restroom

Z

z, zo (z, zo(h)) from, of, out of

za: (za(h)) behind, for

zabudnúť: (zaboodnóóť) to forget

začať: (zachať) to begin, to start

záchod: (zákhod) rest room, toilet

zachrániť: (zakhráňeeť) to save, to rescue

záchranná vesta: (zákhranná(h) vesta(h)) life jacket

začiatok: (zachyatok) start, beginning; **začiatok predstavenia** (zachyatok predstave

ňya(h)) beginning of perfor-
mance

záclony: (zátslonee(h)) curtains

záhrada: (záhrada(h)) garden

zahraničný: (zahraňeechnéé(h))
foreign, external; **zahraničné
valuty** (zahraňeechné(h) va-
lootee(h)) foreign currency

zajac: (zayats) field hare; **zajac
na smotane** (zayats na(h)
smotaňe(h)) hare meat with
cream sauce

zajačina: (zayacheena(h))
hare/wild rabbit meat

zajtra: (zaytra(h)) tomorrow

zákaz: (zákaz) prohibition;
zákaz fajčenia (zákaz fayche-
ňya(h)) no smoking; **zákaz
plˇuvania** (plˇoovaňya(h)) no
spitting; **zákaz odbočenia**
(odbocheňya(h)) no turn
(left/right); **zákaz predbieha-
nia** (predbyehaňya(h)) no over-
taking/passing; **zákaz trúbenia**
(tróóbeňya(h)) do not sound
your horn; **zákaz rybolovu**
(reebolovoo(h)) no fishing/ang-
ling; **zákaz zakladania ohňa**
(zakladaňya(h) ohňa(h)) it is
forbidden to light fires; **zákaz
kúpania** (kóópaňya) no bath-
ing; **zákaz odhadzovania
odpadkov** (odhadzovaňya
odpadkow) no dumping

zákon: (zákon) act

zákusok: (zákoosok) dessert

záloha: (záloha(h)) deposit

zamestnanie: (zamestnaňye(h))
employment

zamestnaný: (zamestnanéé(h))
employed, busy

zámok: (zámok) castle, lock,
padlock

západ: (západ) west; **západ
slnka** (západ slnka(h)) sunset

západný: (západnéé(h)) western

zapamätatˇ si: (zapametatˇ
see(h)) to remember; **To si
musíte zapamätatˇ!:** (to(h)
see(h) moosééeˇe(h) zapame-
tatˇ!) You must remember this!

zapis: (zápis) enrollment

zapnútˇ: (zapnóótˇ) to switch
on, to fasten; **Zapnite si bez-
pečnostné pásy!** (zapňee-
tˇe(h) see(h) bespechnostné(h)
pásee(h)) Please fasten your
seatbelts.; **Zapnite si svetlá!**
(zapňeetˇe(h) see(h) svetlá(h))
Switch on your lights!

záruka: (zárooka(h)) guarantee

zase, zasa, zas: (zase(h), zasa(h),
zas) again

zásielka: (zásyelka(h)) package

zastatˇ: (zastatˇ) to stop

zastavitˇ: (zastaveetˇ) to halt;
zastavitˇ sa pre niekoho
(zastaveetˇ sa(h) pre(h)
ňyekoho(h)) to call for some-
body

zastávka: (zastávka(h)) stop;
zastávka na znamenie (na(h)
znameňye(h)) stop by hand sign

zástava: (zástava(h)) flag

zatáčka, zákruta: (zatáchka(h), zákroota(h)) bend

zatiaľ˘: (zaťˇyaľ˘) so far, in the meantime

zatvárať˘/zatvoriť: (zatvárat/zatvoreeť˘) to close; **Zatvárajte dvere!** (zatvárayťˇe(h) dvere(h)) Please, close the door!

zatvorené: (zatvorené(h)) closed; **zatvorené cez obedňajšiu prestávku:** (zatvorené(h) tsez obedňayshyoo(h) prestávkoo(h)) closed at lunchtime

záujem: (záooyem) interest

zaujímať˘ sa: (zaooyéémaťˇ sa(h)) to be interested in

zavárať˘: (zaváraťˇ) to preserve, to pickle

závažie: (závazhye(h)) weight

záverečná: (záverechná(h)) closing hour

zbohom: (zbohom) goodbye

zdať˘ sa: (zdaťˇ sa(h)) to seem, to appear; **Zdá sa mi to ťˇažké.** (zdá(h) sa(h) mee(h) to(h) ťˇažhké(h)) I find it difficult.

zdravie: (zdravye(h)) health; **Na vaše zdravie!** (navashe(h) zdravye(h)!) To your health!

zdravý˘: (zdravéé(h)) healthy, sound

zdvihnúť˘: (zdveehnóóťˇ) to lift; **Zdvihnite slúchadlo!** (zdveehňeeťˇe(h) slóókhadlo(h)!) Lift receiver!

zelenina: (zeleňeena(h)) vegetables

zeleninová polievka: (zeleňeenová(h) polyevka(h)) vegetable soup

zelený: (zelenéé(h)) green

zeler: (zeler) celery

zem: (zem) soil, ground, earth

zemiaky: (zemyakee(h)) potatoes; **zemiakové pyré** (zemyakové(h) peeré(h)) mashed potatoes; **zemiakový paprikáš** (zemyakovéé(h) papreekásh) potato stew

zima: (zeema(h)) winter, cold; **Je mi zima.** (ye(h) mee(h) zrrma(h)) I am cold. **Je zima.** (ye(h) zrrma(h)) It is cold.

zimný: (adj.) (zeemnéé(h)) winter; **zimné športy** (zeemné(h) shportee(h)) winter sports; **zimný letový poriadok** (zeemnéé(h) letovéé(h) poryadok) winter flight schedule

zísť˘ sa, stretnúť˘ sa: (zéésť˘ sa(h), stretnóóťˇ sa(h)) to meet

zistiť˘, zisťˇovať˘: (zeesťˇeeť˘, zeesťˇovaťˇ) to find out

zjazdovka: (zyazdovka(h)) ski run; **zjazdová dráha** (zyazdová(h) dráha(h)) ski track

zlatý: (adj) (zlatéé(h)) gold, golden

zľˇava: (zľˇava(h)) reduction

zloženie: (zlozheňye(h)) structure, composition

zložiť˘: (zlozheeť˘) to put down; **Zložte slúchadlo!** (zlozhťˇe(h) slóókhadlo(h)!) Replace the receiver!

zlý   **žurnál**

zlý: (zlee(h)) bad

zmenáreň: (zmenáreň) exchange bureau

zmrzlina: (zmrzleena(h)) ice cream

znamenaťˇ: (znamenatˇ) to mean

známka: (známka(h)) stamp, post stamp; **známky** (pl.) (známkee(h)) post stamps

známy: (známee(h)) acquaintance; (adj) well known

znížiťˇ: (zňéézhetˇ) to reduce; znížená rýchlostˇ (zňéézhená(h) réékhlostˇ) reduced speed

znova: (znova(h)) again

zrejme: (zreyme(h)) obviously, evidently

zriedkavý: (zryedkavéé(h)) rare

zrušený: (zrooshenéé(h)) cancelled; **Ten vlak je zrušený.** (ten vlak ye(h) zrooshenéé(h)) That train is cancelled.

zubár: (zoobár) dentist; **zubný lekár** (zoobnéé(h) lekár) dentist

zuby: (zoobee(h)) teeth; **umelý chrup** (oomeléé(h) khroop) dentures

zúžená cesta: (zóózhená(h) tsesta(h)) road narrows

zviera: (zvyera(h)) animal

Ž

že: (zhe(h)) that

želé: (zhelé(h)) jelly

žleznica: (zhelezňeetsa(h)) rail-

way

železničná stanica: (zhelezňeechná(h) staňeetsa(h)) railway station

žemlˇa: (zhemlˇa(h)) roll; **žemle** (pl.) (zhemle(h)) rolls

žena: (zhena(h)) woman, wife (sg); **ženy/dámy** (zhenee(h) /dámee(h)) (sign) women/ladies

ženský: (adj.) (zhenskéé(h)) for women; **ženské odevy** (zhenské(h) odˇevee(h)) ladies' wear; **ženský záchod** (zhenskéé(h) zákhod) ladies' room

žiadaťˇ: (zhyadatˇ) to ask, to demand

žiadny: (zhyadnee(h)) no, no one

žialˇ: (zhyalˇ) unfortunately, sorry to say

žinčica: (zheencheetsa(h)) sheep whey

žiťˇ: (zheetˇ) to live

život: (zheevot) life

živý: (zheevee(h)) (adj.) live, alive, lively

žltý: (adj.) (zhltéé(h)) yellow

žĺlok: (zhĺtok) yolk

žmýkaťˇ: (zhméékatˇ) to wring

živánska: (zheevánska(h)) barbecued meat on stick

žurnál: (zhoornál) newsreel

Hippocrene Dictionaries

CENTRAL & EASTERN EUROPEAN LANGUAGES

Modern & Up-to-Date
Practical & Easy-to-Use

Bulgarian-English/English-Bulgarian
Practical Dictionary
6,500 entries 0-87052-145-4 $11.95pb

Byelorussian-English/English-Byelorussian
Concise Dictionary
6,500 entries 0-87052-114-4 $9.95pb

Czech-English/English-Czech
Concise Dictionary
7,500 entries 0-87052-981-1 $11.95pb

Estonian-English/English-Estonian
Concise Dictionary
6,500 entries 0-87052-081-4 $11.95pb

Georgian-English/English-Georgian
Concise Dictionary
8,000 entries 0-87052-121-7 $8.95pb

**Hungarian-English/English-Hungarian
Dictionary**
7,000 entries   0-88254-986-3 $11.95pb

**Lithuanian-English/English-Lithuanian
Concise Dictionary**
10,000 entries   0-7818-0151-6 $14.95pb

**Polish-English/English-Polish
Practical Dictionary**
31,000 entries   0-7818-0085-4 $11.95pb

**Polish-English/English-Polish
Standard Dictionary**
Revised with Business Terms
32,000 entries   0-7818-0282-2 $19.95pb

**Romanian-English/English-Romanian
Practical Dictionary**
40,000 entries   0-87052-986-2 $19.95pb

**Russian-English/English-Russian
Comprehensive Dictionary**
50,000 entries   0-7818-0353-5 $60.00hc

**Russian-English/English-Russian
Concise Dictionary**
10,000 entries   0-7818-0132-X $11.95pb

**Slovak-English/English-Slovak
Concise Dictionary**
7,500 entries   0-87052-115-2 $11.95pb

**Slovene-English/English-Slovene
Modern Dictionry**
36,000 entries   0-7818-0252-0 $24.95pb

(All prices subject to change.)

Hippocrene Language Guides
CENTRAL & EASTERN
EUROPEAN LANGUAGES

Beginner's Bulgarian
0-7818-0030-4 $9.95pb

Beginner's Czech
0-7818-0231-8 $9.95pb

Czech Phrasebook
0-87052-967-6 $9.95pb

Beginner's Hungarian
0-7818-0209-1 $7.95pb

Hungarian Basic Course
0-87052-817-3 $14.95pb

Beginner's Polish
0-7818-0299-7 $9.95pb

Mastering Polish
0-7818-0015-3 $14.95pb
2 cassettes: 0-7818-0016-1 $12.95

Beginner's Romanian
0-7818-0208-3 $7.95pb

Romanian Conversation Guide
0-87052-803-3 $9.95pb

Romanian Grammar
0-87052-892-0 $6.95pb

Beginner's Russian
0-7818-0232-6 $9.95pb

Mastering Russian
0-7818-0270-9 $14.95pb
2 cassettes: 0-7818-0271-7 $12.95

(All prices subject to change.)

TO PURCHASE HIPPOCRENE BOOKS contact your
local bookstore, or write to: HIPPOCRENE BOOKS,
171 Madison Avenue, New York, NY 10016. Please
enclose check or money order, adding $5.00 shipping
(UPS) for the first book and $.50 for each
additional book.

HIPPOCRENE
INTERNATIONAL COOKBOOK
CLASSICS

From Spanish salsas to Russian pirogi, from Israeli delicacies to Hungarian pastries, HIPPOCRENE INTERNATIONAL COOKBOOK CLASSICS provide an array of tantalizing recipes from across the globe.

ALL ALONG THE DANUBE: *Recipes from Germany, Austria, Czechoslovakia, Yugoslavia, Hungary, Romania, and Bulgaria*
by Marina Polvay
0491 ISBN 0-7818-0098-6 $11.95 pb

A BELGIAN COOKBOOK
by Juliette Elkon
0535 ISBn 0-7818-0461-2

THE ART OF BRAZILIAN COOKERY
by Dolores Botafogo
0250 ISBN 0-7818-0130-3 $9.95 pb

THE JOY OF CHINESE COOKING
by Doreen Yen Hung Feng
0288 ISBN 0-7818-0097-8 $8.95 pb

THE BEST OF FINNISH COOKING
by Taimi Previdi
0354 ISBN 0-7818-0284-9 $19.95 hc

THE ART OF HUNGARIAN COOKING
by Paula Pogany Bennett & Velma R. Clark
0165 ISBN 0-7818-0202-4 $8.95 pb

THE ART OF ISRAELI COOKING
by Chef Aldo Nahoum
O252 ISBN 0-7818-0096-X $8.95 pb

THE BEST OF POLISH COOKING Revised
by Karen West
1071 ISBN 0-87052-123-3 $8.95 pb

POLISH HERITAGE COOKERY
by Robert and Maria Strybel
0241 ISBN 0-7818-0069-2 $35.00 hc

THE BEST OF RUSSIAN COOKING
by Alexandra Kropotkin
0251 ISBN 0-7818-0131-1 $9.95 pb

A SPANISH FAMILY COOKBOOK
Favorite Family Recipes
by Juan and Susan Serrano
0249 ISBN 0-7818-0129-X $19.95 hc
0245 ISBN 0-7818-0193-1 $9.95 pb

THE BEST OF SMORGASBORD COOKING
by Gerda Simonson
0207 ISBN 0-7818-0407-8 $14.95 pb

THE ART OF TURKISH COOKING
by Neset Eren
0162 ISBN 0-7818-0201-6 $9.95 pb

THE BEST OF UKRAINIAN CUISINE
by Bohdan Zahny
0124 ISBN 0-7818-0240-7 $19.95 hc

Coming Soon:
THE CUISINE OF ARMENIA
by Sonia Uvezian
0457 ISBN 0-7818-0417-5 $14.95 pb

(Prices subject to change.)
TO PURCHASE HIPPOCRENE BOOKS contact your local bookstore, or write to: HIPPOCRENE BOOKS, 171 Madison Avenue, New York, NY 10016. Please enclose a check or money order, adding $5.00 shipping (UPS) for the first book and .50 for each additional book.